电力企业
《安全生产法》
学习指导与案例剖析

2021 年版

编著　姜力维
主审　张天乐

中国电力出版社
CHINA ELECTRIC POWER PRESS

内 容 提 要

本书以最新《中华人民共和国安全生产法》条文为主线，对与生产经营安全相关的重要条文进行了深度拓展解读。相比 2014 版增加了"两至上""两清单""两化建设""三理念""三管三必须"等最新内容。本书按照条文顺序将重点内容，结合与企业安全生产相关的法律法规和现代安全管理理念、方法和技术，辅以大量贴近生产实践的案例来阐释，剖析透辟入里，对安全管理工作有很强的指导性。

本书可作为电力企业生产经营的广大员工、安监部门及其工作人员的培训学习教材；也可作为各级政府安全生产监管部门领导和执法人员、社会安全咨询服务中介机构工作人员和社会劳动安全法律工作者学习安全生产法律法规、安全管理理念、知识和技术的参考书。

图书在版编目（CIP）数据

电力企业《安全生产法》学习指导与案例剖析：2021 年版 / 姜力维编著. —北京：中国电力出版社，2022.9

ISBN 978-7-5198-6740-9

Ⅰ . ①电… Ⅱ . ①姜… Ⅲ . ①电力工业—工业企业—安全生产—安全法规—基本知识—中国 Ⅳ . ① D922.544

中国版本图书馆 CIP 数据核字（2022）第 073705 号

出版发行：中国电力出版社
地　　址：北京市东城区北京站西街 19 号（邮政编码 100005）
网　　址：http://www.cepp.sgcc.com.cn
责任编辑：崔素媛（010-63412392）
责任校对：黄　蓓　于　维
装帧设计：赵姗姗
责任印制：杨晓东

印　　刷：三河市百盛印装有限公司
版　　次：2022 年 9 月第一版
印　　次：2022 年 9 月北京第一次印刷
开　　本：787 毫米 ×1092 毫米　16 开本
印　　张：13.75
字　　数：311 千字
定　　价：58.00 元

前　言

　　人类社会的发展史在安全生存发展意义上也可以看成是不断解决安全生产问题的发展史。安全迄今是人类生存与发展活动中所重点关注的永恒的主题之一。

　　只有人人都能遵纪守法，安全生产才能得到保障。

　　《中华人民共和国安全生产法》（简称《安全生产法》）是防止和减少生产安全事故，保障人民群众生命财产安全的一部重要法律，自 2002 年施行以来，先后经过了三次修订。2021 年 6 月 10 日第十三届全国人民代表大会常务委员会第二十九次会议做出了《关于修改〈中华人民共和国安全生产法〉的决定》第三次修正，修订后的《安全生产法》自 2021 年 9 月 1 日起施行。

　　为了保护员工的安全与健康，保护国家和人民的财产免遭损失，提高经济效益，生产经营单位必须依法做好安全生产管理工作。

　　电力作为重要的基础资源，是社会经济发展的动力保障，电力企业又是技术密集，资金密集，发、输、供、用同时完成，连接各行各业，牵动千家万户的公用型企业。由于其产品的物理特殊性，搞好安全生产显得尤为重要。

　　为了指导广大企业干部员工和安全生产监管人员、政府安全生产监管部门领导和执法人员、社会安全咨询服务机构人员和劳动安全法律工作者学习宣传、准确理解、贯彻执行，实践应用最新《安全生产法》，笔者编著了本书。

　　本书的编著得到了中国电力出版社相关编辑的指导和帮助，借此出版之际深表诚挚感谢。承蒙国网浙江省电力有限公司张天乐律师对本书作了审校，在此一并深表诚挚谢忱。

　　由于水平所限，加之时间仓促，谬误在所难免。殷切期盼各位专家和同仁，不吝赐教，批评指正，感激不尽。

姜力维

目　录

前言

第1章　总　　则

1　讲安全永恒话题　新安法法治保障

安全是人类生存与发展活动中永恒的主题。人类在不断发展进化的同时，也一直与生存发展活动中存在的安全问题进行着不屈不挠的斗争。《韩非子·五蠹》语"民之政计，皆就安利如辟危穷。"意思是人民通常的盘算，都是追求安全和利益而避开危险和穷困。安全生存是人类本能的需要。古往今来，历朝历代，凡有人群的地方，都需要有安全和安全管理。

如今为了保护劳动者的生命安全与健康，保护国家和人民的财产免遭损失，促进经济社会持续健康发展，安全管理要求不断提高。电力具有技术密集，资金密集，发、输、供、用同时完成的特点，是连结各行各业，牵动千家万户的特殊行业，搞好安全生产显得尤为重要。

安全是指客观事物的危险程度能够为人们普遍接受的状态。通常我们所说的安全是指如下的状态或结果。

（1）安全即没有危险，不会出事故的状态；不会遭受危害或损害的威胁（状态）。主要取决于人们依据知识和经验的主观判断，未必一定就是安全的。譬如，变压器声音正常、油温正常、油位正常我们说变压器安全运行，不会有事故。巡视变电设备从变压器旁边走过也不会遭受爆炸伤害等威胁。又如，涂漆车间的通风设备好，挥发的甲醛、苯、TVOC 等气体浓度在限值以内，车间内工作的从业人员不会遭受危害或损害的威胁（状态）。

（2）没有（人身）伤害、损毁（财产）的结果；或消除了危害、伤害或损失的威胁（结果）。这是一种客观的安全的暂态。随着时间的推移，生产持续发生变化。譬如，一次变电站清扫作业，班组人员没有伤害，设备工具都没有任何损毁，这次作业的结果即安全作业。又如池塘边的电杆底部加固的石头和水泥坍塌了，线路运检人员及时进行了加固，结果电杆又安全了。

安全是指不会引起劳动者死亡、伤害、职业病、财产损失、设备损坏、环境破坏的生产条件。

安全是指不因人、机、媒介的相互作用而导致物质损失、人员伤亡、影响生产任务或造成时间损失的生产组织管理状态。

安全生产是为了使生产过程在符合物质条件和工作秩序下进行的，防止发生人身伤亡和财产损失等生产事故，消除或控制危险、有害因素，保证人身安全与健康、设备和设施免受损坏、环境免遭破坏的总称。

因此，安全生产就是员工在安全的、卫生的、整洁的、文明的环境下正常地从事生产活动。新修订的《安全生产法》的安全概念不仅限于生产经营单位的安全生产活动范围，而是指全社会的安全。修订的旨意在于促进整个社会经济安全发展。这一新的改变就使得原来生产经营单位的责任变成了全社会安全的复杂工程的一部分，要求生产经营单位安全生产不仅仅关注内部，还要与外部社会对接。如政府及各部门、街道社区、机关学校等。

《安全生产法》是我国安全生产领域的基础性、综合性法律，对依法加强安全生产工作，预防和减少生产安全事故，保障人民群众生命财产安全，具有重要法治保障作用。安全生产法是生产安全的法治保障。依法治理安全生产活动，成为世界共识和惯例。《安全生产法》曾于 2009 年和 2014 年两次修正，2021 年 6 月进行了第三次修正。新修订的《安全生产法》于 2021 年 9 月 1 日起施行。镜鉴 2014 年以来的安全生产实践经验和事故教训，本次对《安全生产法》作了较大幅度的修改和完善。譬如："两个至上""三个必须""关爱从业人员心理、行为"等新理念；从生产单位、主要负责人和相关人员以及预防措施等多方面强化包括新行业新领域生产单位的主体责任；明确并强化政府职能，进一步完善管理体制；加强标准化和信息化"两化"制度和事故调查后的评估制度建设；提高违法生产成本和罚款额度，创新连续处罚、联合惩戒等强力措施等。《安全生产法》的此次修改旨在强化各层级各环节安全管理职责，严格安全监管执法，强化安全风险防控和隐患排除治理，保证各行各业安全生产。

电力企业包括电力建设企业、电力生产企业和电网经营企业以及供售电企业，电力企业是各行各业、千家万户的服务者，其安全生产的最大特点是影响范围广泛，一旦出事故不仅损害本企业员工的生命健康和本企业的财产安全，有时还造成企业之外的人员伤亡和财产损失，甚至影响社会公共安全，因此电力企业的安全生产管理比其他行业更为重要。

 案例 1-1

2017 年 6 月 9 日，昌吉州安监局执法人员开展双随机检查，在对新疆某钢结构有限责任公司进行执法检查中，发现储存使用危险化学品未采取安全措施、安全管理不到位。一共检查发现 11 条隐患，并存在以下违法行为：

（1）储存使用危险化学品未采取防火、防爆、通风措施；

（2）未配备安全管理人员；

（3）安全教育培训不到位、安全教育记录不如实填写；

（4）未按照规定对职业病防护设施进行职业病危害控制效果评价；

（5）特殊工种存在无证上岗焊接切割作业。

针对以上情况，执法人员现场下达责令整改指令书，要求企业立即排除安全隐患；同时通知直接监管的昌吉市高新区技术产业开发区安监局跟踪、督促隐患整改落实。

案例评析

针对以上钢结构有限责任公司存在的安全隐患和违法行为进行分析，并依据《安全生产法》及其他安全生产法规的相关规定对该公司做出处罚。

（1）《安全生产法》第一百零一条规定，"生产经营单位有下列行为之一的，责令限期改正，处十万元以下的罚款；逾期未改正的，责令停产停业整顿，并处十万元以上二十万元以下的罚款，对其直接负责的主管人员和其他直接责任人员处二万元以上五万元以下的罚款；构成犯罪的，依照刑法有关规定追究刑事责任："（一）生产、经营、运输、储存、使用危险物品或者处置废弃危险物品，未建立专门安全管理制度、未采取可靠的安全措施的；"

《危险化学品安全管理条例》第八十条规定，"生产、储存、使用危险化学品的单位有下列情形之一的，由安全生产监督管理部门责令改正，处5万元以上10万元以下的罚款；拒不改正的，责令停产停业整顿直至由原发证机关吊销其相关许可证件，并由工商行政管理部门责令其办理经营范围变更登记或者吊销其营业执照；有关责任人员构成犯罪的，依法追究刑事责任：（一）对重复使用的危险化学品包装物、容器，在重复使用前不进行检查的；"

（2）《安全生产法》第九十七条规定，"生产经营单位有下列行为之一的，责令限期改正，处十万元以下的罚款；逾期未改正的，责令停产停业整顿，并处十万元以上二十万元以下的罚款，对其直接负责的主管人员和其他直接责任人员处二万元以上五万元以下的罚款：（一）未按照规定设置安全生产管理机构或者配备安全生产管理人员、注册安全工程师的；（四）未如实记录安全生产教育和培训情况的；（七）特种作业人员未按照规定经专门的安全作业培训并取得相应资格，上岗作业的。"

（3）《中华人民共和国职业病防治法》第六十九条规定，"建设单位违反本法规定，有下列行为之一的，由安全生产监督管理部门和卫生行政部门依据职责分工给予警告，责令限期改正；逾期不改正的，处十万元以上五十万元以下的罚款；情节严重的，责令停止产生职业病危害的作业，或者提请有关人民政府按照国务院规定的权限责令停建、关闭：……（五）未按照规定对职业病防护设施进行职业病危害控制效果评价的。"

生产是大厦，安全是基石；欲速则不达，安全出效益。

2　保护生命和财产　健康持续才发展

生命是创造财产的本钱，保有财产是参与社会生产的动力，也是生存的需求。随着财产的积累，人们才能完成从温饱、安全、社交、被尊重，然后自我实现的人生历程。因此，使一国之民众安居乐业生存发展的最基本条件是其生命和财产安全有所保证，即藏富于民、安居乐业。只有这样整个社会经济才会持续健康发展。要保证生命健康才能参加生产劳动，积累财产；反之，劳动生产安全才能保有生命健康并创造财富，如此周而复始人类通过生产劳动创造财富方得以良性循环。

《安全生产法》第一条开宗明义，"**为了加强安全生产工作，防止和减少生产安全事故，保障人民群众生命和财产安全，促进经济社会持续健康发展，制定本法。**"立法的目的就是为了保护广大人民群众的根本利益。因此，"加强安全生产工作，防止和减少安全生产事故"的目的是"保障人民群众生命和财产安全"。这才是立法的宗旨所在。只有实现了这个宗旨，才能"促进经济社会持续健康发展"。从这个意义上讲，能否把保证人民群众生命和财产安全放在首位是一个国家安全管理制度优劣的评判标准，"人民群众生命和财产安全"是一国之社会安全法治是否落到实处的标志。社会安全是综合的工程，包括国家安全、人居安全、工作安全、生产安全等。其中生产安全对人身生命财产安全的影响占有很大的比重。社会的发展不仅仅是经济方面的发展，而是整个经济社会全面发展。企业的安全生产事故对社会影响是全面的、长期的，甚至是波及子孙后代的。

党的十九届四中全会专门指出："完善和落实安全生产责任和管理制度，建立公共安全隐患排查和安全预防控制体系。"《国家"十四五"规划和2035年远景目标纲要》第五十四章第一节"提高安全生产水平"中提到："完善和落实安全生产责任制，建立公共安全隐患排查和安全预防控制体系。建立企业全员安全生产责任制度，压实企业安全生产主体责任。加强安全生产监测预警和监管监察执法，深入推进危险化学品、矿山、建筑施工、交通、消防、民爆、特种设备等重点领域安全整治，实行重大隐患治理逐级挂牌督办和整改效果评价。推进企业安全生产标准化建设，加强工业园区等重点区域安全管理。加强矿山深部开采与重大灾害防治等领域先进技术装备创新应用，推进危险岗位机器人替代。在重点领域推进安全生产责任保险全覆盖。"

目标引领方向，目标凝聚共识，目标汇集力量。如上愿景目标明确了安全生产领域改革发展的主要方向和时间表。我们要坚持标本兼治，加强安全生产工作，防止和减少生产安全事故，控制生产安全事故总量，全力遏制重特大事故的频繁发生，不断推动我国安全生产工作的整体水平，取得更加稳固、更加本质的进步，实现安全生产法制、体制、机制和措施体系的科学、成熟和现代化。在安全管理科学现代化、生产设备本质安全和安全科技方面稳步提升，使广大人民群众切实感受到安全环境的改善和安全感的提高，争取到2035年实现全民安全文明素质全面提高，安全生产保障能力显著增强，安全生产治理体系和治理能力现代化，为把我国建设成为一个民主、自由、公正、法治、文明、富强的国家奠定稳固可靠的安全生产基础。

《中华人民共和国电力法》（简称《电力法》）第十八条规定，"**电力生产与电网运行应当遵循安全、优质、经济的原则。电网运行应当连续、稳定，保证供电可靠性。**"《安全生产法》第十条第二款规定，"**国务院交通运输、住房和城乡建设、水利、民航等有关部门依照本法和其他有关法律、行政法规的规定，在各自的职责范围内对有关行业、领域的安全生产工作实施监督管理。**"这里应该理解为不完全列举，电力行业是牵动各行各业、连接千家万户的公益领域的重要行业，不仅应当遵守安全生产法的规定，还要遵守电力行业法律法规关于安全生产的规定，做好安全预防工作，安全管理关口前移，及时巡视维护，查找隐患，排除隐患，尽力减少安全生产事故，保证电力供应和电网安全、连续、稳定运行。

案例 2-1

2003 年 8 月 14 日，美国东部大停电，100 多座电厂跳闸，包括核电站 22 座，负荷损失 6180 万千瓦，停电面积 24087 平方公里，涉及密歇根、俄亥俄、纽约、新泽西、马萨诸塞、康涅狄格等 8 个州和加拿大的安大略、魁北克省，受到严重影响的居民达 5000 万人。

案例评析

电力事故不仅造成本企业人身损害和财产损失，还会大面积影响社会各界，甚至是其他国家的生产、工作和生活。因为美国与加拿大联网，本案事故已经影响到邻国人民生命财产安全。

上下同欲者胜。——《孙子兵法·谋攻》

3 坚持"三管三必须" 企业政府共履责

一、"三管三必须"

《安全生产法》修订最大的亮点之一就是将"管行业必须管安全、管业务必须管安全、管生产经营必须管安全"（以下简称"三个必须"）写入法律。2016 年 12 月 9 日，《中共中央国务院关于推进安全生产领域改革发展的意见》按照"管行业必须管安全、管业务必须管安全、管生产经营必须管安全"和"谁主管谁负责"的原则明确各有关部门的职责范围。这次作为安全生产的一个重要原则，直接写进了《安全生产法》第三条第三款"**安全生产工作实行管行业必须管安全、管业务必须管安全、管生产经营必须管安全，强化和落实生产经营单位主体责任与政府监管责任，建立生产经营单位负责、职工参与、政府监管、行业自律和社会监督的机制**"。这对于安全生产的主体责任和监管职责分工进行了准确定位，权责清晰，责无旁贷。

《安全生产法》第十条规定，"国务院应急管理部门依照本法，对全国安全生产工作实施综合监督管理；县级以上地方各级人民政府应急管理部门依照本法，对本行政区域内安全生产工作实施综合监督管理。

"国务院交通运输、住房和城乡建设、水利、民航等有关部门依照本法和其他有关法律、行政法规的规定，在各自的职责范围内对有关行业、领域的安全生产工作实施监督管理；县级以上地方各级人民政府有关部门依照本法和其他有关法律、法规的规定，在各自的职责范围内对有关行业、领域的安全生产工作实施监督管理。"

根据如上规定，"三管三必须"应当理解为三个层次。

第一个层次是指中央政府部门的管理。国务院应急管理部门和国务院交通运输、住房和城乡建设、水利、民航等有关部门，《安全生产法》在这里只是有代表性的不完全列举，应作扩张解释，包括科教文卫等所有事业单位，即各行各业都应当管好自己职责范围内的安全（生产）。

第二个层次是指省（市）县应急管理部门和对有关行业、领域的安全生产工作实施监督管理的部门。

第三层次指地方企事业单位的安全（生产），如工厂、公司、机关、学校等向员工、学生宣贯安全知识，强化安全意识的同时既有助于管好职员、学生的安全，也有助于整个社会安全的水平的提高。

当然最重要的主体是企业。依据"三个必须"的原则，企业内部也嵌套一个三级职责划分。

第一级是主要负责人，其是安全生产第一责任人。

第二级是其他负责人，对职责范围内的安全生产工作负责。如主管安全的负责人和安全环保部门仅仅应该起到上下沟通、协调组织和监督的作用，主要工作应该是监督和督促各个部门履行自己业务范围内的安全职责；企业各部门各模块的安全首先应由各个部门负责，在其管理本职业务工作时候，同时管控自己业务范围内的安全。如管设备的，应该保证设备完好率和设备运行安全；管财务的，要保障安全的经费来源；管人事的，要保障人员的安全素质和安全准入。

第三级是生产班组和生产一线的作业人员。生产班组管好班组的每次安全生产作业活动，生产一线的作业人员管好自己的安全行为。

二、监管类别和职责的划分

根据《安全生产法》第十条第一款，政府安全监管有两类部门，一类是应急管理部门，另一类是其他行业、领域的安全生产工作实施监督管理的部门（简称有关部门）。两类部门统称为负有安全生产监督管理职责的部门。

监督管理分为间接监管和直接监管两种：一种是由应急管理部门负责的"综合监督管理"，即间接监管；另一种是有关部门负责的"监督管理"或"行业监管"，即直接监管，如"交通运输、住房和城乡建设、水利、民航等有关部门"的直接监管。这里"等"的范围，按照"三个必须"提出的行业、业务、生产经营主管部门，还应包括教育、卫生、体育、文化、农业、林业、商业、城市管理以及工业主管部门，自然也应该涵盖环保、特种设备、食品药品、国土资源等主管部门。各有关部门分兵多路，积极承担起"三个必须"的安全监管责任，各把关口合力围堵，全力歼灭安全事故。

但是应急管理部门除了"综合监督管理"，也有《安全生产法》规定之外的直接监管的职责。如，牵头开展化工矿山等整治工作，还有应急管理部主动承担的直接监管的行业，比如冶金、有色、建材、轻工、纺织、机械、烟草、商贸 8 大行业，还有危险化学品、烟花爆竹等，这都是应急管理部直接监管的。其他有关部门也有貌似"分外职责"，如住房和城乡建设部要牵头开展燃气管道整治工作，工业和信息化部牵头开展各类工业园区整治工作，交通运输部门牵头开展规划性运输,水路、陆路运输安全。

三、电力企业安全职责的内部分工

以电网企业为例,按照"三个必须"的原则,公司领导和安全质量部,对应政府和各有关部门的"综合监督管理"。同样安全质量部对于电网调度、营销、运维检修和变配电单位也应该具有"直接监管"的权利。当然如上各部门包括人力资源、党建、工会、财务等部门在管好本部门安全工作的基础上,积极配合全力支持公司领导和安全质量部的安全生产工作,按照党政同责、一岗双责、齐抓共管、失职追责的原则,做好全公司的安全生产工作。

案例 3-1

某年 8 月 24 日,某供电公司按照 8 月检修计划,经区调和地调批准后进行 1 号主变压器 531 断路器大修工作。工作开始前,工作负责人杜某向检修班组成员(仅检修班组成员和专职监护人)介绍了 531 断路器大修具体工作任务及工作地点、工作范围、停电范围、危险点等要点,但张某(工作班组成员,生技科副科长)、巴桑(某供电公司生产副经理)当时不在现场,未能听取开工前的安全告知工作。

大修开始后,在现场督导工作的生产副经理巴桑和工作负责人杜某商量后,错误地认为 35 千伏 I 段母线电压互感器与 531 断路器同在 35 千伏 I 段母线上,为减少非计划停电,决定扩大工作范围和任务,对 35 千伏段母线电压互感器本体进行维护喷漆工作。

于是告知了工作监护人等,但未按要求办理新的工作票并履行许可手续,也未确定具体工作人员和监护人员。巴桑和杜某要求公司生技科副科长张某去主控室向调度申请停运 35 千伏 I 段母线电压互感器。

张某去主控室后并未向地调申请,而是直接命令值长缪某:"5125 隔离开关改检修,切换 35 千伏二次电压到 I 段,拉开电压互感器的电压,二次空气开关"。值长问:"是否需要汇报调度?"张某回答:"不需要,直接停,I 段断路器在大修。"值长就在没有得到调度许可的情况下,直接令值班员拉开了 35 千伏 I 段电压互感器隔离开关 5125,对电压互感器侧进行了验电,合上了 51250 接地开关。

之后,生产副经理巴桑上了停电设备 1 号主变断路器 531 的电压互感器本体上进行喷漆工作(不履行全场督导工作了)。

工作负责人杜某在 1 号主变压器 531 断路器上指挥工作班成员进行断路器大修工作,专职监护员也上了开关检修平台进行工具传递等工作。工作现场形成了无监护的局面。

10 时 36 分左右,张某见其他人员都在工作,于是叫仓库保管员一起抬梯子到 35 千伏 I 段 5125 电压互感器隔离开关处。10 时 38 分左右,张某独自带了两块纱布上了 5125 电压互感器隔离开关架构(5125 隔离开关仅电压互感器侧接地,母线侧带电)。在右手接触母线侧隔离开关触头后,张某直接触电跌落悬挂在了隔离开关基座上。

现场工作人员发现有人触电后,立即停止工作,工作负责人杜某立即叫人找了根长木撑住伤者,命令值班员拉开 35 千伏外桥 512 断路器,拉开 35 千伏查中 I 线 5411 隔离开关,验明无电后将伤者从隔离开关基座上抬下。张某送医院救治无效死亡。

本案在检修整个过程中的诸多违章作业行为，如：扩大工作范围，不填新的工作票，不重新履行工作手续；违章指挥值班长停运调度许可设备；参与工作的生产副经理和生产副科长没有接受开工前工作负责人关于带电部位和现场安全措施告知等。

本案中，生产负责人巴桑的安全生产职责应属"间接监管"，纵览全局，上下协调，督导生产过程，但却给 1 号主变断路器 531 的电压互感器本体喷漆，不履行全场督导工作了；工作负责人杜某负有本次检修安全直接监督检查的职责，却在 1 号主变压器 531 断路器上指挥工作班成员进行断路器大修工作；专职监护员也上了开关检修平台进行工具传递等工作。工作现场形成了无监护的局面。对安全生产管理的层次、职责、管辖范围模糊不清，是本案造成诸多违章以致酿成张某死亡事故的主要原因。

人是世间第一可宝贵的。——毛泽东

4　尊重生命"两至上"　以人为本"三理念"

《安全生产法》第三条第二款规定，"**安全生产工作应当以人为本，坚持人民至上、生命至上，把保护人民生命安全摆在首位，树牢安全发展理念，坚持安全第一、预防为主、综合治理的方针，从源头上防范化解重大安全风险。**"发展过程中可以有很多代价，但不以人民的生命作为代价。该条首次提出"两个至上"——"人民至上、生命至上"，把保护人民和生命安全摆在了超越一切的至高无上的位置。这也是对于安全和发展的一种具有科学发展观的辩证思维和崭新理念。

在"两个至上"理念的指引下，《安全生产法》还制订了两个与之相关的以人为本的、更加体贴入微的新理念条款。其一是第四十四条第二款"**生产经营单位应当关注从业人员的身体、心理状况和行为习惯，加强对从业人员的心理疏导、精神慰藉，严格落实岗位安全生产责任，防范从业人员行为异常导致事故发生。**"这里首次提出了不仅要关心从业人员的肉体，还要求生产单位关心从业人员灵魂和心理状况。其二是第五十六条第一款"**生产经营单位发生生产安全事故后，应当及时采取措施救治有关人员。**"人世间第一宝贵的是人。其他一切物质文明的成果和财富都是人创造的。当事故发生后，不要为了抢救国家财产去献出自己的青春和生命，而应当首先救治受伤的从业人员，因为他们就是国家财产的创造者。当然负有法定职责的除外，如消防员灭火、警察抓捕歹徒。

发展决不能以牺牲人的生命为代价，这必须作为一条不可逾越的红线。《安全生产法》的新理念充分体现了对保障人民生命安全的高度重视，充分体现了生命至高无上文明进步的理念。

本条中"安全生产工作应当以人为本，坚持人民至上、生命至上"的新规定，既是人性化的发展理念，又是新的经济社会发展战略。坚持以人为本就是把人民群众的生命安全放在第一位，树立人力资源是第一生产力的观念。不为工作而工作，不为生产而生产，因为追根究底工作和生产都是为了人民真正过上美好的生活。

电力企业是技术密集型企业，更需要大量的技术人才和管理人才，建设清洁能源，生产电能，维护电网的安全、经济、连续运行。因此在生产经营活动中，要尊重爱护员工，给他们提供安全、舒适、绿色的工作生产环境，呵护他们的身心健康。

世界各国安全生产的规律主要有：事故总量随着经济总量的增加而增加；重特大事故、特别重大事故随着工业化的加速、城镇化的集中，次数和人数在增加；事故死亡指数和 GDP 的增长率正相关。

某些工业化国家的安全生产历程也说明了发展周期是逐渐缩短的。如，英国用 70 年从人均 GDP1000 美元到 3000 美元，在 1950 年走出了事故易发期。美国用 60 年从人均GDP1000 美元到 3000 美元，在 1960 年走出了事故易发期。日本用了 26 年从人均 GDP1000美元到 6000 美元，在 1974 年走出了事故易发期。他山之石，可以攻玉。我们应当研究发达国家的发展历程，借鉴经验，开拓创新，秉持安全发展理念，杜绝重复前人错误，以低代价换来高速度，实现经济社会可持续发展。

⚖ 案例 4-1

美国杜邦公司对员工的桌椅和工作用具都有安全要求和检查。要求员工下楼梯必须手扶楼梯，不得撒手迅速跑下楼梯。在公司内，司机和其他员工乘坐公司车辆为公司业务工作时都必须系安全带。员工有违章要促膝相谈。

日本象印股份有限公司制造的不锈钢真空保温杯使用说明书有这样的安全提醒：①倒入热水时，请小心热水飞溅，以免烫伤；②请勿在杯体装有滤网组件的状态下，拿着滤网组件的提把移动，否则杯体掉落地上，有烫伤的危险；③盖好杯盖后，将杯体底部朝上，检查是否有泄漏。

▶ 案例评析

如上这些规定，仿佛是慈母对已经参加工作的儿女那日复一日的唠叨和叮咛。以人为本，生命至上，还需要再加任何诠释吗！

5　安全第一不动摇　预防综治强措施

"安全第一、预防为主、综合治理"是《安全生产法》第三条第二款提出的安全生产的方针。"安全生产工作应当以人为本，坚持人民至上、生命至上，把保护人民生命安全摆在首位，树牢安全发展理念，坚持安全第一、预防为主、综合治理的方针，从源头上防范化解重大安全风险。"

对于电力企业，《电力安全生产监督管理办法》（发改委令〔2015〕21 号）第四条规定，"电力安全生产工作应当坚持'安全第一、预防为主、综合治理'的方针，建立电力企业具体负责、政府监管、行业自律和社会监督的工作机制。"

《供电监管办法》第九条规定，"供电企业应当坚持安全第一、预防为主、综合治理的方针，遵守有关供电安全的法律、法规和规章，加强供电安全管理，建立、健全供电安全责任制度，完善安全供电条件，维护电力系统安全稳定运行，依法处置供电突发事件，保障电力稳定、可靠供应。"

由此可见，行业规章也同样在不遗余力地贯彻执行"安全第一、预防为主、综合治理"的安全生产的方针。如何理解呢？

"安全第一"是指在生产劳动过程中，始终把安全特别是从业人员和其他人员的人身安全健康放在是第一位。在生产单位的所有工作中，实行"安全优先"原则。当安全和其他方面工作发生矛盾和冲突时，其他方面要服从安全，绝对不以损害生命健康、设备损毁和环境破坏来换取发展和效益。"安全第一"是思想灵魂，是头等大事，生产必须安全，安全才能促进生产，抓生产首先必须抓安全。

"预防为主"是实现"安全第一"的基础和条件，也是实现安全生产的根本途径和最有力的措施。"预防为主"就是要做到"防微杜渐""防患于未然"，要求把安全管理由过去传统的事故发生和事故处理型转变为现代的隐患查找和事故预防型，把工作的重点放到预测、预防和预控上。坚持安全教育，提高安全管理水平。在每一项生产中首先要考虑安全因素，经常查隐患、找问题、堵漏洞、除隐患，自觉形成一套预防事故、保证安全的制度，把事故隐患消灭在萌芽状态。"预防为主"特别是要把查设备隐患、反违章作业、建立健全规章制度等工作落到实处。坚持"抓早抓小"，牢固树立"违章就是隐患，违章就是事故"的理念，严肃执行"十不干""两票三制"就是前移防范关口，贯彻"预防为主"方针的先进理念和有力措施。电力企业要加强对线路和变电设备设施全面检查，对老化和缺失的设施进行更换和补充完善；加强设备巡视和维护力度，确保设备安全运行；加强对抢修作业现场的安全监督与检查，严格落实安全措施，确保事故及时抢修，确保电网安全稳定运行和电力的安全、经济、连续、有序供应。

"综合治理"是保证安全的具体方式和措施，通过法律、经济、行政、教育等多种形式和手段，从发展规划、行业管理、安全投入、科技进步、经济政策、教育培训、安全文化以及责任追究制等方面着手进行综合治理。充分发挥政府、社会、企业、员工、舆论监督等作用，形成标本兼治，齐抓共管的安全生产管理大格局，才能保证"安全第一，以防为主"。对于电力企业，"综合治理"就是要用安全制度约束处罚违章行为，奖励依规合法的安全行为，通过教育培训和多种形式的安全活动增加安全知识，强化安全技能和安全意识，按照公司高层安全工作部署，安全质量部门协调各部门戮力同心，携手共进，多管齐下，齐抓共管，实现"安全第一"的目标。

从源头上防范化解重大安全风险。建立健全安全风险化解机制，主动管控事故由量变到质变的过程，把事故化解在萌芽之中。这也是安全生产管理更经济、更有效的策略和措施。对于电力企业在电力建设、运维和营销各个工作模块制定风险查找评估和管控措施制度，建立可行有效的运行机制，严防风险加剧隐患升级失去管控的局面发生，最大限度地降低事故发生的概率。

案例 5-1

某年 5 月 8 日至 15 日，某超高压局送电工区按计划进行 500 千伏冯大Ⅰ号线更换绝缘子作业。5 月 12 日，第三作业组负责人带领 8 名作业人员，进行 103 号塔瓷质绝缘子更换为合成绝缘子工作。塔上 2 名作业人员邢某某、乌某在更换完 B 相合成绝缘子后，准备安装重锤片。邢某某首先沿软梯下到导线端，14 时 16 分，乌某未抓软梯就扶着绝缘子下软梯，双脚随软梯水平摆荡出很大距离，因无支撑而失去平衡，从距地面 33 米高处坠落，送医院抢救无效死亡。

案例评析

本案工作人员乌某下梯子动作违反安全规程，没有按照下梯的具体操作方法下梯，导致坠落。事故原因分析：一是作业人员沿软梯下降前，安全带保护绳扣环没有扣好、没有检查，发生脱扣。二是在沿软梯下降过程中，没有采用"沿软梯下线时，应在软梯的侧面上下，应抓稳踩牢，稳步上下"的规定操作方法，而是手扶合成绝缘子脚踩软梯下降。三是工作负责人没有实施有效监护，没有及时纠正违规的下梯方式。公司和工区作业人员忘记了安全生产"安全第一"的方针。

安全第一贵在行动，预防为主从我做起。

6 企业是责任主体 出事故责任自担

何谓安全生产事故？由生产产生的事故。谁是生产主体？生产经营单位。《安全生产法》修改最多的就是围绕落实企业主体责任，在多个方面进行了重申、强调、完善、规范。比

11

如企业负责人承担的安全生产的职责，就增加了要制定安全生产教育培训计划，落实培训到位。要求企业建立安全生产应急救援机构、组织，加强预案的管理，而且预案要与地方政府应急预案相衔接，经常进行演练，落实"应急救援到位"。

在安全生产管理角色中，政府是安全生产的监管主体，企业是安全生产的责任主体，承担企业安全生产管理的各项义务和发生安全生产事故应负的法律责任。各级政府对安全生产守土有责，必须确保一方平安。各类企业必须接受政府的依法监管、行业有效指导和社会广泛监督，依法依规搞好安全生产，切实保障从业人员的安全和健康。安全生产工作必须落实政府行政首长负责制和企业法定代表人负责制，纳入政绩、业绩考核。

《安全生产法》第四条规定，**"生产经营单位必须遵守本法和其他有关安全生产的法律、法规，加强安全生产管理，建立健全全员安全生产责任制和安全生产规章制度，加大对安全生产资金、物资、技术、人员的投入保障力度，改善安全生产条件，加强安全生产标准化、信息化建设，构建安全风险分级管控和隐患排查治理双重预防机制，健全风险防范化解机制，提高安全生产水平，确保安全生产。**

"平台经济等新兴行业、领域的生产经营单位应当根据本行业、领域的特点，建立健全并落实全员安全生产责任制，加强从业人员安全生产教育和培训，履行本法和其他法律、法规规定的有关安全生产义务。"

本条所说的生产经营单位，是生产经营的主体，安全生产工作的主体，也是安全生产工作事故责任的直接承受主体。从《安全生产法》第六章"法律责任"来看，从第九十三条至第一百一十六条，生产经营单位应当承担责任的多达 18 条（包括生产单位、主要负责人、其他负责人和安全管理人员违法失职，生产单位都要承担相应责任），占有本章条数比例的 67%。足见生产经营单位是安全生产的责任主体名副其实。责任主体就是自己的事情自己干，自己的责任自己担。监督检查部门不会承担你的安全事故责任，只有做好自己的安全生产，否则就要承担责任。企业本身才是安全生产的主人公。

生产经营单位是承担安全产生责任的主体，要搞好安全生产，减少承担法律责任，具体来说都要履行好哪些职责？根据《安全生产法》归纳如下。

（1）依法建立安全生产管理机构。

（2）建立健全本单位全员安全生产责任制，并加强对执行情况的监督考核。

（3）制定本单位安全生产规章制度和操作规程。

（4）保证本单位安全生产投入。保证安全生产条件所必需的资金投入，加大对安全生产资金、物资、技术、人员的投入保障力度，不断改善安全生产条件。

（5）督促、检查本单位的安全生产工作，及时消除生产安全事故隐患，提出改进安全生产管理的建议；构建安全风险分级管控和隐患排查治理双重预防机制，健全风险防范化解机制。

（6）加强安全生产标准化、信息化建设。

（7）制定并实施本单位的生产安全事故应急救援预案并组织演练。

（8）及时、如实报告生产安全事故。

（9）制定并实施本单位安全生产教育和培训计划。如实记录安全生产教育和培训情况；计划应包括劳务派遣人员和实训生的教育培训。

（10）督促落实本单位重大危险源的安全管理措施。对本单位重大危险源登记建档，进行定期检测、评估、监控，并制定应急预案，告知从业人员和相关人员在紧急情况下应当采取的应急措施。

（11）制止和纠正违章指挥、强令冒险作业、违反操作规程的行为。

（12）督促落实本单位安全生产整改措施。

（13）积极采取先进的生产设备、技术、工艺和材料。

（14）保证特种作业人员按照国家有关规定经专门的安全作业培训，取得相应资格，方可上岗作业。

（15）建立重大事故隐患报告制度。重大事故隐患排查治理情况应当及时向负有安全生产监督管理职责的部门和职工大会或者职工代表大会报告。生产经营单位的安全生产管理人员在检查中发现重大事故隐患，依照规定向本单位有关负责人报告，有关负责人不及时处理的，安全生产管理人员可以向主管的负有安全生产监督管理职责的部门报告，接到报告的部门应当依法及时处理。

（16）生产、经营、储存、使用危险物品的车间、商店、仓库不得与员工宿舍在同一座建筑物内，并应当与员工宿舍保持安全距离。

（17）生产经营单位进行爆破、吊装、动火、临时用电等其他危险作业应当安排专门人员进行现场安全管理，确保操作规程的遵守和安全措施的落实。

（18）生产经营单位应向从业人员如实告知作业场所和工作岗位存在的危险因素、防范措施以及事故应急措施。

（19）生产经营单位应当关注从业人员的身体、心理状况和行为习惯。

（20）生产经营单位必须为从业人员提供符合国家标准或者行业标准的劳动防护用品。

（21）保证新、改、扩建工程项目依法实施安全设施"三同时"。

（22）应当在有较大危险因素的生产经营场所和有关设施、设备上，设置明显的安全警示标志。

（23）生产经营单位不得使用应当淘汰的危及生产安全的工艺、设备。

（24）生产、经营、运输、储存、使用危险物品或者处置废弃危险物品的，由有关主管部门依照有关法律、法规的规定和国家标准或者行业标准审批并实施监督管理。

（25）预防和减少工作场所的职业危害。

（26）做好工程承包单位的安全生产协调和管理工作；生产经营单位不得将生产经营项目、场所、设备发包或者出租给不具备安全生产条件或者相应资质的单位或者个人。

（27）依法参加工伤保险，为员工缴纳保险费；属于国家规定的高危行业、领域的生产经营单位，应当投保安全生产责任保险。

（28）法律法规规定的其他安全生产责任。

综上可见，生产经营单位——安全生产责任的主体承担着方方面面的责任。企业是由每个单体的"我"——从业人员组成的，每一个"我"又事关自己的安全、他人的安全和企业的安全。一个企业的安全对于每一个"我"要做到"四不伤害"，即不伤害自己，不伤害别人，不被别人伤害，保护他人不受伤害。反之，企业这个安全生产责任主体又保护了每一个"我"的安全。也就是说，安全生产的最大受益者还是员工自己。这就要求每一个员工主动做好自己的安全，还要互相照顾、互相监督、互相提醒、帮助他人安全，从而担负起企业这个安全生产主体的一份自己应当承担的责任。

案例 6-1

某供电公司为解决商业服务楼施工单位临时用电，需将2号变压器变台抬高，并更换保险和10千伏绝缘线。73号杆分支跌落熔断器既控制1号变压器分支线，又控制2号变压器分支线。在处理73号杆引下线断线故障时，工作人员将A相引线未经跌落熔断器直接接在保险上端，事后短接线既没拆除，也未做任何工作记录。之后，工作人员在办理工作票进入现场工作时，未执行停电后验电的操作程序，认为73号杆保险已拉开，线路应该没有电。实际上，在73杆A相短接后，A相电经1号变压器中性点反送至B、C两相，使线路带电。当工作人员李某持断线钳欲钳断引线更换绝缘线时，被触电击伤。

案例评析

该供电公司员工没有认真执行本单位安全生产规章制度，严重违反电气安全操作规程。① 工作票签发人违反安全规定，没有指明线路电源侧停电类型及停电线路段装设接地线的确切位置；② 工作负责人未认真审查工作票，未向作业人员交待带电线路及工作注意事项，未组织进行危险点分析，未认真执行安全措施，不验电，也不挂接地线；③ 供电所安全管理工作松懈，工作票签发人和工作负责人的技术管理素质低，对作业内容、线路运行方式不了解、不记录，对不带合格安全用具的违章行为未能有效制止，工作票管理流于形式；④ 作业人员没按规程处理故障，短接跌落熔断器，埋下了事故隐患；⑤ 作业人员的安全意识和自我防护能力差，严重违章。

由此看出，企业是安全生产的责任主体，是安全监督检查的主要对象。不只电力行业，其他行业该类事故占比也在80%以上。因此治理安全生产要以生产单位为责任主体，全体员工又是单位的生产者和作业者，每个作业人员都积极参与安全生产，确保自己安全生产，生产单位才会有安全生产。

7 严格安全责任制 安全灵魂不可弃

《安全生产法》第四条第一款规定，"生产经营单位必须遵守本法和其他有关安全生产的法律、法规，加强安全生产管理，建立健全全员安全生产责任制和安全生产规章制度，加大对安全生产资金、物资、技术、人员的投入保障力度，改善安全生产条件，加强安全生产标准化、信息化建设，构建安全风险分级管控和隐患排查治理双重预防机制，健全风险防范化解机制，提高安全生产水平，确保安全生产。"

《电力法》第十九条规定，"电力企业应当加强安全生产管理，坚持安全第一、预防为主的方针，建立、健全安全生产责任制度。"

对于企业而言，全员安全生产责任制是根据安全生产法律法规建立的各级人民政府及其相关部门监督指导，各类生产经营负责人与管理人员、工程技术人员及岗位操作人员在劳动过程中层层负责的制度。全员安全生产责任制是企业最基本的一项安全管理制度，也是企业安全生产、劳动保护制度的核心。

本次《安全生产法》强调生产经营单位要建立健全全员安全生产责任制，就是要求企业主要负责人应对本单位的安全生产工作全面负责，其他各级管理人员、职能部门、技术人员和各岗位从业人员，应当根据各自的工作任务、岗位特点，确定其各自在安全生产方面应做的工作和应负的责任，自上而下，层层有责任，人人有责任，各部门都是安全监管部门，每个从业人员都是安全生产的主人，履职优劣与奖惩制度挂钩。

电力生产经营单位的全员安全生产责任制包括以下内容：经理安全职责；分管生产（安全）的副经理安全职责；总工程师安全职责；工会的安全责任制；安全质量部安全责任制；其他职能部室安全责任制；工区、车间安全责任制；班组安全责任制；生产岗位的人员安全责任制；技术岗位人员安全责任制；其他岗位工作人员安全责任制等。

全员安全生产责任制是安全生产管理制度的基石。全员安全生产责任制度是执行《安全生产法》的制度，很多事故发生的原因就是责任制没有落实。安全生产规章制度是《安全生产法》的延伸、分类和细化，必须严格遵守。也就是说，全员安全生产责任制就是要求生产经营单位把安全工作层层分解，人人有份儿，分解到每一个工作部门和岗位，哪个部门失职，哪个部门承担责任，哪个从业人员个体失职，哪个个人就要承担相应责任，生产单位全员共同做好安全生产的工作的一种管理制度。

全员安全生产责任制应考虑：贯彻落实政策法规的行动；组织参加安全生产活动；执行安全生产的巡视、检查；参与风险评估研究；参与体系内审；对于评估发现问题的处置；对纠正行为的实施进行回顾；参加应急演练与救援；参与事故/事件调查；对安全生产风险管理体系建设与应用进行回顾；日常事务，包括与相关方沟通安全生产问题。

《安全生产法》第四条第一款所指的安全生产规章制度，是以全员安全生产责任制为核心的，指引和约束员工在安全生产方面的行为，是安全生产行为的准则。广义上安全生产规章制度包括全员安全生产责任制、安全操作规程和基本安全生产管理制度等。

电力企业安全生产的标准、规程和规章制度主要有：国家标准如《电力安全工作规程（电力线路部分）》（GB 26859—2011）、《电力安全工作规程（发电厂和变电所电器部分）》（GB 26860—2011）、《电力安全工作规程（高压试验室部分）》（GB 26861—2011）；行业标准和规程如《国家电网公司电力安全工作规程（变电部分）》（Q/GDW 1799.1—2013）、《国家电网公司电力安全工作规程（线路部分）》（Q/GDW 1799.2—2013）、《电力系统安全稳定导则》（DL/T 755—2001）、《电网运行规则》（DL/T 1040—2007）等；企业安全生产制度如《安全生产危险点分析预控制度》《安全生产风险防控制度》等。

案例 7-1

《电网企业安全生产标准化规范及达标评级标准》给出了电力企业安全生产责任制框架如下，供参考。

（1）第一责任人职责。企业主要负责人应按照《安全生产法》及有关法律法规规定，履行安全生产第一责任人职责。

全面负责安全生产工作，并承担安全生产义务。

（2）其他副职的职责。主管生产的负责人统筹组织生产过程中各项安全生产制度和措施的落实，完善安全生产条件，对企业安全生产工作负重要领导责任。

安全总监或主管安全生产工作的负责人协助主要负责人落实各项安全生产法律法规、标准，统筹协调和综合管理企业的安全生产工作，对企业安全生产工作负综合管理领导责任。

其他副职在自己分管工作范围内负相应的安全责任。

（3）全员安全责任制度。制定符合企业机构设置的安全生产责任制，明确各级、各类岗位人员安全生产责任。责任制内容中应包括企业负责人及管理人员定期参与重大操作和施工现场作业监督检查。

全员安全责任制度应随机构、岗位变更及时修订。

（4）各部门、单位安全职责。企业应明确所属（管）各部门、单位安全职责，自上而下签订安全责任书，并做好各部门、单位安全管理责任的衔接，相互支持，做到责任无盲区、管理无死角。

（5）市供电企业与直管、代管区（县）供电企业的安全职责。直管、代管区（县）供电企业，应当按照有关法律法规的规定签订安全生产管理责任书，明确双方安全生产管理责任。直管的可以直接下派安全总监（对于受委托代维、代管的电力设备、设施按照协议履行相关安全职责）。

（6）电网与并网发电厂。电网企业与并网电厂应签订并网调度协议。并网调度协议应使用范本格式，并明确电网企业对发电企业保证电网稳定、电能质量为目的的内容。

（7）安全责任制度考核与追究。各级、各类岗位人员都要认真履行岗位安全生产职责，严格执行安全生产法规、规程、制度。企业应建立安全责任分级考核、奖励和追究制度，定期对各级人员安全生产职责履行情况进行检查、考核。

（8）工会监督。企业工会依法对本企业安全生产与劳动防护进行民主监督，依法维护职工合法权益。

 案例评析

本案例是电力企业安全生产责任制方面的框架内容，各个部分有待于各个生产经营单位根据自己的实际情况加以分解和细化。

安全第一天天讲，事故隐患常预想；上班天天想安全，在岗时时为安全。

8 安全生产标准化 安全管理同一化

小到零件、部件，大到整机，生产线从设计、生产、用途，都使用同一标准，这是设计生产标准化。同样的设备故障替换同样的零部件，使用同样的工艺方法和程序，这是运维检修标准化。显而易见，推行生产标准化建设会便于推广统一的设计加工工艺、运行检修方法经验、安全和技术管理措施，达到节约劳动时间、人力资源和财力成本的目的，有利于安全生产。

2014年《安全生产法》已经提出安全生产标准化建设，新《安全生产法》第四条第一款重新提出"**生产经营单位必须遵守本法和其他有关安全生产的法律、法规，加强安全生产管理，建立健全全员安全生产责任制和安全生产规章制度，加大对安全生产资金、物资、技术、人员的投入保障力度，改善安全生产条件，加强安全生产标准化、信息化建设，构建安全风险分级管控和隐患排查治理双重预防机制，健全风险防范化解机制，提高安全生产水平，确保安全生产。**"此外，第二十一条第一项规定的"**生产经营单位的主要负责人对本单位安全生产工作负有下列职责：（一）建立健全并落实本单位全员安全生产责任制，加强安全生产标准化建设；**"可见，安全生产标准化是安全生产管理长期科学有效的管理制度和措施。

实际上电力企业已率先前行。2012年10月11日，国家电监会、国家安全生产监督管理总局联合颁布《电网企业安全生产标准化达标规范及达标评级标准》（电监安全〔2012〕52号）。2014年6月10日，国家能源局、国家安全生产监督管理总局联合制订了《电网企业安全生产标准化达标规范及达标评级标准》。由此可见，推进安全生产标准化建设，既是《安全生产法》的规定，也是国家安监总局和国家能源局对电力企业安全生产管理的要求。

一、安全生产标准化

1. 安全生产标准化的概念

安全生产标准化是指通过建立安全生产责任制，制定安全管理制度和操作规程，排查治理隐患和监控重大危险源，建立预控机制，规范生产行为，使各个生产环节符合有关法律法规和标准规范的要求，人、机、物（料）、法、环处于良好的生产状态，并持续改进，不断加强企业安全生产规范化建设。

2. 安全生产标准化的指导思想

安全生产标准化涵盖了企业安全生产工作的全局，是企业开展安全生产工作的基本要求和衡量尺度，也是加强企业安全管理的重要方法和手段。安全生产标准化体现了"风险管理、过程控制、持续改进"的指导思想。

3. 安全生产标准化的构成

安全生产标准化构成大致如图 8-1 所示。

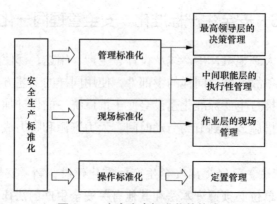

图 8-1 安全生产标准化的构成

二、申请电力安全生产标准化评审的电力企业（或工程建设项目）应当具备的基本条件

为加强电力安全生产监督管理，落实《国务院关于进一步加强企业安全生产工作的通知》（国发〔2010〕23 号）、《国务院关于坚持科学发展安全发展促进安全生产形势持续稳定好转的意见》（国发〔2011〕40 号），规范电网企业安全生产标准化工作，2014 年 6 月 10 日，国家能源局和国家安全生产监管总局发布了《电网企业安全生产标准化规范及达标评级标准》规定的达标基本条件：

（1）取得电力业务许可证；

（2）评审期内未发生负有责任的人身死亡或 3 人以上重伤的电力人身事故、较大以上电力设备事故、电力安全事故以及对社会造成重大不良影响的事件；

（3）无其他因违反安全生产法律法规被处罚的行为。

达标的必备条件（以一级企业为例）：

（1）目标。三年内未发生负有责任的人身死亡或 3 人以上重伤的电力人身事故、一般及以上电力设备事故、电力安全事故、火灾事故和负有同等及以上责任的生产性重大交通事故，以及对社会造成重大不良影响的事件。

（2）组织机构和职责。设置独立的安全生产监督管理机构；配备满足安全生产要求的安全监督人员；安全监督人员中至少1人具有注册安全工程师资格。

（3）法律法规和安全管理制度。识别、获取有效的安全生产法律法规、标准规范，建立符合本单位实际的安全生产规章制度；安全生产规章制度中至少应包含《电网企业安全生产标准化规范及达标评级标准》要求的内容；加强安全生产规章制度的动态管理，根据企业实际定期进行评估、修订、完善。

（4）宣传教育培训。建立全员安全生产教育培训制度，对从业人员进行安全生产教育和培训；企业主要负责人和安全生产管理人员按规定全部取得培训合格证；按照《企业安全文化建设导则》（AQ/T 9004—2008）的要求开展安全文化建设。

电力企业要达到一级企业的目标是"三年内未发生负有责任的人身死亡或3人以上重伤的电力人身事故、一般及以上电力设备事故、电力安全事故、火灾事故和负有同等及以上责任的生产性重大交通事故，以及对社会造成重大不良影响的事件。"这是底线，没有任何通融的余地。又如，一级企业对电能质量的要求"电网综合电压合格率≥99%，其中A类电压≥99%；城市居民电压合格率≥95%，城市供电可靠率≥99.96%；农村电压合格率、农村供电可靠率符合监管机构的规定；开展用户谐波电流普测，变电站谐波电压、电流合格。"

电力安全生产标准化评审标准详尽准确，量化可控。欲达标企业要查阅相关标准原文确定目标和措施，但达标却不是一劳永逸的事情，需要不断努力，持续改进。《电力安全生产标准化达标评级管理办法（试行）》第九条规定，**"取得电力安全生产标准化称号的电力企业（或工程建设项目）应保持绩效，持续改进电力安全生产标准化工作。"**

> 信息是用来消除随机不确定性的东西。——香农（Shannon）

9　安全生产信息化　实时真实预防控

自古代的烽火狼烟到后来的快马驿站，直到今天的电子通信，人们发现信息的捕捉传递和应用直接影响了战争、生产、救灾和生活事件决策的迅速性和正确性。

一、信息

信息是人类社会传播的一切内容。人类通过捕捉识别自然界和社会方方面面的信息来认知区别处理不同的事物，从而不断的认识世界和改造世界。信息奠基人、数学家香农（Shannon）说，信息是用来消除随机不确定性的东西。在安全生产管理中，信息是做出正确决策不可或缺的有效数据。

如今要实现本质安全，就要全员参与，人人都是安全员。如果员工发现了安全隐患并有控制或排除的措施建议，却苦于没有手段进行交流和反馈，那就无法进行隐患预控管理的下一步——分类评估、控制或排除、跟踪、整改和提高。

因此现代化的安全生产管理需要一个平台，能够让所有员工参与到安全生产信息管理中来，这从《安全生产法》第四条第一款可以看出，"**加强安全生产标准化、信息化建设是构建安全风险分级管控和隐患排查治理双重预防机制，健全风险防范化解机制，提高安全生产水平，确保安全生产的前提基础。**"

二、信息化

信息化是以现代通信、网络、数据库技术为基础，给工农业生产国防科技及社会生活各行业各方面研究对象收集传递利用信息资源，使人们能够迅速、精准、优化决策的技术的全面应用的状态。

完整的信息化内涵包括以下四方面内容：

（1）信息网络体系，包括信息资源、各种信息系统、公用通信网络平台等。

（2）信息产业基础，包括信息科学技术研究与开发、信息装备制造、信息咨询服务等。

（3）社会运行环境，包括现代工农业、管理体制、政策法律、规章制度、文化教育、道德观念等生产关系与上层建筑。

（4）效用积累过程，包括劳动者素质、国家现代化水平、人民生活质量不断提高、精神文明和物质文明建设不断进步等。

三、电力企业安全生产信息化建设

按照《安全生产法》的要求，企业投资人力、物力、财力收集整合信息源，建设安全生产信息化平台，培养由IT技术人员、生产技术运维人员、安全质量管理人员和现场作业人员组成的信息化建设队伍。

（1）目前电力企业广泛实施了信息化资源管理，但是相比生产经营管理如生产流程和业务流程的管理，安全生产信息化管理还比较落后，安全生产信息管理还不够全面、及时、准确，成为制约安全生产信息化管理水平提升的一个瓶颈。因此安全生产信息化管理在内容、范围上要充分利用内外有用的信息源，在专业深度及规范化方面进行优化。

（2）安全生产信息管理与企业各部门的业务流程和业务活动息息相关。如对于电网企业，运维、营销、人力资源、党政工团等部门，凡是与安全有关的信息都应该互联互通，依据原则性和必要性实施共享，由各部门"自主安全"到"本质安全"。譬如说运维部门的线路清扫作业活动，营销部门的用电变更——变压器暂换作业活动都直接牵涉到安全生产。安全质量监察部可以利用信息化管理系统实施安全生产远程现场管理。

（3）各个部门、模块的安全生产信息化管理。①安全培训信息化：学员入学考勤、培训考试、轮训档案管理信息化；②进出公司人员管理：出入口控制、人脸识别、视频监控、语音提示；③安全风险区管理：危险作业场所、重大危险源、可燃气体和有毒气体；④车间管理：对生产现场人、机、料、法、环五大要素进行实时、动态、智能管控和预警，有效防范风险、主动化解风险，实现智慧安全。

案例 9-1

某供电公司安全生产信息化管理系统的功能介绍。

日常工作时，分类统计出入人员信息，精确显示在线人员动态，正确的人员在正确的时间、正确的地点进行正确的工作；巡视运维，巡检的人员在巡检的时间、地点、线路、行为活动；对各类人员的身份、位置、环境、状态、行为等进行分区、分片、分层、分类管理，可预警、可追溯、可查询，实现电子围栏功能。第一时间掌握现场人员情况，提高安全生产管理水平和风险管控能力。

对于参与活动的人员可以追查其历史活动轨迹。当查找到历史轨迹后点击播放，电子地图中将出现人物，并沿着轨迹进行运动。同时，在人物运行到指定地点时，人物信息标签处将显示到达该处的时间。这对于查明事故真相可以提供毋庸置疑的动态证据。

案例评析

不管对于定点工作还是移动的巡视运维工作，安全生产信息化管理系统都可以通过人物信息标签获得实时信息，对现场从业人员提出指导提醒和警告，这是人工安全管理无法企及的。同样也可以实现对设备的远程维护管理，可查看设备实时运行状况、设备的在线状态等。这是《安全生产法》提出企业信息化建设的前瞻性和必要性。

平时有张"婆婆嘴"，胜过事后"妈妈心"。

10 一把手是全责人 层层安全有人问

电力企业的一把手是本单位的生产经营最高负责人，也是全面负责人，还是安全生产第一责任人，具有生产经营的决策权和指挥权，也是直接指挥者。在日常的生产经营活动中，能够实施有效的指挥和决策，同时也是安全投入——经济支出的一支笔，在安全规章制度的制定、实施考核、科技投入等方面都有决定权，因此电力企业的主要负责人应当对本单位的安全生产工作负全面责任。

因此《安全生产法》第五条规定，"**生产经营单位的主要负责人是本单位安全生产第一责任人，对本单位的安全生产工作全面负责。其他负责人对职责范围内的安全生产工作负责。**"《安全生产法》第二十一条规定了生产经营单位的主要负责人对本单位安全生产工作负有的职责。

当然，广义的企业主要负责人根据决策机构和机制不同，可能同时包括某几个高层决策者。如果企业是公司制的有限责任公司或国有独资公司，董事长为法定代表人，经理负责主持公司的生产经营管理工作，这样主要负责人就是董事长和经理（或叫作首席执行官等）；

非公司制企业主要负责人为企业的厂长、经理、矿长等。在欧美发达国家，法律规定施工企业的老板是生产事故的责任人，出了事故，要被追究法律责任。

电力企业贯彻执行《安全生产法》，制定全员安全生产责任制，企业一把手是安全生产的第一责任人。《安全生产法》还强调，"其他负责人对职责范围内的安全生产工作负责。"这就要求生产单位各部门、各模块的负责人都应当是本部门本模块的安全生产第一责任人。同理，生产经营单位的职能机构和各层级生产单位上下贯通，层层设置，环环相扣，从经理、主任到班组长都应当是安全生产第一责任人。各级单位都有安全生产第一责任人，不留空当，没有死角。各部门的其他负责人也应当对职责范围内的安全生产工作负责。

有权力就有责任。《安全生产法》对于企业一把手和其他负责人未能履行和未能完全履行职责的，既有对单位的处罚也有对其个人的处罚。《安全生产法》第九十四条至第九十七条详尽介绍了生产经营单位负责人未履行规定的安全生产管理职责所进行的处罚。

如果各层级的安全生产第一责任人未尽职责，势必造成该生产单位因违反《安全生产法》的种种行为而受到处罚。如安监部门负责人未按规定设置注册安全工程师、培训部门负责人未按规定对外来分包队伍人员进行安全生产教育培训、人力资源部门负责人启用未经考核合格的安全生产管理人员等。

某变电站站长根据公司领导的讲话精神安排部署了迎接国庆的安全检查工作，全站打扫卫生，搞安全文明生产。站长安排赵某负责清扫所有配电室、配电柜和配电箱，准备迎接安全检查。赵某清扫了车间的配电室的配电柜和配电箱后，又到2号配电柜后面用毛刷清扫空气开关三相铝排母线间的尘土，在清扫中只听"砰"的一声，屋里烟雾弥漫，配电室2号配电柜的铝排被烧断，赵某上身穿的的确良衬衣烧得蜷缩在一起，衣服烧焦了一半，右手、右臂、右胸、右腋下和脖子大面积烧伤。后经医生诊断为2度烧伤。

▶ 案例评析

（1）造成这起事故的直接原因，是赵某使用的毛刷装有金属护套，在清扫尘埃时，由于母线间的空间小，金属护套碰到了三相电源中的一相，发生了短路。且在清扫时，既没有拉闸作业，也没有安全监护人，又没有正确穿戴好电工应穿的劳动防护用品，以致造成这起烧伤事故。

（2）这样的事故发生有其必然性。从公司领导到站长都忘记了自己是安全生产第一责任人，认为只是为迎国庆打扫卫生，又不是正式电气作业，无须按两票三制、安全监护的规矩去做。员工赵某，节日来临思想麻痹，放松了安全这根弦，随意操作，误触带电部位以致酿成大祸。由此借鉴，公司和各部门领导必须时时刻刻都要牢记自己是本单位的一把手，是安全生产第一责任人，不管是安排什么工作任务都应该把安全生产放在第一位。

安全监管铁面无私，查除隐患寻根究底。

11 政府领导抓监管 部门协调保安全

《安全生产法》第九条第一款规定，"**国务院和县级以上地方各级人民政府应当加强对安全生产工作的领导，建立健全安全生产工作协调机制，支持、督促各有关部门依法履行安全生产监督管理职责，及时协调、解决安全生产监督管理中存在的重大问题。**"

本条款规定对于电力企业的安全生产是最大的支持，对电力企业协调外部关系搞好安全生产意义重大。电力企业要实现多种形式和手段综合治理，就要有政府对安全生产工作的领导，支持、督促各有关部门依法履行安全生产监督管理职责，建立健全安全生产工作协调机制，及时协调、解决安全生产中各部门责任交叉的问题，带动社会各行业携手合作，齐抓共管，共同做好电力企业安全生产工作。

《特种设备安全法》也有类似的管理理念，该法也明确规定各级人民政府加强特种设备安全工作领导、建立协调机制的职责，同时要求有关部门，依法实施特种设备安全监管，充分体现了政府对于安全的一岗多责、齐抓共管，"**管行业必须管安全，管业务必须管安全，管生产经营必须管安全**"的理念。

一、电力企业应怎样尽到安全管理职责

电力企业作为电力设施产权人、运营人和维护管理人，在遇到危及电力设施安全，易发安全生产事故的情况，应当依法进行宣教和制止、下达整改通知，如果仍不奏效，不要等待观望，更不要认为下达了通知就事不关己、万事大吉了。应该区别情况向电力管理部门或当地政府报告，请求处理。

1. 向电力管理部门报告并提出安全建议

《电力法》第六十八条规定，"**违反本法第五十二条第二款和第五十四条规定，未经批准或者未采取安全措施在电力设施周围或者在依法划定的电力设施保护区内进行作业，危及电力设施安全的，由电力管理部门责令停止作业、恢复原状并赔偿损失。**"电力管理部门毕竟是行政管理部门，手中具有强制执行的权力。对于违章作业者没有停止作业、恢复原状的，应当依法强制其执行。而电力企业则无权强制违法人停止违法行为，拖延下去就可能发生安全生产事故。《电力设施保护条例》第二十六条也有规定，"**违反本条例规定，未经批准或未采取安全措施，在电力设施周围或在依法划定的电力设施保护区内进行爆破或其他作业，危及电力设施安全的，由电力管理部门责令停止作业、恢复原状并赔偿损失。**"

2. 向政府报告并提出安全建议

《电力法》第六十九条规定，"**违反本法第五十三条规定，在依法划定的电力设施保护区内修建建筑物、构筑物或者种植植物、堆放物品，危及电力设施安全的，由当地人民政府责令强制拆除、砍伐或者清除。**"本条明确规定了"强制拆除、砍伐或者清除"危及电力设施安全的障碍是政府的权力。因此，尽管《电力设施保护条例》第二十四条第二款规定，"**在依法划定的电力设施保护区内种植的或自然生长的可能危及电力设施安全的树木、竹子，电**

力企业应依法予以修剪或砍伐。"但有的法院却依据《电力法》第六十九条规定，电力企业修剪或砍伐是越俎代庖的违法行为，在实践中也常常遭遇竹木所有人的起诉。与其如此，电力企业何不向政府部门报告并请求政府来清除危及电力设施安全的障碍呢？

3. 报告和建议应保存文档

加强与政府及其各部门的沟通报告的同时，注意报告和文档的保存归档。一是证明电力企业已经履行了检查督促的义务，二是一旦受害方起诉，便作为履行义务的证据。例如给政府部门和电力管理部门的报告、给公安和安全生产监察部门的报案以及自己收集的有关人身触电案件的证据，都要妥善保存。

二、电力企业与相关部门沟通协作的内容和方式

对于电力企业在政府的协调下，与哪些相关部门沟通协作哪些与安全生产有关的内容呢？

1. 应急管理部门

在电力设施保护区内违章施工往往引发安全生产事故，如起吊、挖掘、传输物料等作业。电力管理部门可编撰生产施工中人身触电事故防范的培训资料给应急管理部门，作为各行各业的安全生产培训的内容之一。建筑、运输、起吊、挖掘等行业人员在资格、上岗考试中要加入保护电力设施、防范人身触电的内容。减少、避免吊车和挖掘机操作工触碰高压电线，挖断地下电缆，造成断电、人身触电事故和财产损失。施工期间，及时对施工作业的业主方和施工作业人员开展人身触电事故防范教育宣传和安全交底，对重点施工区域专门制定安全措施，落实责任人进行现场安全监督，在施工作业区装设安全警示标志。

2. 城建、规划、土地部门

高压线下违法建筑作业和其他施工是引发安全事故的重点和难点。很多违法建筑人手中持有相关部门的合法手续，对于电力企业的劝止自然有恃无恐。如果批建部门能够依法审批，就可以避免很多安全事故的发生。《电力法》第五十三条第二款规定，"**任何单位和个人不得在依法划定的电力设施保护区内修建可能危及电力设施的建筑物、构筑物。**"《电力设施保护条例》第二十二条规定，"**公用工程、城市绿化和其他工程在新建、改建或扩建中妨碍电力设施时，或电力设施在新建、改建或扩建中妨碍公用工程、城市绿化和其他工程时，双方有关单位必须按照本条例和国家有关规定协商，就迁移、采取必要的防护措施和补偿等问题达成协议后方可施工。**"《电力设施保护条例实施细则》第十七条规定，"**城乡建设规划主管部门审批或规划已建电力设施（或已经批准新建、改建、扩建、规划的电力设施）两侧的新建建筑物时，应当会同当地电力管理部门审查后批准。**"应当在政府协调下，建立由相关部门组成、电力企业参与的联署会签制度。其次，安全施工协调报告制度。在土地使用规划、房屋建设批复、城市规划，如道路拓宽、市区绿化等有危及电力设施安全运行的情形，这些部门应当根据法律法规和政府在该方面制定的会签制度，充分协商，达成一致意见后方可施工。

3. 公安部门

电力企业与公安110建立联动机制。当发生破坏电力设备的案件后，电力企业用电检查

人员能够与警察一同及时赶到现场，制止破坏电力设备引发安全事故的违法犯罪行为，减少安全生产事故的发生，确保电力安全生产和电网安全运行。同时对构成犯罪的违法行为进行调查取证，追究刑事责任。

4. 电信、广播电视部门

《电力设施保护条例实施细则》第十四条规定，"**任何单位和个人，不得从事下列危害电力线路设施的行为……（五）擅自攀登杆塔或在杆塔上架设电力线、通信线、广播线，安装广播喇叭；**"电力线、电视信号线和通信线"三线合一"的搭挂，致电力线路向弱电线路串电，会造成低压用电客户或者其他电视、电信客户触电伤亡。电力应与电信、广播电视部门签订君子协定，杜绝"三线合一"现象，违者承担违约责任。对现有的"三线合一"安全隐患问题，与广播电视、电信企业协商，加紧专项整治。交叉跨越一定要留有足够的安全距离，杜绝线路交叉串电造成触电人身伤亡的安全事故发生。

5. 供油、供气部门

《电力设施保护条例实施细则》第八条规定，"**禁止在电力电缆沟内同时埋设其他管道。未经电力企业同意，不准在地下电力电缆沟内埋设输油、输气等易燃易爆管道。管道交叉通过时，有关单位应当协商，并采取安全措施，达成协议后方可施工。**"本条第一款的含义是禁止在电力电缆沟内同时埋设其他管道，禁止同沟交叉通过。第二款的交叉通过应该理解为不在同一层面，不同沟交叉通过。如果是同沟交叉通过的话，就不存在"有关单位协商后，并采取安全措施，达成协议也方可施工"！换句话说，应当理解为禁止同沟交叉通过。如同上述的在空中坚决杜绝电力、电信、广播电视三线合一的现象。

6. 其他相关部门

《电力设施保护条例》第十九条规定，"**未经有关部门依照国家有关规定批准，任何单位和个人不得收购电力设施器材。**"本条所指的"电力设施器材"，是指因超过使用期限或者损坏等原因，已经退出运行的电力设施器材，也就是商务部、国家发展改革委、公安部、建设部、工商总局、环保总局联合发布的 2007 年 5 月 1 日起施行的《再生资源回收管理办法》所指的"生产性废旧金属"。

电力企业应协同工商部门、公安部门加强清理整顿废旧物品收购站点，查禁废旧品回收企业非法收购电力设施零部件行为，堵塞销赃渠道，避免形成回收、冶炼、销赃一条龙。定期进行全面彻底清理整顿，给予违法废旧物品收购站点以坚决的打击，视情节予以行政处罚，情节严重的吊销其营业执照，构成犯罪的，坚决追究其刑事责任。

案例 11-1

2021 年 3 月 28 日，某建筑公司正在建造一栋商住楼。在施工过程中，供电公司发现工地离高压线太近，存在安全隐患，要求建筑公司采取安全措施。建筑公司未予理会，继续施工。同年 6 月 9 日，原告杨某某在工地施工时，将地面上的一根 9 米长的钢筋伸出窗外，触及房外的高压线，当即被电击伤昏迷倒地。后就医共花费医疗费 258844.99 元，尚需要继续治疗费12万元。原告遂起诉要求建设人、建筑公司和供电公司赔偿损失。

法院经审理认为，本案系因杨某某触碰高压电线所致人身损害赔偿纠纷。该商住楼已经县规划局批准立项，并办理了建设用地、工程规划和施工许可证，属合法建筑，建设人不承担责任。被告建筑公司是商住房的施工单位，对施工工地处于电力设施保护区内存在不安全因素是明知的，而建筑公司未在工地电力设施处设立硬质防护网，安全措施存在缺陷，又未加强安全施工管理，对造成原告的损害存在过错，因此，原告要求被告建筑公司承担赔偿责任的诉讼请求，本院予以支持。

根据我国《民法典》第一千二百三十六条规定，"从事高度危险作业造成他人损害的，应当承担侵权责任。"属特殊侵权，适用无过错责任原则，除非从事高度危险作业的一方能够证明损害是由受害人故意造成的，否则无论其是否有过错，都要承担赔偿责任。供电公司派员建议采取安全措施，但未能完全履行职责，亦未设立警示标志，作为高压线路的产权人和管理人，对原告的损害应当承担赔偿责任。

 案例评析

（1）《电力设施保护条例实施细则》第十七条规定，"城乡建设规划主管部门审批或规划已建电力设施（或已经批准新建、改建、扩建、规划的电力设施）两侧的新建建筑物时，应当会同当地电力管理部门审查后批准。"本案城建规划部门显然是在电力设施保护区违规批建，这是造成安全生产事故的重要原因。电力企业对政府部门违法批建之初应当依法提出收回成命的建议，要求书面答复并存档备查。一旦在违章建筑上发生人身触电事故遭遇起诉赔偿时，出具证据，免除赔偿责任。湖南省政府对此就有相关的规章。

（2）《电力设施保护条例》第二十二条规定，"公用工程、城市绿化和其他工程在新建、改建或扩建中妨碍电力设施时，或电力设施在新建、改建或扩建中妨碍公用工程、城市绿化和其他工程时，双方有关单位必须按照本条例和国家有关规定协商，就迁移、采取必要的防护措施和补偿等问题达成协议后方可施工。"本案建筑公司施工前，没有就安全防护措施等问题与供电公司达成协议，也没有采取安全措施就盲目施工也是造成安全生产事故的原因之一。

（3）如果本案触电有建设方（发包方）的原因，如催促施工没有时间采取安全措施或者发包给没有资质的施工方等，建设方也应当承担相应的责任。

安全树上开新花，栽培全靠你我他。

12 安全规划顾全局　联防联控扼风险

《安全生产法》第八条规定，"国务院和县级以上地方各级人民政府应当根据国民经济和社会发展规划制定安全生产规划，并组织实施。安全生产规划应当与国土空间规划等相关规划相衔接。

"各级人民政府应当加强安全生产基础设施建设和安全生产监管能力建设，所需经费列入本级预算。

"县级以上地方各级人民政府应当组织有关部门建立完善安全风险评估与论证机制，按照安全风险管控要求，进行产业规划和空间布局，并对位置相邻、行业相近、业态相似的生产经营单位实施重大安全风险联防联控。"

一、多规统筹规划、安全融合衔接

1. 安全生产规划

安全生产规划是各级人民政府预先拟定的就本行政区划的关于安全生产管理工作的在未来较长一段时期内的全面工作内容、实现的目标和整套行动方案。该规划具有综合性、系统性、时间性、强制性等特点。如国务院安全生产委员会印发的《"十四五"国家安全生产规划》。

2. 国土空间规划

《中共中央国务院关于建立国土空间规划体系并监督实施的若干意见》指出，国土空间规划是对一定区域国土空间开发保护在空间和时间上作出的安排。国土空间规划是国家空间发展的指南、可持续发展的空间蓝图，是各类开发保护建设活动的基本依据。国土空间规划包括总体规划、详细规划和相关专项规划。国家、省、市县编制国土空间总体规划，各地结合实际编制乡镇国土空间规划。相关专项规划是指在特定区域（流域）、特定领域，为体现特定功能，对空间开发保护利用作出的专门安排，是涉及空间利用的专项规划。国土空间总体规划是详细规划的依据、相关专项规划的基础。

土地利用规划是在一定区域内，根据国家社会经济可持续发展的要求和当地自然、经济、社会条件对土地开发、利用、治理、保护在空间上、时间上所作的总体的战略性布局和统筹安排。是从全局和长远利益出发，以区域内全部土地为对象，合理调整土地利用结构和布局；以利用为中心，对土地开发、利用、整治、保护等方面做统筹安排和长远规划。

城乡规划是城镇体系规划、城市规划、镇规划、乡规划和村庄规划的统称；对一定时期内城乡社会和经济发展、土地利用、空间布局以及各项建设的综合部署、具体安排和实施管理。

3. 安全生产规划应当与国土空间规划等相关规划相衔接

我国存在规划类型过多、内容重叠冲突、审批流程复杂、周期过长、地方规划朝令夕改等问题。建立全国统一、权责清晰、科学高效的国土空间规划体系并监督实施，将主体功能区规划、土地利用规划、城乡规划等空间规划融合为统一的国土空间规划，实现"多规合一"，强化国土空间规划对各专项规划的指导约束作用，是我国的重大部署。

整体谋划新时代国土空间开发保护格局，综合考虑人口分布、经济布局、国土利用、生态环境保护等因素，科学布局生产空间、生活空间、生态空间，是加快形成绿色生产方式和生活方式、推进生态文明建设的关键举措，是坚持以人民为中心、实现高质量发展和高品质生活、建设美好家园的重要手段，是保障国家战略有效实施、促进国家治理体系和治理能力现代化的必然要求。到2025年，健全国土空间规划法规政策和技术标准体系；全面实施国土空间监测预警和绩效考核机制；形成以国土空间规划为基础，以统一用途管制为手段的国土空间开发保护制度。到2035年，全面提升国土空间治理体系和治理能力现代化水平，基本形成生产空间集约高效、生活空间宜居适度、生态空间山清水秀，安全和谐、富有竞争力和可持续发展的国土空间格局。

安全是生产建设的基础，安全不再一切归零。这就要求这些部门在规划和空间布局的时候要进行安全风险评估或论证。这点不同于只有在项目落地或项目审批阶段才开始考虑安全的后置观念，进一步表明了国家在安全方面关口前移的主导思想。就电力企业设施保护而言，无疑又增加了一个前置的坚固的盾牌。在政府部门规划与电力设施保护冲突时，安全生产规划与国土空间规划等相关规划相衔接的管理机制尤为重要，会减少很多电力安全事故。对此《电力法》第五十三条第一、二款早已规定，"**电力管理部门应当按照国务院有关电力设施保护的规定，对电力设施保护区设立标志。任何单位和个人不得在依法划定的电力设施保护区内修建可能危及电力设施安全的建筑物、构筑物，不得种植可能危及电力设施安全的植物，不得堆放可能危及电力设施安全的物品。**"

《电力设施保护条例》第二十三条规定，"**电力管理部门应将经批准的电力设施新建、改建或扩建的规划和计划通知城乡建设规划主管部门，并划定保护区域。城乡建设规划主管部门应将电力设施的新建、改建或扩建的规划和计划纳入城乡建设规划。**"

二、规划布局、联防联控

"**县级以上地方各级人民政府应当组织有关部门建立完善安全风险评估与论证机制，按照安全风险管控要求，进行产业规划和空间布局，并对位置相邻、行业相近、业态相似的生产经营单位实施重大安全风险联防联控。**"《安全生产法》在第八条新增加的第三款有如下两重内容。

1. 进行产业规划和空间布局

产业规划和空间布局理念可以延伸到工业园区布局，延伸到供电企业的客户入网布局。譬如一个城市的工业园区的位置要根据本城市经济发展规划引进企业的类别性质，并结合本地气候、方向、水文等资料进行风险评估和科学论证后才可以确定。不同行业类型的企业应该根据行业安全性质分区划片，分类管控，防止发生某些不该发生的事故。对于供电企业而言，工业区的电力用户应该根据负荷类型、负荷等级和对电能质量要求的高低等因素进行划分。譬如对电能质量要求高的电力客户就不能和产生高次谐波的负荷、冲击负荷、非对称负荷的电力用户为伍，更不能挂在同一回电力线上。如，一个化工企业不应设在工业园区的上风头，企业园区内的有害有毒气体液体罐不应设置在车间、办公楼的上风头，以防员工在有毒有害的空气中生产和工作患呼吸道职业病。

2. 联防联控

《安全生产法》在第八条增加了第三款新规定的第二重内涵，"**对位置相邻、行业相近、业态相似的生产经营单位实施重大安全风险联防联控**"。对于分区划片的同类性质的企业建立联防联控机制和队伍，统一管控，交叉检查，信息共享，节约成本，类比借鉴，举一反三，群策群力，共谋安全。这个安全管控思想也体现在《安全生产法》第十条第三款**"负有安全生产监督管理职责的部门应当相互配合、齐抓共管、信息共享、资源共用，依法加强安全生产监督管理工作。"**

这种规划布局联防联控关口前移的安全思想对于电力企业的安全管理也是大有裨益的。从电网企业的输电网结构到配电网分布，从抄核收、用电变更、线损管理到安全检查和用电安全管理等工作，各层级各部门各班组之间的安全工作都应该按照联防联控的工作思路开拓创立协同配合共管、资源信息共享的工作模式。联防联控能够将各部门各行业安全管控力量进行整合，形成合力，充分利用各部门各行业资源，节约管控成本，提高管控效能和水平。特别在应急救援中，位置相邻、行业相近、业态相似的生产经营单位同样应当集中力量、联防联控、齐心协力、相互配合救援事故，将大大增加安全生产防控资源并显著提高安全风险的防控能力和救援效果。

⚖ 案例 12-1

某供电公司架设 35 千伏开发区线路竣工，验收合格后已投入运行多年，投运初期，该线路沿江西路段东侧周围没有任何建筑物和障碍物，线路架设也充分考虑了周围环境及技术规程要求。2016 年地产开发公司在江西路东侧开发建设了二层网点房，房屋的外墙紧邻线路杆塔，女儿墙距离线路最低处不足 2 米。供电公司在开发商建设期间曾多次派人到现场制止，开发商对此置之不理，无奈之下只能依法将该违法建筑隐患上报电力主管部门。2019 年 6 月 19 日下午，戈某在楼顶铺设沥青时，被电击伤。遂状告市规划局、地产开发公司、市发展改革委和供电公司，要求四被告支付医疗费、误工费、残疾赔偿金、后续治疗费等共计 188421 元。

被告市规划局辩称：①市规划局既不是电击伤害的高压电线的所有人、管理人，也不是房屋的所有人、管理人，对江西路东侧网点房的审批也不存在违规问题；②地产开发公司是该网点房的最大受益者，在施工过程中应当知道其开发的网点房距离高压线很近，存在安全隐患而没有及时告知供电公司和审批部门；③原告在楼顶做防水处理工作时，应当预见到存在安全隐患，未采取任何保护措施，有一定的过错；其次，其雇主未提示安全风险未提供相应的安全保护措施也有过错。综上，被告市规划局不应承担赔偿责任。

被告市发展改革委辩称：①本委得知涉案的高压线路存在安全隐患后，已于 2019 年 3 月 27 日向市规划局下发了安全隐患限期整改通知书，已尽到了作为电力管理部门的职责；②原告在被告供电公司设置了警示标志的情况下，借助外力攀爬到房顶作业，自身有过错；③该案发生的主要原因是开发公司开发的网点房所致，而此情况系开发公司与市规划局违规所致。

被告供电公司辩称：①原告所诉发生事故的 35 千伏开发区线竣工验收合格符合设计施工技术规程并安全运行多年，不存在安全隐患。②地产开发公司 2016 年开发建设的网点房，超越了规划要求，强行侵入了早已建成 6 年的 35 千伏开发区线路的电力设施保护区。建设方在明知在电力设施保护区建筑违法的情况下仍强行进行建设，对事故的发生具有不可推卸的责任。③规划部门篡改原规划违法定位放线是造成这起事故的根本原因。④供电公司已恪尽职责，对事故的发生不存在任何过错。在地产开发公司建设期间供电公司多次派人到现场制止，开发公司对此置之不理，无奈之下又依法将该违法建筑隐患上报电力主管部门，同时在各高压线杆上设置了高压危险、禁止攀登的危险警示标志，履行了安全警示防护义务。⑤原告对事故发生存在明显过错。原告在没有楼梯或通向违章网点房房顶通道的情况下，无视电杆上的警示标志，侵入电力设施保护区修葺房顶，违反《电力设施保护条例》的有关规定，属于违章作业，对事故发生存在明显过错，应承担相应的事故责任。

地产开发公司未答辩。

法庭审理查明，致原告戈某触电致伤的 35 千伏开发区线系由被告供电公司于 2010 年架设，被告地产开发公司在建设网点房时，被告市规划局未按规划图纸进行放线，而是将原规划线与该江西路中心线直线距离 36 米缩短为 29.91 米，致使该网点房与该线路的水平距离缩短 6.09 米，侵入电力设施保护区。供电公司在发现事故隐患时，曾于 2017 年 1 月份上报市发展改革委，但未采取措施予以制止，供电公司在该处高压线路杆塔上设置禁止攀爬的警示标志，但未对由于建筑物与高压线距离近而产生的安全隐患设置警示标志。

法院认为，原告戈某在江西路东侧网点房楼顶作业时，被供电公司所有的高压线击伤事实清楚，予以认定。

被告市规划局篡改原规划图纸，致使该网点房西墙紧临高压线路，埋下了安全隐患，导致本案事故的发生，规划局应当对原告的损失承担主要责任。

被告发展改革委作为电力管理部门负有对电力事业监督管理职责，在供电公司上报该处高压线存在安全隐患的情况后，不采取措施制止违法行为是有过错的，应承担适当的赔偿责任。

被告供电公司作为高压线路产权人在安全隐患未排除的情况下，虽在该处线路杆塔上设置禁止攀爬的警示标志，但该警示标志不足以对人们产生警示作用，故对事故的发生也应当承担相应的赔偿责任。

原告戈某在临近高压输电线路作业时，未尽到谨慎注意自身安全的义务，对损害事实的发生亦应负一定的责任。

开发公司、市规划局、发展改革委、供电公司承担责任比例依次为：55%、10%、15%、20%。

被告地产开发公司按照市规划局的审批开发建设，其在开发建设过程中并无不当，不应当承担责任。

 案例评析

本案判决地产开发公司不承担责任是一个明显的错误，但难能可贵之处是判决行政部门

因违法行政承担法律责任。

本案供电公司在地产开发公司建设期间多次派人到现场制止，其对此置之不理，无奈之下又依法将该违法建筑隐患上报电力主管部门，同时在高压线杆上设置了高压危险、禁止攀登的危险警示标志，履行了安全警示义务。实际上苦口婆心的现场劝止，难道不比静止的安全警示标志更加生动有效吗？

地产开发公司与市规划局勾结篡改原设计图纸上建筑物与线路之间的水平距离，说明地产开发公司是明明知道其违法建筑，因此也应当承担赔偿责任。

本案市规划局在规划初期已经考虑了高压线路已经存在的客观事实，原规划房屋距离高压线路的距离符合《电力设施保护条例》的规定，符合《安全生产法》"安全生产规划应当与国土空间规划等相关规划相衔接"的安全管理规定。但由于利益的驱动，在施工放线时篡改图纸设计距离，是导致事故发生的主要原因。法院判决规划局承担55%的赔偿责任是罚之有据的。

> 勤政是安全的前提，基层是安全的根基。

13　乡镇园区街道办　基层安全须监管

随着我国社会经济的高速发展和乡村振兴战略的推进，县乡基层广泛分布着大量中小企业，其中不乏从事高危行业领域生产经营活动的企业。其中部分企业规模较小、安全基础薄弱、人员素质参差不齐、安全管理水平低下，极易发生生产安全事故。

再就是遍布全国的开发区、工业园区、港区、风景区等功能区发展迅速，聚集了大量企业，量大面广，在安全生产监督管理方面监管体制不健全、条块交叉、职责不清、主体责任不落实，安全监管不到位，使得一些地方的开发区、工业园区安全隐患重重，危机四伏。还有的工业园区、开发区政企不分，安全监管力量薄弱致使这些功能区成为隐患集中区、政府监管盲区和事故多发区，甚至发生了一些特别重大安全事故。

案例 13-1

2015年8月12日22时51分46秒，位于天津市滨海新区吉运二道95号的瑞海公司危险品仓库运抵区起火，23时34分06秒发生第一次爆炸，23时34分37秒发生第二次更剧烈的爆炸。本次事故中爆炸总能量约为450吨TNT（投放给广岛的小男孩原子弹装有60公斤U-235，相当于13000吨TNT；450/13000=0.034615）当量，事故现场形成6处大火点及数十个小火点，8月14日16时40分，现场明火被扑灭。两次爆炸共造成165人遇难（其中参与救援处置的公安现役消防人员24人、天津港消防人员75人、公安民警11人，事故企业、周边企业员工和居民55人）、8人失踪（其中天津消防人员5人，周边企业员工、天津港消防人员家属 3 人）、798 人受伤（伤情重及较重的伤员 58 人、轻伤员 740 人）、304 幢建筑物、12428 辆商品汽车、7533 个集装箱受损。

8·12 天津滨海新区大爆炸事故的原因是，当时天津港的瑞海公司危险品仓库运抵区南侧集装箱内的硝化棉湿润剂散失，出现局部干燥，在高温环境作用下，加速分解反应，产生大量热量，由于集装箱散热条件差，致使热量不断积聚，硝化棉温度持续升高，达到其自燃温度，发生自燃，引起火灾爆炸。硝化棉爆炸速度 6300 米／秒（黑火药 500 米／秒），爆轰气体体积 841 升／克。这些参数是足够惊人的。

8·12 天津滨海新区爆炸事故是人为事故。本案新区安全管理部门对于进出新区的危化品没有监督检查和警示，致使硝化棉湿润剂散失也无人问津。新区危化品运输人员缺乏安全知识和安全意识，没有进行检查检测，就将硝化棉暴晒在 36 度高温下导致自燃爆炸。

8·12 天津滨海新区爆炸事故之前的 2014 年 8 月，就已发生过苏州昆山市中荣金属制品有限公司特别重大爆炸事故，事故当日造成 75 人死亡、185 人受伤。由此可见，强化乡镇政府街道办安全管理功能，明确各类开发区、工业园区、港区、风景区等功能区安全生产监管职责势在必行刻不容缓。

就安全生产管理方面，乡镇人民政府和街道办事处是对本行政区域的生产经营单位进行监督检查，而开发区、工业园区、港区、风景区负责的区域范围不是行政区域，所以要求明确其安全生产监督管理的有关工作机构担负起安全生产监督检查的职责。《安全生产法》第九条第二款规定，"**乡镇人民政府和街道办事处，以及开发区、工业园区、港区、风景区等应当明确负责安全生产监督管理的有关工作机构及其职责，加强安全生产监管力量建设，按照职责对本行政区域或者管理区域内生产经营单位安全生产状况进行监督检查，协助人民政府有关部门或者按照授权依法履行安全生产监督管理职责。**"

乡镇人民政府、街道办事处是我国政府管理的末端触角，熟悉本地情况，明确安全生产监督工作机构，加强其安全监管能力，积极探索优化基层监管执法模式，能够直接发挥深入、普遍的属地管理优势。在监督检查本行政区安全生产的同时，协助有关部门的安全监管执法活动。各类开发区、工业园区、港区、风景区等功能区安全生产监管体制，明确负责安全生产监督管理的机构和职责，将安全生产工作落实到开发区内的每一家企业，使安全生产工作落到实处。

1. 乡镇人民政府和街道办事处，以及开发区、工业园区、港区、风景区安全生产管理的功能职责

（1）应当明确负责安全生产监督管理的有关工作机构及其职责，并加强安全生产监管力量建设。既可以在权限范围内成立新的工作机构，也可以指定或者授权有关工作机构负责功能区的安全监管工作。

（2）对本行政区域或者管理区域内生产经营单位安全生产状况进行监督检查。同时履行宣传贯彻安全生产政策法规、对公共设施安全隐患组织排查、纠正安全生产违法行为、紧急情况下责令生产经营单位暂停作业、及时报告重大安全生产违法行为和重大隐患等安全监管职责。

（3）协助人民政府有关部门或者按照授权依法履行安全生产监督管理职责。

2. 该条规定对于保护基层电力设施的现实意义

基层政府和群众自治组织更容易听到群众反映的呼声，发现掌握真实的安全生产隐患所在，更便于履行安全生产监管职责。政府安监部门和群众组织横向联合，深入基层，勤于督查，常抓不懈。首先，协调其他相关部门携手监管，如派出所打击盗窃破坏工业设施犯罪；其次，依法对工矿企业进行安全检查监督并及时深入群众调研获取安全生产信息；再次，对安全生产隐患及时处理，对于重特大安全生产事故及时向上级报告，并协助上一级政府依法履行安全监督管理工作。

电力企业大量的35千伏及以下的电力设施分布在乡镇基层街道和各类开发区、工业园区、港区、风景区等功能区，《安全生产法》第九条第二款的规定给这些电力设施的安全运行提供了支持和保障。电力企业应当和乡镇人民政府、街道办事处，以及开发区、工业园区、港区、风景区等负有安全生产监督管理职责的有关工作机构保持沟通，联手协作、相互配合、齐抓共管、信息共享、资源共用，依法加强安全生产监督管理工作，建立群众性电力设施保护队伍，分片包干，配合电力企业运维部门及时消除隐患，保护电力设施，保证电网安全连续运行和安全供电，保障众多基层中小企业的安全生产。

案例 13-2

某市供电公司一下属供电所辖区为破坏盗窃电力设施重灾区，整治效果一直不佳。市供电公司遂与该供电所所在镇政府反映了该情况并请求帮助。镇政府牵头，号召行政村推荐护线员，招收了97名群众护线员，在接受法律法规及电力安全基础知识培训后，负责该所辖区内的35千伏及以下的67条1531千米输电线路的看护任务。每一名护线员持政府、公安、电力部门颁发的"电网群众护线队"证书上岗。群众协议护线使电力设施保护工作由企业行为向政府行为转变，由事后打击向事前预防转变，逐步向政府主导、部门配合、群众参与的良性方向发展。乡镇人民政府以及街道办事处、开发区管理机构等地方人民政府的派出机关直接组织领导和监督基层安全生产工作。协议中明确要求，护线员每月必须到达所防护的每一基杆塔，对防护区内的违章建房、线路通道内障树、施工危险点、杆塔基础塌方、违章爆破、山火、物体飘挂到导线上及非法收购电力器材的废旧收购站点等情况，要及时向供电部门及派出所汇报，并在巡至每一基杆塔上留下当月线路管理所特定的字符标记。

与此同时，市供电公司协助政府部门采用宣传画、横幅标语、宣传车等多种形式，加强对广大群众，特别是农民和中小学生的电力设施保护宣传教育。在电力设施周围、电杆上、路边岩壁、房屋墙面等醒目处刷写各种规范统一的标语3000余条，发放宣传资料近万份，营造"保护电力设施人人有责"的良好氛围。一年下来，群众保护电力设施的自觉性明显增强，破坏电力设施案件大幅下降，一年内发生的17起案件中，70%以上的案件是群众护线员提供线索和协助得以侦破的，有效地遏制了外力破坏电力设施的事故发生。

本案供电公司在基层政府的监管下，用民事协议的方式聘请了97个群众护线员，对预防盗窃、破坏电力设施违法犯罪活动确实收到了显著的效果。《安全生产法》第九条第二款之规定，确是保护电力设施、实现安全生产的一剂良方。

> 宁绕百步远，不抢一步险。

14 新兴行业疏监管 上班走路保安全

2020年7月31日发布的《国务院办公厅关于支持多渠道灵活就业的意见》指出："**个体经营、非全日制以及新就业形态等灵活多样的就业方式，是劳动者就业增收的重要途径，对拓宽就业新渠道、培育发展新动能具有重要作用。**"但是，新平台、新行业、新问题、新风险也随之而来。新型从业人员的劳动报酬、休息休假，尤其是职业安全保障问题更为突出。

《安全生产法》第四条第二款规定，"**平台经济等新兴行业、领域的生产经营单位应当根据本行业、领域的特点，建立健全并落实全员安全生产责任制，加强从业人员安全生产教育和培训，履行本法和其他法律、法规规定的有关安全生产义务。**"这里规定新兴行业、领域的生产经营单位应尽落实安全生产责任、加强从业人员安全教育培训和履行法律法规的安全生产义务，明确了这些新兴业态中生产经营单位的安全生产义务，为这些领域中从业人员的职业安全保障提供了一个基本解决方案。

（1）谁是新兴行业、领域的生产经营单位？平台企业和劳动者之间的关系是比较复杂的，两者之间还存在着其他多种生产经营主体。以餐饮外卖平台为例，存在配送合作商和劳务外包企业等主体。

以餐饮外卖平台为例，"外卖骑手"分"专送骑手"和"众包骑手"。"专送骑手"为平台企业（如阿里巴巴、京东）和与其合作的配送公司工作（如京东快递），其生产经营单位应是配送公司。"众包骑手"系由自然人在移动终端上注册App并获得通过后上岗工作的灵活就业的"外卖骑手"，其生产单位是平台企业（如饿了么）或者是平台企业的劳务外包企业。

（2）如何界定在平台经济等新兴业态中从业人员？《安全生产法》在传统劳动关系之外，明确提及的其他劳动形态也只是劳务派遣和实习实训，不能涵盖平台经济等新兴业态中的许多就业形态。如"外卖骑手"一类新型劳动者。因此,《安全生产法》使用的"从业人员"一词,具有很强的概括性,起到了兜底作用。这里应当作广义理解,即凡是依托网络平台从事相关行业业务的劳动者,都属于"从业人员"范畴。

（3）目前平台型企业安全生产义务是什么？上述这些"从业人员"自身的安全以及他们对公共安全和第三人造成的安全事故,其"生产单位"是否应该承担相应的责任等问题目前依然无解。诚然,在平台经济等新兴业态中,劳动者和平台之间的关系是多样而复杂的——劳动关系、劳务关系、发包和承揽关系,甚至是委托与被委托关系。试想,若是委托与被委托关系,那谁会承担安全生产事故赔偿责任？

案例 14-1

通过某网约车平台,搭车人甲约到了网约车驾车人乙。路上因网约车驾车人乙不停地接拨电话,疏于谨慎驾驶,撞上了高速公路隔离带,车翻人伤。甲起诉某网约车平台和网约车驾车人乙要求赔偿。庭审中,某网约车平台根据《民法典》第九百六十一条"中介合同是中介人向委托人报告订立合同的机会或者提供订立合同的媒介服务,委托人支付报酬的合同。"强调自己只是从事中介业务,促成了搭车人甲和网约车驾驶人乙之间的客运交易,只负有如实报告委托事项的义务,不负有路上的安全责任。

案例评析

网约车驾驶人乙和网约车平台以及搭车人甲和网约车平台都是委托和被委托的关系。网约车只审查网约车驾驶人的驾驶资格和驾龄作为准入门槛。显然至于安全事故赔偿问题,《安全生产法》和安全生产领域的其他法律法规原来所考虑的传统的就业形态是难以解决本案问题。那么什么情况下网约车平台应该与驾车人乙承担连带责任？《民法典》第九百六十二条"中介人应当就有关订立合同的事项向委托人如实报告。中介人故意隐瞒与订立合同有关的重要事实或者提供虚假情况,损害委托人利益的,不得请求支付报酬并应当承担赔偿责任。"如,平台提供了虚假情况:网约车驾驶人无照驾驶或者驾龄不足限制年限。

现实中新行业、新业态从业人员造成第三人人身伤害和财产损失的,平台企业大多都置身安全事故赔偿之外。因为目前还缺失比较切近平台企业安全事故赔偿的法律规范。这种情况包括依托平台付出劳务的各类"外卖骑手"和"配送骑手"。骑手们为了抢单争业务多赚钱养家糊口,一边看手机一边高速驾驶摩托车的情况比比皆是。撞倒他人或被汽车撞倒的情况也时有见闻。作为城乡居民包括我们电力企业的工作人员,一定要时时刻刻躲避这些"骑手"们突如其来的伤害。因为一旦你受到伤害,迫于生活压力才当"骑手"的肇事人,大多是没有多少赔偿能力的。

（4）如何看待平台经济等新兴业态中的生产经营单位的安全生产保障义务？因为生产安全不仅影响或威胁劳动者人身安全，也影响或威胁公众生命财产安全。生产经营单位的安全生产保障义务包括两个层次：一是保护劳动者职业安全；二是保障公共安全如不特定的第三人的安全。

对于平台企业，生产经营单位保护从业人员职业安全也有别于传统业态的劳动者。从业人员组织松散、作业面宽，遍及全国各地，安全生产管理鞭长莫及，无法做到集中强化安全培训。平台企业对于直接依托平台的从业人员，可以通过网络强制从业人员学习本行业领域的安全知识和操作技能，强化安全意识。对于网上安全培训考试不合格的剔出从业人员群体等形式履行安全生产管理义务。

关于平台经济等新兴业态中的生产经营单位是否应当承担和如何承担公共安全意义上的安全生产义务，当下不宜立即将其安全生产义务提升到这个层面。如果这样，在支持企业创造就业机会的今日，有可能极大地增加企业成本，制约这些新兴业态的持续健康发展，甚至致使其无疾而终。《安全生产法》第四条第二款"**平台经济等新兴行业、领域的生产经营单位应当根据本行业、领域的特点，建立健全并落实全员安全生产责任制，加强从业人员安全生产教育和培训，履行本法和其他法律、法规规定的有关安全生产义务。**"这里所规定的安全生产保障义务，暂作狭义理解为宜，即主要理解为保障劳动者职业安全的义务。随着平台经济等新兴行业新领域发展完善，不断发现问题解决问题逐步落实平台经济等新兴业态生产单位的安全生产责任主体、义务范围和履行方式，监管部门责任划分、监管权限与措施等。

至于平台经济等新兴业态安全生产管辖部门，在"管行业必须管安全、管业务必须管安全、管生产经营必须管安全"（"三管三必须"）原则指导下，为了避免平台经济等新兴业态的安全生产监管出现盲区，《安全生产法》第十条第二款作了指导性规定："**对新兴行业、领域的安全生产监督管理职责不明确的，由县级以上地方各级人民政府按照业务相近的原则确定监督管理部门。**"

安全是遵章者的光荣花，事故是违纪者的耻辱碑。

15　鲜血生命写安规　违章作业祸临头

常言说，门门有道，行行有规。高铁有轨道，轮船有航线，生产有法制，安全有规范。各行各业的安全生产活动只有遵循本行业的安全生产规律才能有条不紊地进行着，一旦逾越本行业的安全生产规律，就要出事故，遭受人身、财产的损失。这各行各业安全生产的规律就是安全生产规章规程。以下以安全规程为例加以论述。

一、安全规程是各行各业安全生产的指导书

安全规程不是大手笔的妙文章，而是各行各业安全生产管理经验教训的详细总结和梳理。历经一代代行业人的不断实践、积累、总结，不断纠正，不断完善，与时俱进，才汇集提炼成的安全作业约束规范。这些规范不是企业领导和工程师的作品，他们中有的充其量只是个执笔者，所有安全事故的第一手资料都是一代代行业人身体力行在生产实践中获得的，是他们共同创造的约束规范。

二、安全规程是由鲜血和生命写成的

与其说安全规程是制定的，倒不如说是用鲜血和生命换来的。各行各业的安全作业规程都是随着一代代行业人的受伤流血甚至付出生命，一步步接受教训积累经验逐步完善的。因此我们说：生命作笔，鲜血为墨，世代修正，用鲜血和生命换来的安全规程，决不许我们再用鲜血生命来验证它！譬如，在改正作业段两端挂接地线为各工作班工作地段各端和可能反送电的各支线（包括用户）都应接地之前，有谁知道已经为此项不完善的规范付出了有多少鲜血和生命！

今天我们能够有完善的安全制度和安规，应当怀着沉重的心情去缅怀那些为了安全制度和安规的完善付出了健康乃至生命的一代代行业的先辈们。每一个行业在初创时期，都是由那些挚爱事业的先辈们用健康和生命探索安全的理论方法和规范。我们对他们最崇高的敬仰最深切的缅怀就是，让他们的鲜血和生命时时刻刻警示着我们和我们的子孙的安全生产，岁月静好，盛世太平。

三、安全规程是不可逾越的高压线

严格遵守安规是每个员工的义务。作为生产经营单位的员工，我们必须循规蹈矩，坚决执行安规毫不动摇，一丝不苟忠实履行。只有令行禁止，合规操作，才能摒弃"三违"，安全生产。

违章就是犯法。《安全生产法》第五十七条规定，"**从业人员在作业过程中，应当严格落实岗位安全责任，遵守本单位的安全生产规章制度和操作规程，服从管理，正确佩戴和使用劳动防护用品。**"不守安规违章作业，就是违反安全生产法！《管子·法法》说，"不法法则事毋常，法不法则令不行"。

各行各业大量的安全事故血淋淋地警告我们：有事故必有违章！

《安全生产法》第五十七条是对从业人员的依规守法的规定，对于一个生产经营单位从一把手到安全生产管理部门都有一份依规守法的责任。对此《安全生产法》分别有如下规定。

《安全生产法》第二十八条第一款规定，"**生产经营单位应当对从业人员进行安全生产教育和培训，保证从业人员具备必要的安全生产知识，熟悉有关的安全生产规章制度和安全操作规程，掌握本岗位的安全操作技能，了解事故应急处理措施，知悉自身在安全生产方面的权利和义务。未经安全生产教育和培训合格的从业人员，不得上岗作业。**"

第二十一条第二项"生产经营单位的主要负责人对本单位安全生产工作负有下列职责：**（二）组织制定并实施本单位安全生产规章制度和操作规程；**"第二十五条第一款第一项"**生产经营单位的安全生产管理机构以及安全生产管理人员履行下列职责：（一）组织或者参与**

拟订本单位安全生产规章制度、操作规程和生产安全事故应急救援预案。"

四、安全规程的刚性和人性化

安全规程和安全技术规章是刚性的，是必须遵守的，不允许讨价还价、不允许打折执行，违反安全规程，即使没有发生事故也要受到惩罚，但是安全规程又是人性化的。以《国家电网有限公司电力安全规程（配电部分）》为例，"**5.3.6 砍剪树木时，应防止马蜂等昆虫伤人蜇人。5.3.7 上树时，应使用安全带，安全带不得系在待砍剪树枝的端口附近或以上。不得抓攀最弱和枯死的树枝；不得攀登已经锯过或砍过的尾端树枝。**"对这些苦口婆心的叮咛，难道你没回味到比你儿时爸妈对你爬墙头、爬树、掏鸟窝的叮咛更加充满爱心，更加细致入微吗？不仅细腻而且还有科学道理，岂止仅仅是一句千万要注意啊！而是告诉你注意哪些危险的点，怎么躲避，采取什么措施等。

学习安全规程，反反复复，不厌其烦。学习安规是任何生产行业的一项安全制度。可以说是天天学，时时学，工作前针对危险点预习，作业中发现违章行为提醒，作业后做安全总结。

执行安全规程，唠唠叨叨，随时随地。定期进行事故演习，每天的针对性安规问答，作业前安全交底，作业中触犯安规现场痛批，铁面冷酷，严厉纠正。

这一切表面严酷而实际人性，都是对你的关爱，为了你不再犯规，不再危及你的生命和健康。

五、事故多米诺骨牌规律

骨牌游戏（牌九）源于中国，北宋钦宗到南宋高宗时流行广泛。公元1849年，意大利传教士多米诺把骨牌带回到米兰成为欧洲的一种用来游戏或赌博的工具——把骨牌竖立起来排成行，只要轻轻碰倒初始的第一张牌，后边的便会一张碰一张，相继倒下去。谁的骨牌排列的最长最多图案最复杂且一发而不可收地倒伏到最后一颗骨牌，就是赢家。这就是多米诺骨牌游戏。后来把连锁反应称为多米诺骨牌效应。

这个游戏给我们一个启示：一个很小的初始能量，就会导致一系列的连锁反应。而且这一连串的反应，一旦开始，如果不加制止，就会一气儿倒伏到底，像流体一样势不可挡直至冲垮整个体系。但人们也从中发现了中止倒伏的方法：在长长的骨牌系列中剔除一块骨牌，其后边未倒下的骨牌就不再倒下去了。如同森林救火，在未燃烧的地带清除一条隔离带，就会中断火势的蔓延。

生产过程中一系列的作业行为类似于一系列的骨牌，如果每个行为都违章，那就像多米诺骨牌倒伏到最后一样，发生安全事故。在这一系列的行为中哪怕只有某一个行为合规操作了，事故链就断开了，就不会发生事故。仿佛多米诺骨牌倒伏到剔除的那一块的位置戛然而止。

如图15-1所示，以电力行业蹬杆作业（清扫或检修）为例说明这个原理。首先假设：骨牌站立就是合规操作，骨牌倒下就是违章操作，剔除的一块示意向上提起。

第一行：开工作票→做安全措施→检查杆塔（裂纹、歪斜）、安全带和铁鞋情况→监护→核对线路杆号→蹬杆→验电→不会触电→不会坠落。这是正常作业情况。

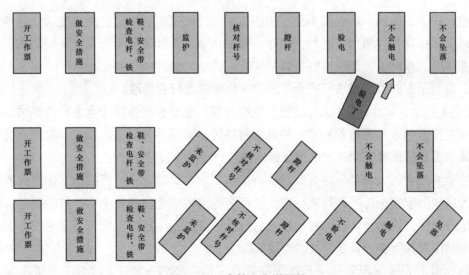

图 15-1　事故多米诺骨牌

第二行：开工作票→做安全措施→检查杆塔（裂纹、歪斜）、安全带和铁鞋情况后，作业人员与监护人员没有核对线路杆号就盲目蹬杆了。所以未监护→不核对线路杆号→蹬杆三块骨牌倒下了。所幸验电了。这一步就相当于把验电这块骨牌提起来了，中止了骨牌相继倒下去，砍断了事故链条——作业人员验电发现线路带电——自己误蹬带电线路杆塔了。于是，下杆，避免了一次触电高处坠落事故。这种情况有惊无险：作业过程中间违章了，后来又合规操作了。

第三行：开工作票→做安全措施→查看杆塔（裂纹、歪斜）、安全带和铁鞋情况后，作业人员与监护人员没有核对线路杆号就盲目蹬杆了。所以监护→核对线路杆号→蹬杆三块骨牌倒下了。登高到验电位置也没有验电→继续攀登→触电了→高处坠落，二次伤害——从监护→核对线路杆号→蹬杆→验电→不会触电→不会坠落骨牌一连串的倒下去了——触电了，坠落了。这种情况连续违章：作业过程中间违章了，后来没有纠正连续违章操作直到发生事故。

事故多米诺骨牌说明了什么？

（1）凡有事故，必有违章。

（2）事故往往不是由一个或几个单独的违章行为引发的，而是由一连串（顺序性）的违章导致的恶果！

从这个结论角度看，发生安全事故真是不可原谅的！因为事故往往由一系列违章引发，而不是单一或几个孤立的行为引起的。不禁要问：一系列的操作行为中，难道连一个行为都做不到依法合规吗！

安规要活学活用，不能死记硬背，根据遗忘曲线，安规要天天现场考。而不是集中复习背诵，集中考试，考完了就扔到一边。记忆要反复才会记牢，应用要灵活才有效。像考试一样，考前公式概念背得滚瓜烂熟，但面对考卷时不知道用哪些个概念公式来解题。如同学了不少武术套路，只学不用，面对歹徒的实战中，不知道该用哪一招式。同样安全规程经常考经常背也记住了，但到了现场就不会应用作业中。因此安规的考试应用要密切结合本公司的生产运行实际，紧扣"两措"进行，免得只知道作业，不知道安全作业。特别是在生产实践中遇到新环境、新设备、新操作更是紧张慌乱，手足无措，酿成事故。

六、电力企业必须严格执行安全生产国家标准或者行业标准

《安全生产法》第十一条规定，**"国务院有关部门应当按照保障安全生产的要求，依法及时制定有关国家标准或者行业标准，并根据科技进步和经济发展适时修订。生产经营单位必须执行依法制定的保障安全生产的国家标准或者行业标准。"**

依法全面治企很大一部分内容就是执行依法制定的保障安全生产的国家标准或者行业标准。因为这些国家安全标准和行业标准，既符合我国标准化法和安全生产法的规定又符合行业安全生产规律。同时，这些国家标准或者行业标准又是生产经营单位制定的安全生产责任制、安全操作规程等企业安全制度的直接依据。

譬如，电力企业保障安全生产的国家标准：GB 26859—2011《电力安全工作规程（电力线路部分）》；GB 26860—2011《电力安全工作规程（发电厂和变电所电气部分）》；GB 26861—2011《电力安全工作规程（高压试验室部分）》；GB 26164.1—2010《电业安全工作规程　第一部分　热力和机械》；GB 16847—1997《保护用电流互感器暂态特性技术要求》；GB 50147—2010《电气装置安装工程高压电器施工及验收规范》；GB/T 20840.5—2013《互感器　第5部分：电容式电压互感器的补充技术要求》；GB/T 8349—2000《金属封闭母线》；GB 8958—2006《缺氧危险作业安全规程》；GB 6095—2009《安全带》；GB/T 6096—2009《安全带测试方法》；GB 9448—1999《焊接与切割安全》；GB 12011—2009《足部防护　电绝缘鞋》；GB 17622—2008《带电作业用绝缘手套》等。

电力企业保障安全生产的行业标准：Q/GDW 1799.1—2013《国家电网公司电力安全工作规程（变电部分）》、Q/GDW 1799.1—2013《国家电网公司电力安全工作规程（线路部分）》；DL/T 639—1997《六氟化硫电气设备运行、试验及检修人员安全防护细则》；DL/T 516—2006《电力调度自动化系统运行管理规程》；DL/T 544—2012《电力通信运行管理规程》；DL/T 572—2010《电力变压器运行规程》；DL/T 573—2010《电力变压器检修导则》；DL/T 574—2010《变压器分接开关运行维修导则》；DL/T 587—2007《微机继电保护装置运行管理规程》；DL/T 596—1996《电力设备预防性试验规程》；DL/T 393—2010《输变电设备状态检修试验规程》；DL/T 620—1997《交流电气装置的过电压保护和绝缘配合》。DL/T 741—2010《架空输电线路运行规程》；DL/T 1040—2007《电网运行准则》等。很显然，电力行业在生产中必须执行相应的国家标准或者行业标准。否则，安全生产无从谈起。

七、执行依法制定的保障安全生产的国家标准或者行业标准存在的问题

上述已经充分论证了严格执行安规就不会出事故的道理，电力行业法律法规章规程也齐备完善，剩下的问题就是《安全生产法》第十一条第二款，**"生产经营单位必须执行依法制定的保障安全生产的国家标准或者行业标准。"**其中"执行"二字落实不到位。

1. 不执行

有的电力企业员工在生产中不执行国家标准或行业标准，而是依照习惯来操作。这些习惯往往存在违章行为。即违反安全规程，按照不良的传统习惯，随心所欲地进行生产或施工活动。反以为标准规程是束缚，是条条框框，影响效率，尤其是那些常常违规也没有出过大事故的员工，自以为得计。这样的"老师傅"往往会带坏一批年轻员工。

⚖ 案例 15-1

2020 年 12 月 24 日，宁夏电力有限公司外包单位河南豫能电力工程有限责任公司，1 名作业人员在输煤 8A 皮带落煤管检查积煤时，未停止运行中的入炉煤采样机，违规打开观察口，探入采样机内部检查积煤，被定时动作的 8A 皮带入炉煤采样机采样夹住头，后经抢救无效死亡。

▶ 案例评析

本案发生的直接原因是受害人违反了《电力安全工作规程（热力和机械部分）》关于贮运煤设备的运行和检修部分规定"严禁在运煤设备运行中进行任何检修或清理工作"和"各种运煤设备在许可开始检修工作前，运行值班人员必须将电源切断，并在断开电源开关操作把手上挂上'禁止合闸，有人工作！'的标示牌"。其次是该案的受害人是专业分包单位河南豫能电力工程有限责任公司的员工，外包单位员工安全知识培训不足，安全意识淡薄，竟然在未停机状态探身机器内部进行检查，以致挤压身亡。

2. 执行不到位

有的电力企业员工在生产中执行国标或行标，但是没有严格而全面执行，而是打了折扣。图方便，图省事，自以为提高了效率，事故往往就发生在折扣的过程中。验了电不挂接地线就蹬杆工作，办了工作票但不依据工作票布置组织措施和技术措施，倒闸操作办了操作票但不依据操作票进行倒闸操作等，确实省事、快捷，但随之而来的就是安全事故。

⚖ 案例 15-2

某公司五班在承建 220 千伏元建线一次作业中，将杆整体立起后，发现由于永久拉线的交叉点碍事，提升不了导线，而要把导线提上去必须重新打上所有的临时拉线，再解开永久拉线。作业人员为了图省事，竟然在没有打临时拉线的情况下，用人工拽着拉绳取代临时拉线就解开了永久拉线，并提升导线。结果，人工拉线难以平衡倾斜力，电杆偏心受力倾倒，2 名在杆上作业的人员随杆坠落地面，其中一名当即死亡，另一名重伤。

▶ 案例评析

该事故后调查发现，类似的随心所欲的作业，在五班已发生几次。该案是变通执行了打好临时拉线再解除永久拉线的安全规定，但是实际中"变通"大打折扣，其结果是人员伤亡。因此说执行安全规程必须不折不扣，否则就会造成严重后果。

由此可见，制度规范齐备依然发生事故的根源就是缺乏执行力。2021年国家电网有限公司安全委员办公室在电力安全生产管理工作中提出"违章就是隐患，违章就是事故"的新理念。同时深刻地认识到，教训也是财富，要充分利用以鲜血生命和财产损失作代价换来的财富——反面价值，惊醒那些在生产中消极散漫浑浑噩噩的"三违"肇事者，再三强调事故处理要获得"一地出事故，全网受教育"的实效。既然安全规程是刚性的就要严格遵守，强化执行力，对事故不对人，不管犯在谁身上，一律给予公正公平公开的处罚。唯如此才会惩一儆百，"立木取信"，令行禁止，依法合规，安全生产，岁月平安。

千起事故源于侥幸，万般痛苦皆因麻痹。

16　广宣传安全知识　速增强安全意识

案例 16-1

一曲情深意长的《我心永恒》在大西洋上空悠扬缠绵了百余年。尽管女主人公露丝深情的祈祷"不愿离去直到永远"，美好的祝愿"我们永远携手而行。"但随着泰坦尼克号的断裂和沉没，男主人公杰克·道森也追随1513名乘客和船员的灵魂永远葬身大海了。

爱情可歌可泣，海难已成经典。

这艘长259米、宽28米、排水量66000吨，当时世界上最大豪华客船——泰坦尼克号，是如何沉入大海的呢？答案：从船长到船员缺乏安全意识。

船长爱德华·史密斯说："根据我所有的经验，我没有遇到任何……值得一提的事故。在我整个海上生涯中只见过一次遇险的船只。我……从未处于失事的危险中，也从未陷入任何有可能演化为灾难的险境。"

泰坦尼克号的二副在船只启航前突然被调离，忘记留下钥匙，打不开橱柜，拿不出望远镜，守望员只能用肉眼来搜寻冰山。

即使守望员肉眼搜不到冰山，泰坦尼克号本来也可以躲过一劫。航行在该海域的英国邮船卡罗尼亚号绕过冰山后给泰坦尼克号发了电报"北纬42度，西经51度的海域有冰山。"当日晚上，加利福尼亚号和美莎巴号顺利绕过冰山后也给泰坦尼克号发了急电。从1912年4月11～14日期间泰坦尼克号收到了临近船只发出的告警21次，很遗憾的是从船长到船员都对此置若罔闻。

1912年4月14日23时40分，泰坦尼克号撞上了冰山的水下部分，右船舷被撞开一条90米长的大裂口。海水汹涌而入，"永不沉没"的泰坦尼克号沉没了，只有695人获救，还不到全部人数的 1/3，剩下的 1513 条生命永远沉没在大西洋了。

沉船前后从船长到船员的行为，显而易见没有安全意识。一个船员说："就是上帝来，也弄不沉这艘船。"只仗仰船体巨无霸和有经验的船长和船员，缺乏安全意识，最终不是上帝而是他们自己弄沉了这艘"永不沉没的梦幻客轮。"

国家安监部门统计，以人的不安全行为为主要原因的伤亡事故占事故统计总数的 86.9%，这种事故主要是"三违事故"——违反劳动纪律，不服从管理；违章操作；违章指挥，强令员工冒险作业，其中违章作业导致的事故占统计数的 63.1%，习惯性违章占 41.8%；民工、临时工，占所有受伤害人数的 80%。很显然，用工单位对民工、临时工的技术技能、安全生产培训投入微薄甚至不投入，使之不熟悉安全规章，安全生产意识淡薄。

可见，有安全设施不如有安全知识，有安全知识不如有安全意识。由此说来，"安全第一"首先该强调安全意识第一。没有安全意识，有了安全知识也用不上，有了安全设备不会维护、操作使用。

鉴于此，《安全生产法》第十三条规定，**"各级人民政府及其有关部门应当采取多种形式，加强对有关安全生产的法律、法规和安全生产知识的宣传，增强全社会的安全生产意识。"**

一、意识与安全意识

意识指人的头脑对客观物质世界的反映，是感觉、思维等各种心理过程的总和。

安全意识，作为社会意识的一种特殊形式，是指人们在一定的历史环境条件下，对安全的感知、理解、心理体验和价值评价等各种意识现象的总称。它包括人们对安全的认识、理解，对安全的本质和功能的看法，对安全的要求和态度，对安全的评价等。简言之。安全意识，是存在于人们头脑中的，支配人们行为是否安全的思想。因此，强化公民的安全意识，进而强化全社会的安全意识，乃是安全管理工作的社会性、长期性、普遍性的深层次任务。

二、安全意识与安全生产的关系

如果把安全知识、经验、法规制度、管理技术和方法等因素作为一个生产经营单位的软件；把安全设备系统、科技手段投入作为硬件的话。我们可以推出，软件弱的生产单位，可以通过强的硬件来互补，硬件弱的生产单位可以通过强的软件来互补，实现安全生产。譬如，制度执行不严格，员工的知识技能差一点，如果有先进的设备和坚强的电网来支撑，仍然可以实现安全生产。反之，科技投入少，设备落后，如果员工重视管理，勤于巡视，及时发现隐患消除隐患，也可以实现安全生产，如图 16-1 所示。假设一个电力企业安全生产制度好，员工知识技能也好，电网也坚强，但就是员工的安全生产意识淡薄，显而易见，也很难实现安全生产。

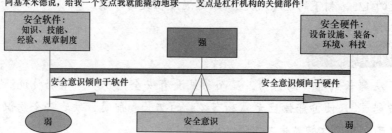

图 16-1　安全杠杆

以上道理，如同杠杆系统。硬件、软件是杠杆系统的两边重物，其平衡可以通过调节力臂长度来实现。安全意识相当于杠杆系统的支点。如果没有了支点，杠杆系统则都不存在了，更遑论平衡。

因此说，安全生产的五要素之一安全文化，其核心为安全意识。或者说安全意识是安全文化的灵魂。在各类事故发生的原因分析中，80%以上的原因是人的不安全行为，85%以上的事故是"三违事故"！

"三违事故"的主要原因不是知识技能水平低，也不是安全规程不熟悉，而是安全意识淡薄！

案例 16-2

在美国行业安全指数排在第一的是制造业（8.1），随后依次为建筑业（7.9）、农业（7.3）、运输业（6.9），排在最后的竟然是采矿业（4.0）——它甚至比零售业（5.6）的事故率还低！注意这组数据中指数越高越危险。

案例评析

该案的数据是否颠覆了你对行业安全的认知？矿山行业安全管理难度最大！一般而言发展中国家的矿难事故高居各行业榜首。但是上述的行业安全指数说明，美国的采矿业竟然是所列行业中最安全的。原因何在？还是政府的安全意识强，重视矿山行业的投入和管理使然。

三、安全生产与经济效益的关系

如果把企业比作一棵果树的话，年利润就是这棵果树结出的果子。如果搞好安全生产，我们会收获到这些果子。如果发生一次大事故，将毁掉果树的主干枝丫，发生重特大事故，我们不仅得不到果子，而且毁掉了这棵结果子的树。也就是说，整个企业轰然倒地，员工失业回家，何来利润！如图 16-2 所示，企业安全生产与经济效益的关系显而易见，且发人深省。

可见《安全生产法》第十三条要求各级人民政府及其有关部门应当采取多种形式，加强对有关安全生产的法律、法规和安全生产知识的宣传，增强全社会的安全生产意识的必要性和重要性。

四、增强企业生产操作人员的安全意识

教训证明，发生"三违"事故的主要原因不是员工的知识技能水平低，也不是安全规程不熟悉，而是安全意识淡薄！

海因里希（Heinrich 美国安全工程师）法则告诉我们：众多类似事故造成严重伤害、轻微伤害、没有伤害的事故件数之比为——1：29：300。

这说明，受害人在受害之前，其他人已经经历了数百次没有带来伤害或只有轻微伤害的违章事件！这些违章事件 80% 以上是由于安全意识淡薄造成的！因此，我们说安全意识是安全文化的灵魂，安全文化以安全意识为核心。

因此，要搞好安全生产首先要强化安全意识。这就是安全生产法本条强调增强全社会的安全意识的目的所在。就是要求全社会的人们主观上绷紧安全这根弦，不发生违章行为，客观上消除工作和生活中的不安全因素，只有全社会各界各行业的人们都增强安全意识，才会实现全社会安全。

企业生产操作人员是生产经营的主体，增强全社会的安全生产意识，最重要的当然是生产经营单位的生产操作人员。毕竟生产第一线才是安全事故的主要肇事地。企业通过安全生产知识、技能、法律法规、安全生产案例等内容的培训，反事故演习、应急救援训练、各种安全生产知识比赛、安全生产大检查等活动，不断强化员工的安全生产意识。

案例 16-3

《矿业安全和卫生法》以及相关配套规章的实施，加上新技术的推广采用，使美国煤矿业生产走上事故低发的新阶段：20 世纪前 30 年，美国煤矿每年平均因事故死亡的有 2000 多人；到 20 世纪 70 年代，年死亡人数下降到千人以下；1990 年至 2000 年，美国共生产商品煤 104 亿吨，死亡人数 492 人，平均百万吨煤人员死亡率为 0.0473；2004 年美国生产煤炭近 10 亿吨，但煤矿安全事故中总共死亡 27 人，2005 年这一数字更是降低到 22 人，即百万吨煤人员死亡率为 0.022。同期相比我国则是个位数，高出数十倍。

据美国劳工部发表的各行业事故率统计数字，美国的采矿业已成为较安全的行业，好于林木采伐、钢铁冶炼、运输及建筑等行业。

案例评析

发展中国家煤矿业大多是安全生产的老大难，中国也是如此。为什么美国可以抓好矿业安全生产，其他国家抓不好？原因还是政府对于矿业安全管理意识不强，没有下大力气去监管。

五、如何通过宣传增强全社会的安全生产意识

加强企业生产经营人员的安全意识固然重要，但这只是做好安全工作的一个方面。《安全生产法》要求加强全社会的安全意识，实现全社会的安全，这才是立法的目的。全社会安全的主体是社会各界人员，他们对于电力企业的安全知识、设施设备、安全事故预防与救援措施知之甚少，因此就要依照《安全生产法》，通过宣传教育来实现增强全社会安全意识的目标。

1. 增强全社会安全意识的宣传存在问题

（1）广度不够，力度不足。宣传的区域往往限于电力营业场所或者其附近区域，远未深入城乡的各个角落。广大群众缺乏安全意识和安全用电常识，特别是广大农民知识水平普遍偏低，缺乏电力知识。目前在农村关于安全用电的宣传做得还很不到位。作为家长的农民自己都不懂安全，怎能教育自己的子女安全用电，远离危险？未成年人因不懂或不完全懂安全用电常识而触及电力设施所造成的人身触电事故的与宣传不足不无关系。

（2）内容偏窄，形式单一。宣传内容很少涉及电力法律法规、安全意识、生命健康、人民至上、生命至上等。很多电力企业仅在电力营销场所附近写两条标语，方法单一，流于形式，效果不佳，不能使群众引起安全用电的警觉，加之对安全用电知识知之甚少，自然预防触电意识淡薄。当然，形成目前状况的原因，电力企业有责任，电力管理部门、应急管理部门和其他负有安全生产监督管理职责的相关部门以及客户企业也都有责任。如，私自安装、拆卸、移动电力设备所造成的触电事故，违法施工和其他人身触电事故，往往是用电方违反电力法规的行为所致。

2. 应宣传的内容

（1）树立珍视生命、生命至上、关爱生命、身心健康、安全第一、全家幸福的价值观；传播健康幸福、家家欢乐、安全即幸福的理念；增强安全意识，明确安全的重要性，强化安全用电、人人有责的责任感；养成学习安全知识和安全用电，善于防护侵害的好习惯。

（2）电力法律法规和《安全生产法》。对于企业客户而言，《安全生产法》第二十条规定，"**生产经营单位应当具备本法和有关法律、行政法规和国家标准或者行业标准规定的安全生产条件；不具备安全生产条件的，不得从事生产经营活动。**"但对于居民客户而言，违约用电导致火灾、人身触电或其他重大事故也可能触犯刑律，《安全生产法》却没有规定。因此，要把《安全生产法》和电力法律法规及其相关的刑事法律作为宣传内容的重要组成部分。

（3）安全用电知识。包括：①严禁使用挂钩线、破股线、地爬线和绝缘不合格的导线；②严禁采用"一相一地"方式用电；③不得私自操作电力设备；④不能购买使用质量低劣的电气设备；⑤严禁私设电网，严禁用电网捕鱼、狩猎、捕鼠或灭害；⑥用电要申请，安装修理找电工，不准私拉乱接用电设备；⑦不准私拉乱接用电设备，采用合格的电气设备。

（4）电力设施保护知识。

1）任何单位或个人，不得从事下列危害电力线路设施的行为：①向电力线路设施射击；②向导线抛掷物体；③在架空电力线路导线两侧各300米的区域内放风筝；④擅自在导线上接用电气设备；⑤擅自攀登杆塔或在杆塔上架设电力线、通信线、广播线，安装广播喇叭；⑥利用杆塔、拉线作起重牵引地锚；⑦在杆塔、拉线上拴牲畜、悬挂物体、攀附农作物；⑧在杆塔、拉线基础的规定范围内取土、打桩、钻探、开挖或倾倒酸、碱、盐及其他有害化学物品；⑨在杆塔内（不含杆塔与杆塔之间）或杆塔与拉线之间修筑道路；⑩拆卸杆塔或拉线上的器材，移动、损坏永久性标志或标志牌。

2）任何单位或个人在架空电力线路保护区内，必须遵守下列规定：①不得堆放谷物、草料、垃圾、矿渣、易燃物、易爆物及其他影响安全供电的物品；②不得烧窑、烧荒；③不得兴建建筑物、构筑物；④不得种植可能危及电力设施安全的高秆植物。

3）任何单位或个人在电力电缆线路保护区内，必须遵守下列规定：①不得在地下电缆保护区内堆放垃圾、矿渣、易燃物、易爆物，倾倒酸、碱、盐及其他有害化学物品，兴建建筑物、构筑物或种植树木、竹子；②不得在海底电缆保护区内抛锚、拖锚；③不得在江河电缆保护区内抛锚、拖锚、炸鱼、挖沙。

4）任何单位或个人必须经县级以上地方电力管理部门批准，并采取安全措施后，方可进行下列作业或活动：①在架空电力线路保护区内进行农田水利基本建设工程及打桩、钻探、开挖等作业；②起重机械的任何部位进入架空电力线路保护区进行施工；③小于导线距穿越物体之间的安全距离，通过架空电力线路保护区；④在电力电缆线路保护区内进行作业；⑤严禁其他破坏电力设施的行为。

（5）安全预防措施的内容。安全预防措施宣传的重点人群是 10 千伏及以下电网覆盖区域内的电力企业工作人员和广大群众。主要内容包括：①加强安全教育，提高安全意识，提高管理人员素质，严格按照安全规程规定作业，严格执行"两票三制"；②落实安全职责，严肃劳动纪律，严格安全责任制考核，杜绝习惯性违章作业；③定期对供用电设备维护检修，发现隐患，及时消除；④非专业人员不得从事电力作业工作，对有触电危险的工作应由专业人员作业和监护；⑤专业电气作业人员每年应接受相关的培训、考试，经考试合格方能上岗作业；⑥临时用电，须经供电企业审核同意后方能安装，经检查验收合格，才能投入运行；⑦居民家用用电线路、插座、用电器应定期检查，维修更换并按安全用电须知使用。加强漏电保护器的运行管理，确保"三率"（安装、运行、灵敏率）100%。

3. 怎样做好增强全社会安全意识宣传的工作

电力企业安全宣传要做到常态化，规范化，坚持不懈，始终如一，不搞突击，不刮一阵风。让宣传内容渗透到社会的每个角落，真正应做到家喻户晓，人人皆知。宣传形式应不拘一格，讲求效果。安全就是效益，把安全当作效益来抓，像产品企业做销售广告那样去宣传安全用电，一定会收到良好的效果。

（1）安全用电标语和招贴画。显眼醒目的大标语和招贴画，要增加覆盖率，还可以通过如春节赠送新日历等方式，载入安全用电的图画和文字，进入末端客户千万家。

（2）宣传栏。不仅供电营业场所有，要做到每个企业客户、每个村镇有要配置宣传栏进行张贴。内容要不断轮换更新，与时俱进。

（3）对企业客户要每年举办安全用电大讲堂。企业客户一般注重本行业本专业的安全生产，忽略生产用电安全。让供电营业区范围内的所有生产厂长经理和企业用电管理人员参加。同时也进行安全的重要性、安全用电知识和节能减排、低碳环保措施等内容的业务培训。

（4）走进中小学生课堂。与中小学的安全教育相结合，将安全用电、预防触电的知识和措施，甚至适用的急救措施送到课堂上。一旦遇到人身触电事故，能够正确自救和施救。

（5）利用现代媒体和网络宣传。可以在电台、电视台、网络自媒体上开辟安全用电专栏，宣传安全用电知识，报道人身触电事故，引以为戒。

法定的责任无法托管。

17　安全管理虽委托　安全事故仍担责

《安全生产法》第十五条规定，"**依法设立的为安全生产提供技术、管理服务的机构，依照法律、行政法规和执业准则，接受生产经营单位的委托为其安全生产工作提供技术、管理服务。生产经营单位委托前款规定的机构提供安全生产技术、管理服务的，保证安全生产的责任仍由本单位负责。**"

《安全生产法》本条提出的"为安全生产提供技术、管理服务"应归属于"技术咨询和服务合同"。在技术咨询、服务合同中双方的义务和违约责任是怎样的呢？

一、技术咨询和服务合同受托人的义务

《中华人民共和国民法典》（简称《民法典》）第八百八十条规定了技术咨询受托人的主要义务是"**技术咨询合同的受托人应当按照约定的期限完成咨询报告或者解答问题，提出的咨询报告应当达到约定的要求。**"第八百八十三条明确了技术服务合同的受托人的义务是"**技术服务合同的受托人应当按照约定完成服务项目，解决技术问题，保证工作质量，并传授解决技术问题的知识。**"

二、技术咨询和服务合同双方当事人的违约责任

1. 受托方的违约责任

《民法典》第八百八十一条第二款规定，"**技术咨询合同的受托人未按期提出咨询报告或者提出的咨询报告不符合约定的，应当承担减收或者免收报酬等违约责任。**"

2. 委托方的违约责任

《民法典》第八百八十一条第一款规定，"**技术咨询合同的委托人未按照约定提供必要的资料，影响工作进度和质量，不接受或者逾期接受工作成果的，支付的报酬不得追回，未支付的报酬应当支付。**"

三、委托机构服务改变不了生产经营单位安全生产责任主体的地位

由上述《民法典》规定我们解读出，安全生产服务机构只要按照约定提供咨询报告或者解答问题以及按照约定完成服务项目，解决技术问题，并保证约定的内容质量，就可以获得咨询服务报酬。如果违约了，亦即提供给你的咨询和技术服务不满足合同约定，违约行为本身没有给委托人造成损失，也只承担减收和免收咨询费和服务费的违约责任。更有甚者，即使委托方使用咨询、技术成果造成了损失，如果没有约定委托方也不承担责任。《民法典》第八百八十一条第三款**"技术咨询合同的委托人按照受托人符合约定要求的咨询报告和意见作出决策所造成的损失，由委托人承担，但是当事人另有约定的除外。"**

很显然，根据《民法典》的规定，委托范围之内受托机构的一切行为后果都要由委托单位承担，就是说服务合同本身不会改变生产经营单位安全责任主体的地位。因为这种委托技术咨询服务仅仅是生产经营单位内部安全生产管理的一种方式而已，并不影响生产经营单位的安全生产责任承担，并不因为委托了咨询技术服务机构就可以转嫁或者免除产生经营单位的安全产生责任。这就是本条第二款强调的意思。

《安全生产法》第十五条第二款**"生产经营单位委托前款规定的机构提供安全生产技术、管理服务的，保证安全生产的责任仍由本单位负责。"**还从另外两个方面来理解。其一是保证安全生产的责任由本单位负责。就是说安全生产的组织计划、安排实施、安全措施和监督管理仍有本单位负责。或者说即使委托了安全管理或者技术服务，仍然不可以有依赖性，单位安全生产是本单位的事情，当然应责任自负；其二是如果在生产中出现了安全生产事故，其法律责任也仍由本单位负责，即使安全服务机构的服务有错误，也只是承担委托服务合同的违约责任。不过请注意，在一般的安全生产管理或者技术服务合同中，一般客户方（即电力企业）签收服务项目即视为服务合格，服务机构就不再承担任何由此引起的法律责任。这是在验收服务项目时，应尽注意之处。

但《安全生产法》第九十二条规定了一种咨询服务机构承担责任的例外情况，**"承担安全评价、认证、检测、检验职责的机构出具失实报告的，责令停业整顿，并处三万元以上十万元以下的罚款；给他人造成损害的，依法承担赔偿责任。**

"承担安全评价、认证、检测、检验职责的机构租借资质、挂靠、出具虚假报告的，没收违法所得；违法所得在十万元以上的，并处违法所得二倍以上五倍以下的罚款，没有违法所得或者违法所得不足十万元的，单处或者并处十万元以上二十万元以下的罚款；对其直接负责的主管人员和其他直接责任人员处五万元以上十万元以下的罚款；给他人造成损害的，与生产经营单位承担连带赔偿责任；构成犯罪的，依照刑法有关规定追究刑事责任。

"对有前款违法行为的机构及其直接责任人员，吊销其相应资质和资格，五年内不得从事安全评价、认证、检测、检验等工作；情节严重的，实行终身行业和职业禁入。"可以看出，当承担安全评价、认证、检测、检验职责的机构租借资质、挂靠、出具虚假报告且给他人造成损害的，与生产经营单位承担连带赔偿责任；构成犯罪的，依照刑法有关规定追究刑事责任。

四、关于电力企业委托机构提供安全生产管理咨询和技术服务的建议

依法设立的为安全生产提供技术、管理服务的机构，是指设立合法，包括资质、人员、设备、技术、管理等各个方面符合法律规定。

生产经营单位可以将规范的安全生产达标、评估等规范性文字工作外包给依法设立的为安全生产提供技术、管理服务的机构。充分利用外包机构的专业优势做一些文档性安全生产工作可以降低企业成本。但是值得注意的是，社会上有的服务机构并不是很专业，电力企业属垄断行业，是技术密集型企业，只有电力行业本身才是最专业的。即使一个县市级电力企业也是专业人才济济，建议不要盲目轻信社会服务机构提供安全咨询服务，更遑论安全技术服务。

⚖ 案例 17-1

某化工集团公司欲投资设立一家生产剧毒磷化物的工厂，委托某安全服务中心对其项目进行安全评价。该安全服务中心接受委托后，在对项目进行考察时发现了几个不能保障安全的因素：一是与供水水源距离不符合国家规定；二是生产工艺不完全符合国家标准；三是储存管理人员不适应生产、储存工作的资格要求。集团公司筹建项目负责人对安全服务中心的考察人员说："你们拿了钱，只管好好办事就行了，照我们的意思来，其他的都好说。要不我们就更换服务机构。"

随后，集团公司将原定的报酬标准提高了1/3。安全服务中心明知有问题，但经不起金钱的诱惑，便按照集团公司的意思，出具了筹建项目符合要求的安全评价报告。

集团公司持这份安全评价报告向所在地省人民政府相关部门提出申请，省相关部门在组织专家审查时，发现安全评价报告和其他有关材料存在一些疑点，经过进一步审查，发现安全评价报告严重失实，是一份虚假的报告。

▶ 案例评析

这是一起安全生产中介服务机构与生产经营单位互相串通，出具虚假安全评价报告的案例。随着改革的深化和政企分开、政事分开，相关的安全生产技术服务职能将主要由有关安全生产中介机构承担。根据《安全生产法》第九十二条第一款"承担安全评价、认证、检测、检验职责的机构出具失实报告的，责令停业整顿，并处三万元以上十万元以下的罚款；给他人造成损害的，依法承担赔偿责任。"

本案安全生产咨询服务机构出具的安全评价报告在立项审批程序中起着重要的证明作用。其是否客观、真实，直接影响到该化工（集团）有限公司投资设立生产剧毒磷化物的工厂的批建和投运。幸亏省直管部门审查发现了该安全评价报告严重失实及时刹车，否则日后投产必将发生重大的安全事故。对于该安全生产咨询服务机构出具虚假报告的行为应将根据《安全生产法》第九十二条第一款进行处罚。如果依据咨询服务机构出具的报告，生产单位在生产中发生了安全生产事故，生产单位承担主要责任，咨询服务机构承担连带责任。

不法法则事毋常，法不法则令不行。

18 安全事故责任人 承担民行刑责任

某年2月24日9时，某电厂二处锅炉队起重班进行3号炉大件吊装前准备工作。塔吊司机蔡某指示徒弟游某（进厂30天）进行操作，自己在一旁看书。游某先将60吨塔吊扒杆变幅调整到55°左右，然后下小钩吊一个临时工作台（也称走台，长约6米，宽约1.2米），地面负责人组长熊某发出起吊信号，当平台升至6～7米时，熊某将口哨丢给了起重工张某让他继续指挥，游某操作塔吊升钩的同时，行走部分、旋转部分也同时运动。在走台内的4人随走台一同起吊上升。9时15分，当走台接近锅炉构架时（高度约3米），游某误触变幅把手，塔吊变幅卷扬机钢丝绳突然拉脱导致扒杆坠落，砸断锅炉厂房第三层预制构件梁一根，发出二、三声巨响，走台落地，走台上3人死亡，1人重伤，另外将站在塔吊下面的1人砸成重伤，2人轻伤，当听到响声时，从厂房内跑出来查看情况的实习生1人遇难死亡。

▶ 案例评析

1. 事故原因

（1）违反了"起吊重物时，任何人不得站在被起吊的重物上或吊臂上，并不得在起吊物下站立或通过"的规定，是事故发生的主要原因。

（2）塔吊司机蔡某违反劳动纪律，工作时间看书，对徒工游某（进场30天）的操作不进行监护，致使徒工游某违章操作，塔吊行走、扒杆旋转、小钩起升三个同时动作，并误动变幅把手，导致塔吊变幅卷扬机钢丝绳拉脱，扒杆坠落，是事故发生的直接原因。

2. 事故责任

根据《企业职工伤亡事故分类标准》（GB 6441—1986）5.3规定，"a. 重大伤亡事故指一次事故死亡1-2人的事故。b. 特大伤亡事故指一次事故死亡3人以上（含3人）。"本案死亡4人，重伤2人，轻伤2人，应属特大伤亡事故。

根据《中华人民共和国刑法》简称《刑法》第一百三十四条"在生产、作业中违反有关安全管理的规定，因而发生重大伤亡事故或者造成其他严重后果的，处三年以下有期徒刑或者拘役；情节特别恶劣的，处三年以上七年以下有期徒刑"，塔吊司机蔡某等人触犯重大责任事故罪应承担刑事责任。

《安全生产法》是安全生产领域的基本法律。其法律体系规定了各种法律关系主体必须履行的义务和承担的责任，内容丰富。现行有关安全生产的法律法规中，《安全生产法》采用的法律责任形式最全，设定的处罚种类最多，实施处罚的力度最大。《安全生产法》第十六条规定，"国家实行生产安全事故责任追究制度，依照本法和有关法律、法规的规定，追究生产安全事故责任单位和责任人员的法律责任。"即发生安全生产事故对企业和员工、其他组织和人员造成人身和财产损害，即使没有直接的主观故意，对于人为因素造成的责任事故，必须追究相关责任人的法律责任，否则就不能起到惩戒、警示和教育的预防作用。

一、安全生产法律责任形式

追究安全生产违法行为法律责任的形式有三种，即行政责任、民事责任和刑事责任。

1. 行政责任

行政责任是指责任主体违反安全生产法律规定，由有关人民政府、应急管理部门和其他负有安全生产监督管理职责的部门、公安机关依法对其实施行政处罚的一种法律责任。在追究安全生产违法行为的法律责任形式中，行政责任运用最多。《安全生产法》针对安全生产违法行为设定的行政处罚有责令改正、责令限期改正、责令停产停业整顿、责令停止建设、停止使用、责令停止违法行为、罚款、没收违法所得、吊销证照、行政拘留、关闭等11种，这在我国有关安全生产的法律、行政法规行政处罚的种类中是最多的。如《安全生产法》第一百零八条规定，"违反本法规定，生产经营单位拒绝、阻碍负有安全生产监督管理职责的部门依法实施监督检查的，责令改正；拒不改正的，处二万元以上二十万元以下的罚款；对其直接负责的主管人员和其他直接责任人员处一万元以上二万元以下的罚款；构成犯罪的，依照刑法有关规定追究刑事责任。"

第一百一十条规定，"生产经营单位的主要负责人在本单位发生生产安全事故时，不立即组织抢救或者在事故调查处理期间擅离职守或者逃匿的，给予降级、撤职的处分，并由应急管理部门处上一年年收入百分之六十至百分之一百的罚款；对逃匿的处十五日以下拘留；构成犯罪的，依照刑法有关规定追究刑事责任。

"生产经营单位的主要负责人对生产安全事故隐瞒不报、谎报或者迟报的，依照前款规定处罚。"

对于生产经营单位内部的行政责任有行政处分：警告、记过、记大过、降级、撤职、开除等。

2. 民事责任

民事责任是指责任主体违反安全生产法律规定造成民事损害的，由人民法院依照民事法律强制民事赔偿的一种法律责任。《民法典》第一千一百六十五条规定，"行为人因过错侵害他人民事权益造成损害的，应当承担侵权责任。依照法律规定推定行为人有过错，其不能证明自己没有过错的，应当承担侵权责任。"第一千一百六十六条规定，"行为人造成他人民事权益损害，不论行为人有无过错，法律规定应当承担侵权责任的，依照其规定。"

《安全生产法》第一百一十六条规定，"生产经营单位发生生产安全事故造成人员伤亡、他人财产损失的，应当依法承担赔偿责任；拒不承担或者其负责人逃匿的，由人民法院依法强制执行。

"生产安全事故的责任人未依法承担赔偿责任，经人民法院依法采取执行措施后，仍不能对受害人给予足额赔偿的，应当继续履行赔偿义务；受害人发现责任人有其他财产的，可以随时请求人民法院执行。"

《安全生产法》是我国众多的安全生产法律、行政法规中唯一设定民事责任的法律，规定安全生产事故给员工或其他人造成人身或者财产损失的，事故责任人应当承担损害赔偿的民事责任。

《安全生产法》第一百零三条，"**生产经营单位将生产经营项目、场所、设备发包或者出租给不具备安全生产条件或者相应资质的单位或者个人的，……导致发生生产安全事故给他人造成损害的，与承包方、承租方承担连带赔偿责任。**"

3. 刑事责任

刑事责任是指责任主体违反安全生产法律规定构成犯罪，由司法机关依照刑事法律给予刑罚的一种法律责任。为了惩罚严重违反安全生产法的犯罪分子，《安全生产法》设定了刑事责任，追究刑事责任的条款多达15条。具体定罪处罚依据犯罪主体、事实、情节和《刑法》规定审判。如，重大责任事故罪、重大劳动安全事故罪、危险物品肇事罪和提供虚假证明文件罪以及国家工作人员职务犯罪等。

二、安全生产违法行为行政处罚的行政执法主体

安全生产违法行为行政处罚的执法主体，是指法律、法规授权履行安全生产行政执法权的国家行政机关。《安全生产法》第一百一十五条规定，"**本法规定的行政处罚，由应急管理部门和其他负有安全生产监督管理职责的部门按照职责分工决定；其中，根据本法第九十五条、第一百一十条、第一百一十四条的规定应当给予民航、铁路、电力行业的生产经营单位及其主要负责人行政处罚的，也可以由主管的负有安全生产监督管理职责的部门进行处罚。予以关闭的行政处罚，由负有安全生产监督管理职责的部门报请县级以上人民政府按照国务院规定的权限决定；给予拘留的行政处罚，由公安机关依照治安管理处罚的规定决定。**"

由本条规定可见在安全生产监督管理体制中，《安全生产法》规定的行政执法主体有四种。

1. 应急管理部门和其他负有安全生产监督管理职责的部门

应急管理部门是《安全生产法》规定的主要行政执法主体。除了法律特别规定之外，应急管理部门对安全生产违法行为均有权做出处罚决定。这凸显了安全生产综合监管部门的法律地位，强化政府部门监管力度。

2. 主管的负有安全生产监督管理职责的部门

依照《安全生产法》第九十五条、第一百一十条、第一百一十四条的规定给予民航、铁路、电力行业的生产经营单位及其主要负责人行政处罚的，也可以由主管的负有安全生产监督管理职责的部门进行处罚。如电力行业负有安全生产监督管理职责的部门为国家能源局。这些都是应急管理部门让渡的权力。

3. 县级以上人民政府

对经停产整顿仍不具备安全生产条件的生产经营单位，由负有安全生产监督管理职责的部门报请县级以上人民政府按照国务院规定的权限决定予以关闭。关闭的行政处罚的执法主体只能是县级以上人民政府，其他部门无权决定此项行政处罚。

4.公安机关

尊重公民人身自由权利，保证限制人身自由行政处罚的合法性。拘留是限制人身自由的行政处罚，由公安机关实施。公安机关以外的其他部门、单位和公民，都无权擅自抓人。

三、安全生产违法行为的责任主体

安全生产违法行为的责任主体，是指依照《安全生产法》的规定享有安全生产权利、负有安全生产义务和承担法律责任的企业及从业人员、政府及管理部门的行政执法人员和相关社会组织机构。

1. 人民政府、应急管理部门和其他负有安全生产安全监督管理职责部门的人员

各级地方人民政府、应急管理部门和其他负有安全生产安全监督管理职责部门的人员在职权范围内对其管辖行政区域安全生产工作进行监督管理。监督管理既是法定职权，又是法定职责。如果上述人员在安全生产安全监督管理中有安全生产法规定的违法行为，承担行政和刑事责任。如《安全生产法》第九十条规定，**"负有安全生产监督管理职责的部门的工作人员，有下列行为之一的，给予降级或者撤职的处分；构成犯罪的，依照刑法有关规定追究刑事责任：**

"（一）对不符合法定安全生产条件的涉及安全生产的事项予以批准或者验收通过的；

"（二）发现未依法取得批准、验收的单位擅自从事有关活动或者接到举报后不予取缔或者不依法予以处理的；

"（三）对已经依法取得批准的单位不履行监督管理职责，发现其不再具备安全生产条件而不撤销原批准或者发现安全生产违法行为不予查处的；

"（四）在监督检查中发现重大事故隐患，不依法及时处理的。

"负有安全生产监督管理职责的部门的工作人员有前款规定以外的滥用职权、玩忽职守、徇私舞弊行为的，依法给予处分；构成犯罪的，依照刑法有关规定追究刑事责任。"

《安全生产法》第一百一十一条规定，**"有关地方人民政府、负有安全生产监督管理职责的部门，对生产安全事故隐瞒不报、谎报或者迟报的，对直接负责的主管人员和其他直接责任人员依法给予处分；构成犯罪的，依照刑法有关规定追究刑事责任。"**

2. 生产经营单位及其直接负责的主管人员和其他直接责任人员

生产经营单位主要负责人、安全生产管理机构、安全生产管理人员，违反安全生产法律法规的规定，给予罚款，给予降级、撤职的处分，拘留，构成犯罪的，依照刑法有关规定追究刑事责任。如《安全生产法》第九十四条规定，**"生产经营单位的主要负责人未履行本法规定的安全生产管理职责的，责令限期改正，处二万元以上五万元以下的罚款；逾期未改正的，处五万元以上十万元以下的罚款，责令生产经营单位停产停业整顿。**

"生产经营单位的主要负责人有前款违法行为，导致发生生产安全事故的，给予撤职处分；构成犯罪的，依照刑法有关规定追究刑事责任。

"生产经营单位的主要负责人依照前款规定受刑事处罚或者撤职处分的，自刑罚执行完毕或者受处分之日起，五年内不得担任任何生产经营单位的主要负责人；对重大、特别重大生产安全事故负有责任的，终身不得担任本行业生产经营单位的主要负责人。"

生产经营单位是安全生产的责任主体，从安全投入、规章制教育培训、建设生产经营管理方方面面都须依法合规，否则就要承担法律责任。《安全生产法》规定生产经营单位承担责任条文多达 14 条。如《安全生产法》第九十七条规定，"**生产经营单位有下列行为之一的，责令限期改正，处十万元以下的罚款；逾期未改正的，责令停产停业整顿，并处十万元以上二十万元以下的罚款，对其直接负责的主管人员和其他直接责任人员处二万元以上五万元以下的罚款：**

"（一）未按照规定设置安全生产管理机构或者配备安全生产管理人员、注册安全工程师的；

"（二）危险物品的生产、经营、储存、装卸单位以及矿山、金属冶炼、建筑施工、运输单位的主要负责人和安全生产管理人员未按照规定经考核合格的；

"（三）未按照规定对从业人员、被派遣劳动者、实习学生进行安全生产教育和培训，或者未按照规定如实告知有关的安全生产事项的；

"（四）未如实记录安全生产教育和培训情况的；

"（五）未将事故隐患排查治理情况如实记录或者未向从业人员通报的；

"（六）未按照规定制定生产安全事故应急救援预案或者未定期组织演练的；

"（七）特种作业人员未按照规定经专门的安全作业培训并取得相应资格，上岗作业的。"

第九十九条规定，"**生产经营单位有下列行为之一的，责令限期改正，处五万元以下的罚款；逾期未改正的，处五万元以上二十万元以下的罚款，对其直接负责的主管人员和其他直接责任人员处一万元以上二万元以下的罚款；情节严重的，责令停产停业整顿；构成犯罪的，依照刑法有关规定追究刑事责任：**

"（一）未在有较大危险因素的生产经营场所和有关设施、设备上设置明显的安全警示标志的；

"（二）安全设备的安装、使用、检测、改造和报废不符合国家标准或者行业标准的；

"（三）未对安全设备进行经常性维护、保养和定期检测的；

"（四）关闭、破坏直接关系生产安全的监控、报警、防护、救生设备、设施，或者篡改、隐瞒、销毁其相关数据、信息的；

"（五）未为从业人员提供符合国家标准或者行业标准的劳动防护用品的；

"（六）危险物品的容器、运输工具，以及涉及人身安全、危险性较大的海洋石油开采特种设备和矿山井下特种设备未经具有专业资质的机构检测、检验合格，取得安全使用证或者安全标志，投入使用的；

"（七）使用应当淘汰的危及生产安全的工艺、设备的；

"（八）餐饮等行业的生产经营单位使用燃气未安装可燃气体报警装置的。"

3. 生产经营单位的从业人员

从业人员直接从事生产经营活动，他们在生产工作的第一线，他们的违法违规违章会直接导致安全事故的发生，同时他们也是安全隐患最先知情者和事故直接受害者，他们对安全生产至起着关重要的作用。《安全生产法》第一百零七条规定，"**生产经营单位的从业人员**

不落实安全岗位责任，不服从管理，违反安全生产规章制度或者操作规程的，由生产经营单位给予批评教育，依照有关规章制度给予处分；构成犯罪的，依照刑法有关规定追究刑事责任。"

4. 安全生产中介服务机构及其直接负责的主管人员和其他直接责任人员

《安全生产法》第九十二条规定，"承担安全评价、认证、检测、检验职责的机构出具失实报告的，责令停业整顿，并处三万元以上十万元以下的罚款；给他人造成损害的，依法承担赔偿责任。

"承担安全评价、认证、检测、检验职责的机构租借资质、挂靠、出具虚假报告的，没收违法所得；违法所得在十万元以上的，并处违法所得二倍以上五倍以下的罚款，没有违法所得或者违法所得不足十万元的，单处或者并处十万元以上二十万元以下的罚款；对其直接负责的主管人员和其他直接责任人员处五万元以上十万元以下的罚款；给他人造成损害的，与生产经营单位承担连带赔偿责任；构成犯罪的，依照刑法有关规定追究刑事责任。

"对有前款违法行为的机构及其直接责任人员，吊销其相应资质和资格，五年内不得从事安全评价、认证、检测、检验等工作；情节严重的，实行终身行业和职业禁入。"

四、安全生产犯罪

刑事责任是指责任主体违反安全生产法律规定构成犯罪，由司法机关依照刑事法律处罚的一种法律责任。与安全生产相关的刑事犯罪，《刑法》主要规定有如下罪名。

1. 重大责任事故罪

《刑法》第一百三十四条第一款，"在生产、作业中违反有关安全管理的规定，因而发生重大伤亡事故或者造成其他严重后果的，处三年以下有期徒刑或者拘役；情节特别恶劣的，处三年以上七年以下有期徒刑。"

2. 强令违章冒险作业罪

《刑法》第一百三十四条第二款，"强令他人违章冒险作业，因而发生重大伤亡事故或者造成其他严重后果的，处五年以下有期徒刑或者拘役；情节特别恶劣的，处五年以上有期徒刑。"

3. 重大劳动安全事故罪

《刑法》第一百三十五条，"安全生产设施或者安全生产条件不符合国家规定，因而发生重大伤亡事故或者造成其他严重后果的，对直接负责的主管人员和其他直接责任人员，处三年以下有期徒刑或者拘役；情节特别恶劣的，处三年以上七年以下有期徒刑。"

4. 大型群众性活动重大安全事故罪

《刑法》第一百三十五条之一，"举办大型群众性活动违反安全管理规定，因而发生重大伤亡事故或者造成其他严重后果的，对直接负责的主管人员和其他直接责任人员，处三年以下有期徒刑或者拘役；情节特别恶劣的，处三年以上七年以下有期徒刑。"

5. 危险物品肇事罪

《刑法》第一百三十六条，"违反爆炸性、易燃性、放射性、毒害性、腐蚀性物品的管理规定，在生产、储存、运输、使用中发生重大事故，造成严重后果的，处三年以下有期徒刑或者拘役；后果特别严重的，处三年以上七年以下有期徒刑。"

6. 工程重大安全事故罪

《刑法》第一百三十七条，"建设单位、设计单位、施工单位、工程监理单位违反国家规定，降低工程质量标准，造成重大安全事故的，对直接责任人员，处五年以下有期徒刑或者拘役，并处罚金；后果特别严重的，处五年以上十年以下有期徒刑，并处罚金。"

7. 教育设施重大安全事故罪

《刑法》第一百三十八条，"明知校舍或者教育教学设施有危险，而不采取措施或者不及时报告，致使发生重大伤亡事故的，对直接责任人员，处三年以下有期徒刑或者拘役；后果特别严重的，处三年以上七年以下有期徒刑。"

8. 消防责任事故罪

《刑法》第一百三十九条，"违反消防管理法规，经消防监督机构通知采取改正措施而拒绝执行，造成严重后果的，对直接责任人员，处三年以下有期徒刑或者拘役；后果特别严重的，处三年以上七年以下有期徒刑。"

9. 不报、谎报安全事故罪

《刑法》第一百三十九条之一，"在安全事故发生后，负有报告职责的人员不报或者谎报事故情况，贻误事故抢救，情节严重的，处三年以下有期徒刑或者拘役；情节特别严重的，处三年以上七年以下有期徒刑。"

10. 重大飞行事故罪

《刑法》第一百三十一条，"航空人员违反规章制度，致使发生重大飞行事故，造成严重后果的，处三年以下有期徒刑或者拘役；造成飞机坠毁或者人员死亡的，处三年以上七年以下有期徒刑。"

11. 铁路运营安全事故罪

《刑法》第一百三十二条，"铁路职工违反规章制度，致使发生铁路运营安全事故，造成严重后果的，处三年以下有期徒刑或者拘役；造成特别严重后果的，处三年以上七年以下有期徒刑。"

12. 交通肇事罪

《刑法》第一百三十三条，"违反交通运输管理法规，因而发生重大事故，致人重伤、死亡或者使公私财产遭受重大损失的，处三年以下有期徒刑或者拘役；交通运输肇事后逃逸或者有其他特别恶劣情节的，处三年以上七年以下有期徒刑；因逃逸致人死亡的，处七年以上有期徒刑。"

13. 危险驾驶罪

《刑法》第一百三十三条之一，"在道路上驾驶机动车，有下列情形之一的，处拘役，并处罚金：

"（一）追逐竞驶，情节恶劣的；

"（二）醉酒驾驶机动车的；

"（三）从事校车业务或者旅客运输，严重超过额定乘员载客，或者严重超过规定时速行驶的；

"（四）违反危险化学品安全管理规定运输危险化学品，危及公共安全的。

"机动车所有人、管理人对前款第三项、第四项行为负有直接责任的，依照前款的规定处罚。

"有前两款行为，同时构成其他犯罪的，依照处罚较重的规定定罪处罚。"

14. 提供虚假证明文件罪

《刑法》第二百二十九条，"承担资产评估、验资、验证、会计、审计、法律服务等职责的中介组织的人员故意提供虚假证明文件，情节严重的，处五年以下有期徒刑或者拘役，并处罚金。

"前款规定的人员，索取他人财物或者非法收受他人财物，犯前款罪的，处五年以上十年以下有期徒刑，并处罚金。"

15. 出具证明文件重大失实罪

《刑法》第二百二十九条第二款，"第一款规定的人员，严重不负责任，出具的证明文件有重大失实，造成严重后果的，处三年以下有期徒刑或者拘役，并处或者单处罚金。"

可见，安全生产中介机构的负责人、管理人员、安全生产中介人员和其他有人员有可能成为提供虚假证明文件罪、出具证明文件重大失实罪的犯罪主体。

16. 滥用职权罪玩忽职守罪

《刑法》第三百九十七条，"国家机关工作人员滥用职权或者玩忽职守，致使公共财产、国家和人民利益遭受重大损失的，处三年以下有期徒刑或者拘役；情节特别严重的，处三年以上七年以下有期徒刑。本法另有规定的，依照规定。

"国家机关工作人员徇私舞弊，犯前款罪的，处五年以下有期徒刑或者拘役；情节特别严重的，处五年以上十年以下有期徒刑。本法另有规定的，依照规定。"

 案例 18-2

某炼钢股份有限公司夜间 0 时 30 分出一炉钢。指吊工陈某站在钢包东侧（站位错误）指挥天车工刘某挂包。陈某看到东侧挂钩挂好了误认为西侧挂钩也好了就吹哨起吊。在向 4 号车方向行驶约 8 米后，陈某发现西侧挂钩没有挂到位，钢包倾斜随时有滑落的危险，急忙吹哨示意落包。也有其他工人发现西侧挂钩没有挂好，与陈某一起追赶着天车喊停。天车工刘某听到地面多人喊停，立即急忙停车。由于急刹车在惯性作用下，西侧未挂好的吊钩脱离钢包轴，重量 70 吨的钢包（钢包自重 30 吨，钢水 40 吨）严重倾斜，挣脱东侧吊钩坠落地面。1640℃ 的钢水洒地后，因温差而爆炸。

生产现场 3 人死亡、2 人重伤和 1 人轻伤。

▶ 案例评析

本案陈某站位错误，没有发现西侧吊钩没挂好就指挥起吊。违反了"指吊金属液体必须站在安全位置，确认无误方可指挥起吊"的安全规程。天车工刘某明知陈某站位错误，无法发现西侧挂钩是否挂好，就盲目起吊。违反了起重"十不吊""看不清指挥信号和吊物；起吊方向歪斜或超负荷；捆绑、吊挂不牢或不平衡"等不起吊之规定。多人喊停后又违规中途急刹车，致使钢包脱钩坠地爆炸。

陈、刘二人造成的严重人身伤害事故，触犯了《刑法》第一百三十四条第一款，在生产、作业中违反有关安全管理的规定，因而发生重大伤亡事故或者造成其他严重后果的，犯有重大责任事故罪，应处三年以下有期徒刑或者拘役。

晒出你安全监察的权力和责任接受社会的监督。

19　公开监督阳光下　权力责任"两清单"

去一个政府、一个组织、一个机构、一个单位办业务有时候找不到相应的部门负责处理，甲部门推给乙部门，乙部门推给丙部门。安全生产管理的职责也存在这样的情形。由于我国管理体制交叉复杂性，部门之间的分工很难覆盖边边角角且有时职责分工不明确。考虑到有些职责不到位不清晰的地方，《安全生产法》新增第十七条，要求"**县级以上各级人民政府应当组织负有安全生产监督管理职责的部门依法编制安全生产权利和责任清单，并公开接受社会监督。**"此即"两清单"——监管权力清单和监管责任清单。实际上，就是将省级以下负有安全生产监管职责的部门的具体分工放到地方政府部门。当然，分工原则除了"三个必须"，还有责权利相统一的原则，权力和责任清单之规定，就是让相关部门把自己的权力和责任应该完全对应，并向上级汇报且公之于众，接受监督。

依法编制监管权力和责任清单，负有安全生产监督管理的部门要梳理本部门的应当履行的全部职责，形成清晰的边界。在把握核心与重点的基础上，全面梳理本部门的权责事项，做到无死角、无盲区，有权力、有责任，权责一致、分工合理、协同合作，形成务实高效的安全生产管理体系。

权责清单是本单位自己梳理编写的，再也没有不是我部门责任的理由可推脱了。负有安全生产监督管理的部门依法行使公权力的同时，也要依法履行职责，倘若违法行政，必然依法追责。另一方面，"两清单"要晾晒到灿烂的阳光之下，透明行政，公开公正，接受监督，提高政府部门的公信力。

案例 19-1

表 19-1 所示为某市负有安全生产监督管理职责的部门设计的权力清单和责任清单。

表 19-1   权力清单和责任清单

序号	职权 类型	职权 编码	职权 名称	职权 依据	责任 事项	责任事 项依据	承办 机构	追责对 象范围	备注
1									
2									
3									

首先，某市地方市政府组织应急、危化、消防、道路交通、建设、质监、特种设备等重点部门，依据法律法规规章划分权力边界，明确职责分工，详尽列出本部门的职责表单，明确职责范围。在行使权力和履行职责时，加强沟通协调，联动推进，实现各部门间工作的相互推动，相互促进。

其次，严格落实地方政府属地管理、行业主管部门直接监管、应急管理部门综合监管职责，采取专项整治、专家检查、暗访突击、联合执法等措施，深入排查安全隐患，对于重大隐患，采取限期整改、挂牌督办、停产停业整顿等措施督促整改。

 案例评析

借鉴某市政府的做法，电力企业也应该由高层领导和安全质量管理部组织生产经营部门如电建、运维、营销等和各职能部门如人资部、宣传部等，依据法律法规规章和企业的规章制度列出部门的安全管理权力和职责。分工协作，齐心协力，全员上阵，戮力同心，拉网式推进安全生产管理再上新台阶。

聪明人把安全寄托在遵章上，糊涂人把安全依赖在侥幸上。

20 生产单位要运营 安全条件必具备

为了进一步强调安全生产条件对保证安全生产的重要性，《安全生产法》第二十条规定，**"生产经营单位应当具备本法和有关法律、行政法规和国家标准或者行业标准规定的安全生产条件；不具备安全生产条件的，不得从事生产经营活动。"**之所以这样规定是因为安全生产条件是保障安全生产的基础，不具备安全生产条件就开工的企业必定隐患重重，事故连连。该条规定闪耀着超前安全管理思想，从根本上防止安全事故发生。这里的安全生产条件是指硬件和软件两个方面。

一、硬件方面

硬件方面包括：生产设备的完好率、生产经营单位新建改建扩建工程项目的安全设施与主体工程同时设计、同时施工、同时投入生产和使用；生产经营单位应当在有较大危险因素的生产场所和有关设施设备上，设置明显的安全警示标志；生产经营场所和员工的宿舍应当设置符合紧急疏散要求，标志明显、保持畅通的出口，禁止锁闭、封堵生产经营场所和员工宿舍的出口；生产经营单位应当配备劳动防护用品等。

对于安全设施硬件，《安全生产法》第三十六条增加了新的规定，"**安全设备的设计、制造、安装、使用、检测、维修、改造和报废，应当符合国家标准或者行业标准。**

"**生产经营单位必须对安全设备进行经常性维护、保养，并定期检测，保证正常运转。维护、保养、检测应当做好记录，并由有关人员签字。**

"**生产经营单位不得关闭、破坏直接关系生产安全的监控、报警、防护、救生设备、设施，或者篡改、隐瞒、销毁其相关数据、信息。**

"**餐饮等行业的生产经营单位使用燃气的，应当安装可燃气体报警装置，并保障其正常使用。**"

第二十三条规定，"**生产经营单位应当具备的安全生产条件所必需的资金投入，由生产经营单位的决策机构、主要负责人或者个人经营的投资人予以保证，并对由于安全生产所必需的资金投入不足导致的后果承担责任。**

"**有关生产经营单位应当按照规定提取和使用安全生产费用，专门用于改善安全生产条件。安全生产费用在成本中据实列支。安全生产费用提取、使用和监督管理的具体办法由国务院财政部门会同国务院应急管理部门征求国务院有关部门意见后制定。**"

《电力安全生产监督管理办法》（发改委令〔2015〕第 21 号）对硬件方面的规定如下：

（1）电力企业应当共同维护电力系统安全稳定运行。在电网互联、发电机组并网过程中应严格履行安全责任，并在双方的联（并）网调度协议中具体明确，不得擅自联（并）网和解网。

（2）各级电力调度机构是涉及电力系统安全的电力安全事故（事件）处置的指挥机构，发生电力安全事故（事件）或遇有危及电力系统安全的情况时，电力调度机构有权采取必要的应急处置措施，相关电力企业应当严格执行调度指令。

（3）电力调度机构应当加强电力系统安全稳定运行管理，科学合理安排系统运行方式，开展电力系统安全分析评估，统筹协调电网安全和并网运行机组安全。

（4）电力企业应当加强发电设备设施和输变配电设备设施安全管理和技术管理，强化电力监控系统（或设备）专业管理，完善电力系统调频、调峰、调压、调相、事故备用等性能，满足电力系统安全稳定运行的需要。

（5）发电机组、风电场以及光伏电站等并入电网运行，应当满足相关技术标准，符合电网运行的有关安全要求。

（6）电力企业应当根据国家有关规定和标准，制订、完善和落实预防电网大面积停电的安全技术措施、反事故措施和应急预案，建立完善与国家能源局及其派出机构、地方人民政府及电力用户等的应急协调联动机制。

二、软件方面

软件方面包括：安全生产知识与技术的培训；建立全员安全生产责任制；设施安全生产

标准化和信息化建设等；配置安全生产监督管理机构等。具体如《安全生产法》第二十一条所规定，"生产经营单位的主要负责人对本单位安全生产工作负有下列职责：

（一）建立健全并落实本单位全员安全生产责任制，加强安全生产标准化建设；

（二）组织制定并实施本单位安全生产规章制度和操作规程；

（三）组织制定并实施本单位安全生产教育和培训计划；

（四）保证本单位安全生产投入的有效实施；

（五）组织建立并落实安全风险分级管控和隐患排查治理双重预防工作机制，督促、检查本单位的安全生产工作，及时消除生产安全事故隐患；

（六）组织制定并实施本单位的生产安全事故应急救援预案；

（七）及时、如实报告生产安全事故制度。"

电力安全生产的目标是维护电力系统安全稳定，保证电力正常供应，防止和杜绝人身死亡、大面积停电、主设备严重损坏、电厂垮坝、重大火灾等重大、特大事故以及对社会造成重大影响的事故发生。

电网企业的安全生产条件，相关规章也有概括性的规定。实际上也包含着硬件和软件两方面。《供电监管办法》第九条规定，"电力监管机构对供电企业保障供电安全的情况实施监管。供电企业应当坚持安全第一、预防为主、综合治理的方针，遵守有关供电安全的法律、法规和规章，加强供电安全管理，建立、健全供电安全责任制度，完善安全供电条件，维护电力系统安全稳定运行，依法处置供电突发事件，保障电力稳定、可靠供应。"

"供电企业应当按照国家有关规定加强重要电力用户安全供电管理，指导重要电力用户配置和使用自备应急电源，建立自备应急电源基础档案数据库。供电企业发现用电设施存在安全隐患，应当及时告知用户采取有效措施进行治理。用户应当按照国家有关规定消除用电设施安全隐患。用电设施存在严重威胁电力系统安全运行和人身安全的隐患，用户拒不治理的，供电企业可以按照国家有关规定对该用户中止供电。"

《电力安全生产监督管理办法》（发改委令〔2015〕第 21 号）第八条的规定如下，"电力企业履行下列电力安全生产管理基本职责：

"（一）依照国家安全生产法律法规、制度和标准，制定并落实本单位电力安全生产管理制度和规程；

"（二）建立健全电力安全生产保证体系和监督体系，落实安全生产责任；

"（三）按照国家有关法律法规设置安全生产管理机构、配备专职安全管理人员；

"（四）按照规定提取和使用电力安全生产费用，专门用于改善安全生产条件；

"（五）按照有关规定建立健全电力安全生产隐患排查治理制度和风险预控体系，开展隐患排查及风险辨识、评估和监控工作，并对安全隐患和风险进行治理、管控；

"（六）开展电力安全生产标准化建设；

"（七）开展电力安全生产培训宣传教育工作，负责以班组长、新工人、农民工为重点的从业人员安全培训；

"（八）开展电力可靠性管理工作，建立健全电力可靠性管理工作体系，准确、及时、完整报送电力可靠性信息；

"（九）建立电力应急管理体系，健全协调联动机制，制定各级各类应急预案并开展应急演练，建设应急救援队伍，完善应急物资储备制度；

"（十）按照规定报告电力事故和电力安全事件信息并及时开展应急处置，对电力安全事件进行调查处理。"

《电网企业安全生产标准化规范及达标评级标准》对高压电网的要求：主电网接线结构合理，主要供电设备及元件应有足够的备用容量。220 千伏（或主供网电压等级）电网应形成环网或可靠的两级及以下辐射型多回路供电通道；分层分区合理，各分区间联络线及事故支援具备足够能力；应有较大的抗扰动能力，任意 $N-1$ 或大负荷突变不影响正常供电；电网间联络线正常输送容量处于合理水平，联络线断开各自系统稳定。

系统最大短路电流应控制在允许范围，超过标准的电网应采取控制措施。母线保护配置、整定、试验完好，投入运行。

各级电压等级容载比符合规划设计要求，无限制用户增容的地段或区域。

无功电力配置容量应满足有关标准要求，并能实现自动投退、实施无功系统优化分布。

案例 20-1

某年 7 月 18 日上午，某发电厂 8 号汽轮发电机（50 兆瓦）大修，行车司机王某在操作大钩起吊汽轮机转子过程中，当行车限位器动作停车时，起吊指挥人员仍然打出继续上升的手势，王为增加起吊高度，即用一堆棉纱和一根螺栓将大钩限位器的重锤垫住，使限位开关失去限位作用。上午 10 时 10 分，转子吊出就位以后，另一检修地点要求用小钩起吊 3 号调速汽门。王某急于工作，在行车行走中，一面收大钩，另一面放小钩，当行车开到 3 号调速汽门上部进行起吊工作时王只注意了小钩的起吊操作，忘记将大钩主令开关切至"0"位停大钩，同时又忘记取出已垫入限位器下的棉纱和螺栓，导致大钩上升到极限位置时，限位接点失去作用，电机不能断电，10 时 20 分造成钢丝绳过牵引面被拉断，动滑轮组连同大钩掉下来。当时，调速班班长吕某某、工人展某站在上缸盖南侧的检修大架上（高约 1.2 米）。汽缸盖上有人正在调整起吊调速气门的尼龙绳套，行车大钩连同动滑轮组（共重 1527 千克）从 15 米高的行车顶部掉下后，先砸到 4 号调速汽门凸轮轴承座上，接着把检修木架、木板及汽缸下面的一根枕木端部砸碎，将站在木架板上的吕某和展某二人弹至地面。吕某头部着地（戴有安全帽，帽绳绷断）造成脑颅骨粉碎性骨折，抢救无效死亡；展某头皮划破（戴有安全帽，未脱落，后颈部被安全帽帽檐碰伤），左腿股骨骨折。

案例评析

撇开本案王某严重违反《电业安全工作规程》以及该厂安全生产管理松弛的原因之外，设备存在安全缺陷和隐患没有及时排除而带病作业也是重要的原因。

实际上，本次 8 号汽轮发电机大修之前已发生多次因行车大钩起吊离度不够，吊上汽缸困难的问题，当时，行车上的两位司机王某、张某某采取了用扳住限位开关面增加起吊高度的错误做法，此问题没有及时向领导和安全部门汇报。行车大钩起吊高度不够的缺陷没有得到及时处理，18日继续带缺陷运行。

就起吊设备而言，是不具备安全生产条件的。如果本案行车起吊过程中出现异常的缺陷得到及时处理再起吊，就不会发生事故。这就是《安全生产法》第二十条强调"不具备安全生产条件的，不得从事生产经营活动"的现实意义。

如果生产经营单位不具备安全生产条件，《安全生产法》第一百一十三条规定，"生产经营单位存在下列情形之一的，负有安全生产监督管理职责的部门应当提请地方人民政府予以关闭，有关部门应当依法吊销其有关证照。生产经营单位主要负责人五年内不得担任任何生产经营单位的主要负责人；情节严重的，终身不得担任本行业生产经营单位的主要负责人：（三）不具备法律、行政法规和国家标准或者行业标准规定的安全生产条件，导致发生重大、特别重大生产安全事故的。"

第2章　生产经营单位的安全生产保障

头上乌纱轻于鸿毛，肩上责任重于泰山。

21　第一安全责任人　安全责任重于山

"民以吏为师"。即便帝国的朝廷也倡导官吏要以身作则，身体力行做百姓的榜样和楷模。要实现安全生产，领导干部是关键。各级领导干部敢于担当、善于担当，勇挑千钧重担，做到大是大非面前敢亮剑，歪风邪气面前敢斗争，矛盾问题面前敢攻关。

《安全生产法》第五条规定，"**生产经营单位的主要负责人是本单位安全生产第一责任人，对本单位的安全生产工作全面负责。其他负责人对职责范围内的安全生产工作负责。**"

安全生产第一责任人，第一人即排在第一位，最先决策安全生产投资，最先组织制定安全生产规章制度和教育培训制度，是检查安全生产的第一人，管控排除隐患的第一人，组织应急救援的第一人等，凡是有关安全生产的工作，生产经营单位的主要负责人都是本单位第一责任人。这个概念从安全生产的组织领导来讲，应该扩展到中层生产、营销和其他职能部门和班组一级组织。主任是本部门的安全生产第一责任人，班组长是本班组的安全生产第一责任人。层层都有安全生产第一责任人。

安全生产的实现关键在于执行力，执行力大小的根源在上层而不是下边。危险面前领导干部敢于说跟我来，是最有执行力的领导方法。对于一个生产单位的安全生产工作，也是这样。单位主要负责人是领路人和带头者，方方面面的安全生产工作，主要负责人都要作为第一责任人，才会最有执行力。当然领导拥有决策权也是一个重要因素。《安全生产法》的规定充分体现了领导的关键作用。

生产经营单位的主要负责人主要是单位的法定代表人，工矿企业的厂长、矿长，有限责任公司和股份有限公司董事长、全面负责生产经营的总经理以及非法人单位的依照法律法规代表单位行使职权的一把手。《安全生产法》规定生产经营单位的主要负责人对本单位安全生产工作负有哪些职责呢？

《安全生产法》第二十一条规定，"**生产经营单位的主要负责人对本单位安全生产工作负有下列职责：**

"（一）建立健全并落实本单位全员安全生产责任制，加强安全生产标准化建设；

"（二）组织制定并实施本单位安全生产规章制度和操作规程；

"（三）组织制定并实施本单位安全生产教育和培训计划；

"（四）保证本单位安全生产投入的有效实施；

"（五）组织建立并落实安全风险分级管控和隐患排查治理双重预防工作机制，督促、检查本单位的安全生产工作，及时消除生产安全事故隐患；

"（六）组织制定并实施本单位的生产安全事故应急救援预案；

"（七）及时、如实报告生产安全事故。"

当安全生产管理不到位发生安全事故的之后，主要负责人仍然是组织领导者，就是说领导干部自始至终都是安全生产管理的主要责任人。

《安全生产法》第五十条规定，"生产经营单位发生生产安全事故时，单位的主要负责人应当立即组织抢救，并不得在事故调查处理期间擅离职守。"如果生产经营单位主要负责人在发生安全事故后未能依法履行职责，《安全生产法》规定给予严厉的处罚，即第一百一十条，"生产经营单位的主要负责人在本单位发生生产安全事故时，不立即组织抢救或者在事故调查处理期间擅离职守或者逃匿的，给予降级、撤职的处分，并由应急管理部门处上一年年收入百分之六十至百分之一百的罚款；对逃匿的处十五日以下拘留；构成犯罪的，依照刑法有关规定追究刑事责任。

"生产经营单位的主要负责人对生产安全事故隐瞒不报、谎报或者迟报的，依照前款规定处罚。"

一个生产经营单位在安全生产中硬件和软件方面的缺失和履责失职，生产经营单位的主要负责人作为安全生产第一责任人都要承担相应的法律责任。如《安全生产法》第九十三条、第九十四条和第九十五条之规定。

第九十三条规定，"生产经营单位的决策机构、主要负责人或者个人经营的投资人不依照本法规定保证安全生产所必需的资金投入，致使生产经营单位不具备安全生产条件的，责令限期改正，提供必需的资金；逾期未改正的，责令生产经营单位停产停业整顿。

"有前款违法行为，导致发生生产安全事故的，对生产经营单位的主要负责人给予撤职处分，对个人经营的投资人处二万元以上二十万元以下的罚款；构成犯罪的，依照刑法有关规定追究刑事责任。"

第九十四条规定，"生产经营单位的主要负责人未履行本法规定的安全生产管理职责的，责令限期改正，处二万元以上五万元以下的罚款；逾期未改正的，处五万元以上十万元以下的罚款，责令生产经营单位停产停业整顿。

"生产经营单位的主要负责人有前款违法行为，导致发生生产安全事故的，给予撤职处分；构成犯罪的，依照刑法有关规定追究刑事责任。

"生产经营单位的主要负责人依照前款规定受刑事处罚或者撤职处分的，自刑罚执行完毕或者受处分之日起，五年内不得担任任何生产经营单位的主要负责人；对重大、特别重大生产安全事故负有责任的，终身不得担任本行业生产经营单位的主要负责人。"

第九十五条规定，"生产经营单位的主要负责人未履行本法规定的安全生产管理职责，导致发生生产安全事故的，由应急管理部门依照下列规定处以罚款：

"（一）发生一般事故的，处上一年年收入百分之四十的罚款；

"（二）发生较大事故的，处上一年年收入百分之六十的罚款；

"（三）发生重大事故的，处上一年年收入百分之八十的罚款；

"（四）发生特别重大事故的，处上一年年收入百分之一百的罚款。"

从安全生产投资到安全生产管理，未尽职责都须承担责任，轻则罚款撤职，重则停业整顿。因未尽职责发生事故的，轻则限期或终生断绝仕途，重则入刑坐牢。

真可谓"第一安全责任人，安全责任重于山。"

> 一人把关一处安，众人把关稳如山。

22　安全生产人人责　全员安全大家乐

生产经营单位建立健全纵向到底、横向到边的全员安全生产责任制，让安全生产人人有责，各负其责，是保证安全生产重要的基础制度。

《安全生产法》第二十二条规定，"**生产经营单位的全员安全生产责任制应当明确各岗位的责任人员、责任范围和考核标准等内容。**

"**生产经营单位应当建立相应的机制，加强对全员安全生产责任制落实情况的监督考核，保证全员安全生产责任制的落实。**"

《安全生产法》要求企业应当在全员安全生产责任制中把全员各个工作岗位都规定明确的安全责任范围，使生产单位安全工作人人有责，同时明确各个岗位安全工作失职应承担的责任。其内容包括从单位领导到中层职能部门到班组长、特种作业人员和从业人员的本职工作职责和安全生产职责，各级各类安全责任的考核标准和奖惩措施。内容全面、责任清晰、切实可行、操作方便。

一、《安全生产风险管理体系》对于制定安全生产责任制的要求

（1）是否有标准规定了责任制的制定、沟通与回顾的职责与要求；

（2）是否制定了各岗位的安全生产责任制，包括：安全生产责任制及其到位标准；权限与义务；

（3）安全生产责任制是否满足法律法规以及上级相关要求，是否体现了责任的有机传递、分层分级负责并落实到人；

（4）各岗位的安全生产责任制和到位标准是否清晰并与相关工作标准的规定相对应；

（5）管理层是否为落实责任制配置了有效资源；

（6）是否制订了员工拒绝作业的标准，规定了拒绝情形、报告、调查、处理与分析的程序。

二、《电网企业安全生产标准化规范及达标评级标准》岗位责任制的描述

1. 第一责任人职责

企业主要负责人应按照《安全生产法》及有关法律法规规定，履行安全生产第一责任人职责。全面负责安全生产工作，并承担安全生产义务。

2. 其他副职的职责

主管生产的负责人统筹组织生产过程中各项安全生产制度和措施的落实，完善安全生产条件，对企业安全生产工作负重要领导责任。

安全总监或主管安全生产工作的负责人协助主要负责人落实各项安全生产法律法规、标准，统筹协调和综合管理企业的安全生产工作，对企业安全生产工作负综合管理领导责任。

其他副职在自己分管工作范围内负相应的安全责任。

3. 安全员安全责任制度

制定符合企业机构设置的安全生产责任制，明确各级、各类岗位人员安全生产责任。责任制内容中应包括企业负责人及管理人员定期参与重大操作和施工现场作业监督检查。

安全责任制度应随机构、岗位变更及时修订。

4. 各部门、单位安全职责

企业应明确所属（管）各部门、单位安全职责，自上而下签订安全责任书，并做好各部门、单位安全管理责任的衔接，相互支持，做到责任无盲区、管理无死角。

5. 班组长安全责任

班组长是生产经营单位搞好安全工作的关键。全面负责本班组的安全生产工作，是安全生产法律法规和规章制度的直接执行者。班组长的主要职责是贯彻执行本单位对安全生产的规定和要求，督促本班组人员遵守有关安全生产规章制度和安全操作规程。

6. 生产作业人员的安全责任

生产作业人员要接受安全教育培训，遵守安全生产规章制度和安全操作规程，遵守劳动纪律，不违章作业。特种作业还须接受专门的安全培训，经考试合格取得操作资格证书方可上岗作业。

三、全员安全生产责任制的落地执行

（1）"一岗双责"每一岗位都有本职工作职责和安全生产职责；"三定"完善，定岗、定员、定安全责任。

（2）秉公执法的考核机构。建立单位第一安全责任人牵头，相关部门和负责人组成全员安全生产责任制监督考核机构，公开公正，全面考核。

（3）全员安全生产责任制考核要有规必依违规必究。对于严于履职、符合指标的给予奖励。对于失职发生安全事故的严惩不贷。考核结果与个人和部门的奖先评优挂钩，发生事故一票否决。

案例 22-1

以下列举《国家电网公司安全生产职责规范》部分岗位的安全职责规定，以资借鉴。

第八条　行政正职的安全职责：

1. 本公司系统的第一安全责任人，对安全生产工作和安全生产目标负全面责任。

2.组织确定公司年度安全生产工作目标、有关安全生产的重大活动安排。

3.亲自批阅上级有关安全生产的重要文件并组织落实。按照"谁主管、谁负责"的原则，协调和处理好领导班子成员及各职能管理部门之间在安全工作上的协作配合关系，建立和完善安全生产保证体系，并充分发挥作用。

4.建立健全并落实各级领导人员、各职能部门的安全生产责任制度，将安全生产工作作为业绩考核的重要内容。

5.在干部考核、选拔、任用过程中，把安全生产工作业绩作为考察干部的重要内容。

6.组织制定并督促执行有关安全生产管理的各项规程、规定、制度，对安全生产实行严格的考核和奖惩。

7.网、省公司总经理直接领导或委托行政副职领导公司安全监督部门，厂（局、公司）行政正职直接领导安全监督部门。建立能独立有效地行使职能的安全机构，健全安全监督体系，配备足够的合格的安全监督人员，督促履行安全生产监督职责。

8.定期主持召开安全生产委员会会议（以下简称"安委会"）、安全分析会（网、省公司每季度一次，输变电、供电、发电及施工企业每月一次，下同），掌握安全生产动态，综合分析安全生产趋势，研究采取预防事故的对策；对涉及人身、电网、设备安全运行的重大问题，应亲自主持专题会议研究分析，提出措施，及时解决。

9.确保安全生产所需资金的足额投入，重点保证反事故措施和安全技术劳动保护措施计划（以下简称"两措"计划）所需经费的提取和使用；保证安全奖励所需费用的提取和使用，建立安全生产奖励基金。

10.组织制订并督促实施电力生产安全事故应急处理预案（包括防汛、抗震、防台风等），并担任事故应急处理总指挥。

11.按照《国家电网公司电力生产事故调查规程》和《电力建设安全健康与环境管理暂行规定》，主持或参加有关事故的调查处理，事故处理必须坚持"四不放过"的原则。对性质严重或典型的事故，应及时掌握事故情况，必要时召开专题事故分析会，提出防止事故重复发生的措施。

12.定期向董事会（职代会）报告工作时，应把安全工作列为重要内容，积极接受董事会（职代会）有关安全方面的合理化建议。

13.国家电网公司总经理每两年、省公司总经理及厂（局、公司）行政正职应每年主持召开一次公司系统安全工作会议，总结、交流经验，布置安全生产工作。

第二十五条　班组长的安全职责：

1.是本班组的安全第一责任人，对本班组人员在生产劳动过程中的安全和健康负责；对所管辖设备的安全运行负责。

2.负责制定和组织实施控制异常和未遂的安全目标，应用安全性评价、危险点分析和预控等方法，及时发现问题和异常，采取合理安全措施。

3.在日常生产工作中，组织实行标准化作业。

4.负责认真贯彻执行安全规程制度，及时制止违章违纪行为，及时学习事故通报，吸取教训，采取措施，防止同类事故重复发生。

5. 主持召开好班前、班后会和每周一次或每个轮值的班组安全日活动，并督促做好安全活动记录。

6. 负责和督促工作负责人做好每项工作任务（倒闸操作、检修、施工、试验等）事先的技术交底和安全措施交底工作，并做好记录。

7. 协助做好岗位安全技术培训、新入厂工人的安全教育和全班人员（包括临时工）经常性的安全思想教育；积极组织班组人员参加急救培训，做到人人能进行现场急救。

8. 组织开展和参加定期安全检查、"安全生产月"和专项安全检查活动，落实上级下达的各项反事故技术措施。

9. 经常检查本班组工作场所（每天不少于一次）的工作环境、安全设施、设备工器具的安全状况。对发现的隐患做到及时登记上报，本班组能处理的应及时处理。对本班组人员正确使用劳动防护用品进行监督检查。

10. 支持班组安全员履行自己的职责。对本班组发生的事故、障碍、异常、未遂，要及时登记上报，保护好事故现场，并组织分析原因，总结教训，落实改进措施。

 案例评析

电力企业包括电建、发电、输电、配售等各个环节，每一环节的生产经营单位应根据自己的生产经营特点，进行岗位设置，再依据管理机制和安全生产制度、规程和规范制定个岗位的安全产生责任制并监督考核。

员工是企业的主人，安全是员工的生命。

23 经营投入可自主 安全投入是必须

巧妇难为无米之炊。安全管理，就要有安全投入。从基础建设、设备设施和劳动保护用品，都必须符合法规章和国标行标的规定。有些企业穿化纤工作服上班，引火烧身之后无法脱下，有的企业员工的安全帽经不起砖头打击，有的易燃易爆工作场地没有泄放静电措施，现状实在是令人担忧。

有的企业不是没有资金投入而是舍不得投入，误认为安全投入是负效益。针对这些错误的认识，《安全生产法》为了员工的安全健康，做出了强制性安全投入规定。

《安全生产法》第二十三条规定，"**生产经营单位应当具备安全生产条件所必需的资金投入，由生产经营单位的决策机构、主要负责人或者个人经营的投资人予以保证，并对由于安全生产所必需的资金投入不足导致的后果承担责任。**

"**有关生产经营单位应当按照规定提取和使用安全生产费用，专门用于改善安全生产条**

件。安全生产费用在成本中据实列支。安全生产费用提取、使用和监督管理的具体办法由国务院财政部门会同国务院应急管理部门征求国务院有关部门意见后制定。"

第四十五条规定，"**生产经营单位必须为从业人员提供符合国家标准或者行业标准的劳动防护用品，并监督、教育从业人员按照使用规则佩戴、使用。**"

第四十七条规定，"**生产经营单位应当安排用于配备劳动防护用品、进行安全生产培训的经费。**"

《中共中央国务院关于推进安全生产领域改革发展的意见》提出，完善安全投入长效机制。从政府、企业、社会三个层面提出要求，切实做到"投入增、优惠实、监管严、引导好"。要求各级政府加强安全生产预防及应急相关资金使用管理，加大安全生产与职业健康投入。加强安全生产经济政策研究，完善安全生产专用设备企业所得税优惠目录。针对一些企业未按规定足额提取安全生产费用或挪作他用，影响正常的安全生产投入问题，提出落实安全生产费用提取和使用制度，建立企业增加安全投入的激励约束机制。同时要求健全投融资服务体系，引导企业积极发展安全产业。

一、安全投入

安全投入，是指保证安全生产必需的经费。建立企业、地方、国家多渠道的安全投资机制。企业是安全投资主体，要按照规定从成本中列支安全生产专项资金，加强财务审计，确保专款专用。国家和地方要支持企业的设备更新和技术改造。要制定源头治本的经济政策，并严格依法执行。

安全投入是安全生产的基本保障。安全也是生产力。安全生产的实现要靠投入的保证作为基础，提高安全能力，需要为安全付出成本，安全的成本是代价，更是效益。企业安全投资为了保证本企业具备安全生产设备和技术改造以减少安全事故，同时具备治理安全生产隐患的能力。如《电力安全生产监督管理办法》（发改委令〔2015〕第 21 号）第八条第（四）项对电力建设安全生产投入做出了明确的规定："**电力企业应当履行下列电力安全生产管理基本职责：……（四）按照规定提取和使用电力安全生产费用，专门用于改善安全生产条件。**"《电力建设工程施工安全生产监督管理办法》（发改委令〔2015〕第 28 号）第二十二条"**施工单位应当按照国家有关规定计列和使用安全生产费用。应当编制安全生产费用使用计划，专款专用。**"

安全生产费用的使用应当接受电力建设单位、电力监理单位的监督。《国家电网有限公司安全生产职责规范》对电力企业行政正职的安全职责规定第 9 项对安全投入做出了规定：确保安全生产所需资金的足额投入，重点保证反事故措施和安全技术劳动保护措施计划所需经费的提取和使用；保证安全奖励所需费用的提取和使用，建立安全生产奖励基金。

二、电力企业安全生产投入的计划编制与管理和评估

1. 反事故措施和劳动保护安全技术措施费用

安全技术和劳动保护措施计划应根据国家法规、行业标准，从改善劳动条件、防止伤亡、预防职业病、安全评价结果等方面编制。项目安全施工措施从作业方法、施工机具、工业卫生、作业环境等方面编制。

反事故措施计划应根据国家相关技术标准规程、上级反事故措施、需要消除的重大缺陷和隐患、提高设备可靠性的技术改造及事故防范对策进行编制。反措计划应纳入检修、技改计划。

2. 其他安全费用

其他安全生产费用主要有以下方面：安全宣传教育培训；职业病防护和劳动保护；"科技兴安"，重大安全生产课题研究费用；特定预防事故采取的单项安全技术措施；应急预案评审、应急物资、应急演练、应急救援等应急管理；安全检测、安全评价、风险评估费用；分级管控风险、事故隐患排查治理和重大危险源、重大隐患整改前监控费用；电力设施保护以及安全保卫费用；安全生产标准化建设实施费用；安全文化建设与维护；员工工伤保险与赔付等。

3. 费用管理

制定满足安全生产需要的安全生产费用计划保障制度，严格审批程序，保证建设项目安全费用提取并专项用于安全生产，运行维护安全生产费用提取使用符合规定。建立安全费用台账，完善和改进安全生产条件。定期对执行情况进行检查。

4. 实施后的评估

费用计划制定后安排实施应做到项目、责任人、完成时间、资金、措施五落实；定期检查评估费用计划完成、实施情况，发现问题及时研究调整；计划项目完成后应组织安全技术人员进行效果评估，未达到预期目标的应制定措施，予以改进。

三、生产经营单位和在主要负责人的法律责任

《安全生产法》第九十三条规定，"**生产经营单位的决策机构、主要负责人或者个人经营的投资人不依照本法规定保证安全生产所必需的资金投入，致使生产经营单位不具备安全生产条件的，责令限期改正，提供必需的资金；逾期未改正的，责令生产经营单位停产停业整顿。**

"**有前款违法行为，导致发生生产安全事故的，对生产经营单位的主要负责人给予撤职处分，对个人经营的投资人处二万元以上二十万元以下的罚款；构成犯罪的，依照刑法有关规定追究刑事责任。**"与安全投入相关的法律责任在《安全生产法》第九十九条有更细致的规定，"**生产经营单位有下列行为之一的，责令限期改正，处五万元以下的罚款；逾期未改正的，处五万元以上二十万元以下的罚款，对其直接负责的主管人员和其他直接责任人员处一万元以上二万元以下的罚款；情节严重的，责令停产停业整顿；构成犯罪的，依照刑法有关规定追究刑事责任：**

"**（一）未在有较大危险因素的生产经营场所和有关设施、设备上设置明显的安全警示标志的；**

"**（二）安全设备的安装、使用、检测、改造和报废不符合国家标准或者行业标准的；**

"**（三）未对安全设备进行经常性维护、保养和定期检测的；**

"**（四）关闭、破坏直接关系生产安全的监控、报警、防护、救生设备、设施，或者篡改、隐瞒、销毁其相关数据、信息的；**

"（五）未为从业人员提供符合国家标准或者行业标准的劳动防护用品的；

"（六）危险物品的容器、运输工具，以及涉及人身安全、危险性较大的海洋石油开采特种设备和矿山井下特种设备未经具有专业资质的机构检测、检验合格，取得安全使用证或者安全标志，投入使用的；

"（七）使用应当淘汰的危及生产安全的工艺、设备的；

"（八）餐饮等行业的生产经营单位使用燃气未安装可燃气体报警装置的。"

案例 23-1

某煤矿某采区回风巷通风设备数量不足且常常出故障。某天通风设备故障导致停风，经三次处理仍未解决问题，致使采区无法送风，瓦斯浓度超限。

上述情况换班时该采区有关人员未向下一班做好交接说明，没有向有关领导汇报也未及时采取排放瓦斯和处理漏电问题。下一班人上岗后，因负责处理通风设备故障的电工是未经专业考核培训的原采掘工转岗的，在处理电缆接地时，装煤机防爆接线盒未合盖，操作线裸露，铜线搭接时产生火花，引起瓦斯燃烧爆炸，扬起煤尘，后又发生煤尘传导爆炸。

▶ 案例评析

经查该矿安全技措工程只完成了计划的 4%，到货的 16 台瓦斯自动检测报警断电仪和 28 台电扇遥控装置因种种原因长期没有安装使用，4 台瓦斯遥测仪只安装了 1 台，且没有投入使用。采掘机电设备管理也较差，完好率只有 5%，这些因素都成为导致事故发生的原因。

该矿安全生产投入严重不足，安全设备和生产设备都有严重缺陷和不足，严重违反《安全生产法》第二十三条规定，应根据《安全生产法》第九十三条和第九十九条给予主要负责人和该单位处罚。

不立规矩不成方圆，不守规章难保安全。

24　安全机构必设置　领导称职凭能力

即使生产经营单位制订了全员安全生产责任制，一岗双责，人人都是安全员，毕竟工作起来还是以本职工作为主，特别在计件定薪的企业员工，一旦忙起工作来安全生产往往会忽视掉。所以还是要设置专门的安全机构或安全人员加以管理。

《安全生产法》第二十四条规定，"**矿山、金属冶炼、建筑施工、运输单位和危险物品的生产、经营、储存、装卸单位，应当设置安全生产管理机构或者配备专职安全生产管理人员。**

"**前款规定以外的其他生产经营单位，从业人员超过一百人的，应当设置安全生产管理**

机构或者配备专职安全生产管理人员；从业人员在一百人以下的，应当配备专职或者兼职的安全生产管理人员。"

像台湾劳工安全卫生法规定，哪怕是事业单位雇佣劳工人数在100人以上的也应当设立劳工安全卫生组织，而不能是专职安全人员。对于高危作业，《加拿大安大略省职业健康安全法》规定，经常雇佣员工在20人及以上的作业场所以及存在危险物质的作业场所，须建立联合安全卫生委员会。这些规定都严于本法第二十四条的规定。

《安全生产法》第二十七条规定，"生产经营单位的主要负责人和安全生产管理人员必须具备与本单位所从事的生产经营活动相应的安全生产知识和管理能力。

"危险物品的生产、经营、储存单位以及矿山、金属冶炼、建筑施工、运输单位的主要负责人和安全生产管理人员，应当由主管的负有安全生产监督管理职责的部门对其安全生产知识和管理能力考核合格。考核不得收费。

"危险物品的生产、储存、装卸单位以及矿山、金属冶炼单位应当有注册安全工程师从事安全生产管理工作。鼓励其他生产经营单位聘用注册安全工程师从事安全生产管理工作。注册安全工程师按专业分类管理，具体办法由国务院人力资源和社会保障部门、国务院应急管理部门会同国务院有关部门制定。"

一、生产经营单位的主要负责人和安全生产管理人员必须具备的安全生产知识和管理能力

（1）熟悉并能认真贯彻国家有关安全生产法律法规以及与本单位相关的安全标准和规程。

（2）基本掌握安全分析、决策及安全事故预测防护知识，具备审查安全建设规划、计划、大中修施工方案的专业知识和能力。

（3）具备相应的专业知识学历、安全技术和管理知识，且有本行业工作管理经验和生产经营活动必需的安全知识。

（4）具备组织管理能力，领导本单位的安全生产工作。

二、电力企业安全产生管理机构

《安全生产法》第二十四条虽然没有把电力企业列为应当设置安全生产管理机构或者配备专职安全生产管理人员之列，但电力企业都设置了安全生产管理机构，甚至包括县市级电力企业，因为电力企业也是危险物品的使用单位，如电力建设的爆破物资。但《电网企业安全生产标准化规范及达标评级标准》对电力企业的安全管理机构的设置要求更高——明确安全生产监督管理机构职责和职权，健全安全监督人员、部门安全员、班组安全员组成的三级安全监督网。安全生产监督管理机构是企业安全生产工作的综合管理部门，对其他职能部门的安全生产管理工作进行综合协调和监督。监督执行安全生产法律、法规、规章和标准，参与本单位安全生产决策；督促和指导本单位其他机构、人员履行安全生产职责；组织实施安全生产检查，督促整改事故隐患；参与本单位生产安全事故应急预案的制定及演练，承担本单位应急管理工作；参与审查有关承包、承租单位的安全生产条件和相关资质；定期召开安全监督会议，部署安全生产监督工作。

三、电力企业主要负责人和安全生产管理人员安全生产管理知识和能力学习与考核

目前，电力企业安全生产管理机构的人员专业素质与《安全生产法》的要求还有差距。

（1）生产经营单位的主要负责人和安全生产管理人员与本单位所从事的生产经营活动相应的安全生产知识和管理能力，还没有实行"一票否决制"。譬如在矿山行业，如果主要负责人在本单位所从事的生产经营活动相应的安全生产知识和管理能力考试考核不过关，就没有当一把手的资格。因为有"应当由主管的负有安全生产监督管理职责的部门对其安全生产知识和管理能力考核合格"的规定。

《安全生产培训管理办法》（国家安全生产监督管理总局令第 44 号）第三十五条规定，**"生产经营单位主要负责人、安全生产管理人员、特种作业人员以欺骗、贿赂等不正当手段取得安全资格证或者特种作业操作证的，除撤销其相关资格证外，处 3 千元以下的罚款，并自撤销其相关资格证之日起 3 年内不得再次申请该资格证。"**

《电力建设工程施工安全生产监督管理办法》（发改委令〔2015〕第 28 号）第三十条规定，**"施工单位应当按照相关规定组织开展安全生产教育培训工作。企业主要负责人、项目负责人、专职安全生产管理人员、特种作业人员需经培训合格后持证上岗，新入场人员应当按规定经过三级安全教育。"**显然，无论是领导还是员工安全培训考核不合格没有上岗证都是不称职的。

（2）地、县市级供电企业的安全管理机构，安全生产管理人员的素质有待于提高。大多是有工作经验的员工来充当，既有经验又有理论的注册安全工程师的比例还是微乎其微。这也达不到《电网企业安全生产标准化规范及达标评级标准》的要求——根据《安全生产法》和上级要求，设置独立的安全生产监督管理机构，配备安全生产要求的安全监督人员。鼓励实行安全总监制（Chief Safety Officer，CSO），并由行政正职主管。企业应当加强安全监督队伍建设，人员与装备应满足监督工作的需要。安全生产监督管理机构工作人员应当逐步取得注册安全工程师资格。

四、县级电力企业安全管理部门还没有强制配置注册安全工程师

可以说任何一个县级供电企业在人员规模上都远超过 100 人，有的甚至达数百上千人。虽然《安全生产法》没有列举电力企业必须设置注册安全工程师，但从电力行业很强的专业性、复杂的技术性、事故发生的迅捷性和事关国防科技文卫工农业生产和千家万户的重要性讲，结合电力企业人才济济、财力雄厚的实力，还是应当逐渐由"会管"的注册安全工程师专职从事安全生产管理工作，解决经验主义管理新设备、新技术的智能电网的安全生产的问题。美国、日本、中国台湾和新加坡等国家和地区都制订了相应的法律法规，分别实施注册安全师、劳动安全咨询师、劳工安全管理师、劳工卫生管理师等职业资格。

📛 案例 24-1

某建筑工程公司在编员工接近 189 人，因疫情肆虐效益不好，公司领导决定实行减人增效。安全部管理人员 8 人，3 人下岗，4 人转岗，只有一名专职安全管理人员。原来 8 人的

工作一人难以应付，公司领导就安排工会中的一人帮忙。由于公司领导撤销安全部门，整个公司的安全生产仅仅由一名专职安全管理员和一名工会的帮工人员在苦撑，致使该公司安全生产管理漏洞百出，违章作业随处可见，不久就发生一起人员伤亡事故。

本案该公司所谓"减人增效"，实际上撤销安全管理机构的违法行为导致了伤亡事故，正所谓"安全人员减下来，伤亡事故升上去"，违反了《安全生产法》第二十四条和第二十七条之规定。建筑施工单位本来就是事故多发，危险性较大，生产安全问题比较突出的领域，更应当将安全生产放在首要位置来抓，否则难免发生事故。

本案对该建筑公司的违法行为应根据《安全生产法》第九十七条给予处罚——生产经营单位有下列行为之一的，责令限期改正，处十万元以下的罚款；逾期未改正的，责令停产停业整顿，并处十万元以上二十万元以下的罚款，对其直接负责的主管人员和其他直接责任人员处二万元以上五万元以下的罚款：（一）未按照规定设置安全生产管理机构或者配备安全生产管理人员、注册安全工程师的。

> 安全员的四则运算——安全要加；事故要减；投入要乘；隐患要除。

25 安全管理机构人 依法履职责任重

安全生产管理机构以及安全生产管理人员是安全生产单位在主要负责人领导下，主抓安全生产工作的机构和人员，其安全生产责任范围大于其他生产作业人员，而且具有检查监督权力。《安全生产法》对单位的主要负责人和安全生产管理人员提出特别要求，第二十七条规定，"生产经营单位的主要负责人和安全生产管理人员必须具备与本单位所从事的生产经营活动相应的安全生产知识和管理能力。"

一、安全生产管理机构以及安全生产管理人员的安全职责

《安全生产法》第二十五条规定，"生产经营单位的安全生产管理机构以及安全生产管理人员履行下列职责：

"（一）组织或者参与拟订本单位安全生产规章制度、操作规程和生产安全事故应急救援预案；

"（二）组织或者参与本单位安全生产教育和培训，如实记录安全生产教育和培训情况；

"（三）组织开展危险源辨识和评估，督促落实本单位重大危险源的安全管理措施；

"（四）组织或者参与本单位应急救援演练；

"（五）检查本单位的安全生产状况，及时排查生产安全事故隐患，提出改进安全生产管理的建议；

"（六）制止和纠正违章指挥、强令冒险作业、违反操作规程的行为；

"（七）督促落实本单位安全生产整改措施。

"生产经营单位可以设置专职安全生产分管负责人，协助本单位主要负责人履行安全生产管理职责。"

为了能将上述条款赋予生产经营单位的安全生产管理机构以及安全生产管理人员的各项职责落到实处，《安全生产法》第二十六条第一条款督促"**生产经营单位的安全生产管理机构以及安全生产管理人员应当恪尽职守，依法履行职责。**"然后第二～第四条款赋予其三项特殊的权力，分别是："**生产经营单位作出涉及安全生产的经营决策，应当听取安全生产管理机构以及安全生产管理人员的意见。生产经营单位不得因安全生产管理人员依法履行职责而降低其工资、福利等待遇或者解除与其订立的劳动合同。危险物品的生产、储存单位以及矿山、金属冶炼单位的安全生产管理人员的任免，应当告知主管的负有安全生产监督管理职责的部门。**"

赋予以上这些权力意在让生产经营单位的安全生产管理机构以及安全生产管理人员在制定生产经营单位的安全生产计划和技术措施方案以及安全管理工作中抛弃顾虑，秉公执法，大胆管理，为生产经营单位和主要负责人出谋划策，献计支招。哪怕面对的是自己的顶头上司亦当恪尽职守，依法履行职责。正确的安全生产建议，单位应当采纳。

《电力建设工程施工安全监督管理办法》（发改委令〔2015〕第 28 号）第二十一条规定，"**施工单位应当按照国家法律法规和标准规范组织施工，对其施工现场的安全生产负责。应当设立安全生产管理机构，按规定配备专（兼）职安全生产管理人员，制定安全管理制度和操作规程。**"

《国家电网公司安全生产职责规范》第二十七条规定了安全监督部门的安全职责。

（1）负责对本企业进行全面安全监督管理，确保人身安全，负责制定防止发生人身事故的措施并组织执行。

（2）负责监督各级人员、各部门安全生产责任制的落实；监督各项安全生产规章制度、反事故措施和上级有关安全工作指示的贯彻执行，及时反馈在执行中存在的问题并提出完善修改意见。

（3）负责监督年度"两措"计划的实施；对人身安全防护状况，电网、设备、设施安全技术状况的监督检查中发现的重大问题和隐患，及时下达安全监督通知书，限期解决，并向主管领导报告。

（4）负责监督生产安全事故应急处理预案及大型反事故演习预案的编制与执行。

（5）负责监督安全生产业绩考核办法、安全生产奖惩规定的执行。

（6）负责监督消防、交通安全管理工作。

（7）监督本企业及所属企业安全教育培训计划的落实。

（8）督促加强对特种作业人员、重大危险源、危险物品以及特种设备的安全管理。

（9）负责审查所属各单位安全机构的资质和人员的资格。协助领导保证安监机构、人员、装备符合开展全面、全员、全过程、全方位的安全管理与监督工作要求。

（10）负责组织编制本企业年度安全技术劳动保护措施计划并监督所需费用的提取和使用情况；依法监督劳保用品、安全工器具、安全防护用品的购置、发放和使用。

（11）负责组织编制本企业职业安全健康管理制度。

（12）负责组织定期或不定期的安全检查。督促开展安全性评价工作，组织发供电安全性评价以及输电网安全性评价的专家验收；对安全性评价查评出的问题督促有关部门整改落实；对所属企业的安全性评价工作进行督促检查。

（13）负责组织召开安委会、安全生产协调例会、安全工作会议、安全分析会、安全监督（安全网）例会、安规考试等，指导安监网的活动，研究分析安监动态，总结安全经验和教训，布置安全工作，并对每月安全生产情况进行总结和分析。

（14）协助本企业领导组织事故调查，监督"四不放过"原则的贯彻落实，完成事故统计、分析、上报工作并提出考核意见。

（15）负责编写安全简报、事故快报、事故通报，并通过会议、文件等各种方式及时通报事故信息和预防措施，广泛吸取事故教训。

（16）负责组织推广安全管理的先进经验，学习和引进安全新技术、新设备设施和安全工器具，促进安全生产管理与监督水平的提高。

（17）对安全生产做出贡献者提出给予表扬和奖励的建议和意见；对事故负有责任者，提出批评和处罚的建议和意见。

（18）参与电网规划、工程和技改项目的设计审查、施工队伍资质审查和竣工验收以及有关科研成果鉴定等工作。

二、生产经营单位的安全生产管理人员的检查权和报告义务

《安全生产法》第四十六条规定，"**生产经营单位的安全生产管理人员应当根据本单位的生产经营特点，对安全生产状况进行经常性检查；对检查中发现的安全问题，应当立即处理；不能处理的，应当及时报告本单位有关负责人，有关负责人应当及时处理。检查及处理情况应当如实记录在案。**

"**生产经营单位的安全生产管理人员在检查中发现重大事故隐患，依照前款规定向本单位有关负责人报告，有关负责人不及时处理的，安全生产管理人员可以向主管的负有安全生产监督管理职责的部门报告，接到报告的部门应当依法及时处理。**"

经常性检查包括对各部门规章制度是否健全完善、设备是否完好正常运行、作业人员是否发生过违章操作行为、劳动防护用品是够合格，是否存在安全隐患，是否发生过安全事故等，凡是与安全有关的事宜均是安全生产管理人员的检查范围。

对于检查中遇到不戴安全帽、不挂安全带等行为要当场纠正，但是遇到安全设备设施不合格等不能立即改正的问题就要报告本单位主要负责人。主要负责人接到报告后应当及时处理。

每次安全检查的时间、范围、内容、问题和处理措施都应当建立档案并由被检单位相关人员签字留存一份。如果检查中发现重大安全隐患，已经报告单位主要负责人，但因财力不支，或安全意识淡薄、心存侥幸等原因主要负责人怠于处理，《安全生产法》第四十六条赋予生产经营单位的安全生产管理人员"僭越"报告重大安全隐患事故的权利，即"可以向主管的负有安全生产监督管理职责的部门报告，接到报告的部门应当依法及时处理"。

三、与安全生产管理机构以及安全生产管理人员相关的法律责任

《安全生产法》第九十六条规定，"生产经营单位的其他负责人和安全生产管理人员未履行本法规定的安全生产管理职责的，责令限期改正，处一万元以上三万元以下的罚款；导致发生生产安全事故的，暂停或者吊销其与安全生产有关的资格，并处上一年年收入百分之二十以上百分之五十以下的罚款；构成犯罪的，依照刑法有关规定追究刑事责任。"

再看第九十七条，"生产经营单位有下列行为之一的，责令限期改正，处十万元以下的罚款；逾期未改正的，责令停产停业整顿，并处十万元以上二十万元以下的罚款，对其直接负责的主管人员和其他直接责任人员处二万元以上五万元以下的罚款：

"（一）未按照规定设置安全生产管理机构或者配备安全生产管理人员、注册安全工程师的；

"（二）危险物品的生产、经营、储存、装卸单位以及矿山、金属冶炼、建筑施工、运输单位的主要负责人和安全生产管理人员未按照规定经考核合格的；

"（三）未按照规定对从业人员、被派遣劳动者、实习学生进行安全生产教育和培训，或者未按照规定如实告知有关的安全生产事项的；

"（四）未如实记录安全生产教育和培训情况的；

"（五）未将事故隐患排查治理情况如实记录或者未向从业人员通报的；

"（六）未按照规定制定生产安全事故应急救援预案或者未定期组织演练的；

"（七）特种作业人员未按照规定经专门的安全作业培训并取得相应资格，上岗作业的。"

本条的处罚对象是"生产单位"以及"直接负责的主管人员和其他直接责任人员"。对比《安全生产法》第二十五条对安全生产管理机构以及安全生产管理人员的职责规定，第九十七条中（一）（三）（四）（六）项都与安全生产管理机构以及安全生产管理人员相关。

⚖ 案例 25-1

某年 8 月 4 日，某市供电公司对某军医院线路进行停电改造，并按照两票三制办理了停电。下午，线路工区人员开始蹬杆作业。最先登上杆位欲更换绝缘子的宫某还没来得及挂好安全带的后背绳就突然大叫一声从杆上坠落下来。此时公司安全员和线路工区安全员都在树荫下纳凉。

经查，某军医院因为是医疗单位，在没有双回路保证供电的情形下，自家投资了自发电设备。当电网停电时就启动自发电设备。由于多年来一直没有给军医院停过电，对这家一类负荷客户的自发电情况已经淡漠遗忘。因此当供电公司给停电后，军医院便启动了自发电。由于启动前没有检查两套系统的切换互锁装置是否正常，以致自发电系统给已经停电的线路倒送电，致使线路工宫某触电坠亡。

案例评析

本案的两级安全员在生产现场，严重不负责任，施工期间在树下纳凉，不做安全检查，不做安全布置，又不做安全监督。首先，作为安全员，特别是公司安全员，对于一类客户的供电网络结构应该了如指掌，对军医院的自发电设备两套系统的切换互锁装置是否正常，事前如做好检查和整改，就不会发生此次事故。其次，如果严格按照规程验电，在工作段各端挂接地线，也不会发生事故。

本案两级安全员的不作为行为严重违反了《安全生产法》第二十五条规定的生产经营单位的安全生产管理机构以及安全生产管理人员履行的职责："（五）检查本单位的安全生产状况，及时排查生产安全事故隐患，提出改进安全生产管理的建议；（六）制止和纠正违章指挥、强令冒险作业、违反操作规程的行为；"自发电和网电切换不互锁就是严重的安全隐患，停电作业段各端不挂接地线是严重的违章行为。该公司两级安全员与工作负责人等相关责任人员严重失职应按《安全生产法》第九十六条给予处罚。

> 求木之长者，必固其本；欲流之远者，必浚其源泉。
>
> ——魏徵《魏郑公文集·谏唐太宗十思疏》

26　真抓实干做培训　全员素质大提高

引发安全事故两大主干因素：人的不安全行为、设备与工作环境的不安全状态，后者也是由人维护和管理不善造成的。因此安全生产培训首先要对人员进行培训。通过培训强化从业人员安全意识，提高安全素质和防护能力，防范伤亡事故，减轻职业危害，让从业人员知道什么是安全，安全生产的意义，保证安全生产的理论方法、规范和措施，怎样保证可持续安全生产等问题。

一、安全培训受训人员范围

安全培训是指以提高安全监管监察人员、生产经营单位从业人员和从事安全生产工作的相关人员的安全素质为目的的教育培训活动。生产经营单位从业人员是指生产经营单位主要负责人、安全生产管理人员、特种作业人员及其他从业人员。就是说从领导到一线员工都要接受安全生产培训。

1. 单位领导和安全管理人员的培训

一个生产经营单位的主要负责人——安全生产第一责任人和安全管理人员必须懂安全生产，安全培训考核合格，具备能领导指挥单位安全生产的能力。《安全生产法》第二十七条规定，**"生产经营单位的主要负责人和安全生产管理人员必须具备与本单位所从事的生产经营活动相应的安全生产知识和管理能力。**

2. 其他从业人员的培训

其他从业人员是完成生产经营任务的具体劳动者，是第一线员工，隐患就在他们中间，危险就在他们身边，他们是最应该接受安全培训的主力队伍。他们对单位的安全生产起着最主要的作用。《安全生产法》第五十八条规定，"**从业人员应当接受安全生产教育和培训，掌握本职工作所需的安全生产知识，提高安全生产技能，增强事故预防和应急处理能力。**"

3. 被派遣劳动者和实习学生的培训

根据《安全生产法》第二十八条二、三款的规定，"**生产经营单位使用被派遣劳动者的，应当将被派遣劳动者纳入本单位从业人员统一管理，对被派遣劳动者进行岗位安全操作规程和安全操作技能的教育和培训。劳务派遣单位应当对被派遣劳动者进行必要的安全生产教育和培训。**"

"**生产经营单位接收中等职业学校、高等学校学生实习的，应当对实习学生进行相应的安全生产教育和培训，提供必要的劳动防护用品。学校应当协助生产经营单位对实习学生进行安全生产教育和培训。**"

《民法典》第一千一百九十一条第二款规定，"**用人单位的工作人员因执行工作任务造成他人损害的，由用人单位承担侵权责任。用人单位承担侵权责任后，可以向有故意或者重大过失的工作人员追偿。**

"**劳务派遣期间，被派遣的工作人员因执行工作任务造成他人损害的，由接受劳务派遣的用工单位承担侵权责任；劳务派遣单位有过错的，承担相应的责任。**"

《劳动合同法》也有相应规定，在被派遣劳动者合法权益受到侵害时，用工单位与劳务派遣单位承担连带赔偿责任。这样能最大限度地保护劳动者权益。

根据以上法律规定，范围应当扩大到劳务派遣人员和中高等学校的实习学生，特别应当重视的是电建工程和电网运维的临时用工人员。劳务派遣人员毕竟不是行业人员，接受行业培训很少，有的甚至是刚刚入行的，必须进行专业培训。实习生具备基础理论专业知识，但不熟悉安全生产知识。接受实习生的生产经营单位应当给学生培训安全规章制度和安全操作规程，结合本单位的工作环境，就安全注意事项进行充分的交底。应安排具有丰富带徒经验的师傅带领实习。电力企业在电力设施基础建设中常常雇用临时工。有的企业对临时用工的安全生产培训流于形式，这是临时用工安全生产事故高发的一个主要原因。譬如说，有的企业把临时用工召集起来，简单地讲一下安全注意事项之后，就给一套安全生产考试卷子和答案，一抄了事，主要是为了应对检查之用，并非在测试临时工们的安全知识和技能的掌握情况。对于短期的专业施工，应该结合工作现场给临时工把安全生产注意事项讲全、讲足、讲透，并教会他们工作现场安全事故防范和险情应对措施。

《国家电网有限公司安全教育培训工作规定》（简称《安全培训规定》）对受训从业人员增加并细分为班组长、安全员、技术员、工作票（作业票）、操作票相关资格人员、电力建设施工企业主要负责人和安全生产管理人员工程项目部相关管理人员等。《安全培训规定》第二十九条、第三十条还规定了其他人员定期培训：各单位应每年对应急救援基干分队、应急抢修队伍、应急专家队伍人员，开展应急理论、应急预案和相关技能培训。各单位应每年至少开展一次以交通、消防、应急避险、网络信息等公共安全知识为主要内容的全员培训。

二、安全培训方式

《安全生产培训管理办法》（国家安监总局令第 80 号）第六条规定，对于主要负责人、安全生产管理人员、特种作业人员的安全培训不是由生产单位负责，而是根据统一规划、归口管理、分级实施、分类指导、教考分离的原则进行。第九条规定，"**对从业人员的安全培训，具备安全培训条件的生产经营单位应当以自主培训为主，也可以委托具备安全培训条件的机构进行安全培训。不具备安全培训条件的生产经营单位，应当委托具有安全培训条件的机构对从业人员进行安全培训。生产经营单位委托其他机构进行安全培训的，保证安全培训的责任仍由本单位负责。**"

《国务院关于进一步加强企业安全生产工作的通知》（国发〔2010〕23 号）第 6 条规定，"**强化职工安全培训。企业主要负责人和安全生产管理人员、特殊工种人员一律严格考核，按国家有关规定持职业资格证书上岗；职工必须全部经过培训合格后上岗。企业用工要严格依照劳动合同法与职工签订劳动合同。凡存在不经培训上岗、无证上岗的企业，依法停产整顿。没有对井下作业人员进行安全培训教育，或存在特种作业人员无证上岗的企业，情节严重的要依法予以关闭。**"

以上是根据不同层次人员实行不同层次的培训方式。《安全培训规定》第三十一条是根据施教方式来划分为的，"各单位应采用集中培训、技能实训、现场培训、在岗自学、仿真培训、远程培训等方式，开展形式多样的安全教育培训。"

三、安全生产培训内容

《安全生产法》第二十八条第一款规定，"生产经营单位应当对从业人员进行安全生产教育和培训，保证从业人员具备必要的安全生产知识，熟悉有关的安全生产规章制度和安全操作规程，掌握本岗位的安全操作技能，了解事故应急处理措施，知悉自身在安全生产方面的权利和义务。未经安全生产教育和培训合格的从业人员，不得上岗作业。"

《安全生产培训管理办法》（国家安监总局令第 80 号）第三十条规定，"安全生产监督管理部门、煤矿安全培训监管机构应当对生产经营单位的安全培训情况进行监督检查，检查内容包括：

"（一）安全培训制度、年度培训计划、安全培训管理档案的制定和实施的情况；

"（二）安全培训经费投入和使用的情况；

"（三）主要负责人、安全生产管理人员接受安全生产知识和管理能力考核的情况；

"（四）特种作业人员持证上岗的情况；

"（五）应用新工艺、新技术、新材料、新设备以及转岗前对从业人员安全培训的情况；

"（六）其他从业人员安全培训的情况；

"（七）法律法规规定的其他内容。"

电力企业安全培训内容是按照不同类别的人员详细划分的。《安全培训规定》列举几种如下。

第十六条 企业主要负责人。应具备与本企业所从事的生产经营活动相适应的安全知识与管理能力，自主学习及参加相关培训，主要包括以下内容：

（一）国家和上级有关安全生产的方针政策、法律法规、规章制度、标准规范等；

（二）安全生产管理知识；

（三）安全风险管控、隐患排查治理、生产事故防范、职业危害及其预防措施；

（四）应急管理、应急预案以及应急处置知识；

（五）事故调查处理有关规定；

（六）典型事故和应急救援案例分析；

（七）国内外先进的安全生产管理经验；

（八）其他需要培训的内容。

第二十条　在岗生产人员。每年接受安全教育培训，主要包括以下内容：

（一）安全生产规章制度和岗位安全规程；

（二）新工艺、新技术、新材料、新设备安全技术特性及安全防护措施；

（三）安全设备设施、安全工器具、个人防护用品的使用和维护；

（四）作业场所和工作岗位存在的危险因素、防范措施以及事故应急措施；

（五）典型违章、安全隐患排查治理、事故案例；

（六）职业健康危害与防治；

（七）其他需要培训的内容。

第二十二条　工作票（作业票）、操作票相关资格人员。地市公司级、县公司级单位每年应对工作票（作业票）签发人、工作许可人、工作负责人（专责监护人）、倒闸操作人、操作监护人等进行专项培训，并经考试合格、书面公布。主要包括以下内容：

（一）安全工作规程、现场运行规程和调度、监控运行规程等；

（二）工作票（作业票）、操作票管理要求及填写规范；

（三）作业场所和工作岗位存在的危险因素、防范措施以及事故应急措施；

（四）作业标准化安全管控相关知识；

（五）典型违章、安全隐患排查治理、违章查纠等相关知识；

（六）其他需要培训的内容。

四、安全生产培训管理

1. 档案管理

为督促生产经营单位切实做好安全生产教育和培训工作，在现行法律规定生产经营单位应当对从业人员进行安全生产教育和培训的基础上，规定生产经营单位应当建立安全生产教育和培训档案，如实记录安全生产教育和培训的时间、内容、参加人员以及考核结果等情况。《安全生产法》第二十八条第四款规定，"生产经营单位应当建立安全生产教育和培训档案，如实记录安全生产教育和培训的时间、内容、参加人员以及考核结果等情况。"

《安全生产培训管理办法》（国家安监总局令第 80 号）第十条第四款规定，"从业人员安全培训的时间、内容、参加人员以及考核结果等情况，生产经营单位应当如实记录并建档备查。"

企业建立从业人员安全生产培训档案，最终目的是监督考核培训计划的完成情况，不是为了检查而准备的资料。因此，培训档案应真实科学，逻辑规范。《安全培训规定》第三十二条对培训档案的管理做了更详细的规定：各单位应定期组织安全考试，实行从业人员安全考试全覆盖，结果纳入安全教育培训档案。

（1）各单位应每年至少组织一次生产人员安全规程的考试，并对考试情况进行通报。

（2）省（区）公司级单位领导、安全监督管理机构负责人按要求参加公司和政府有关部门组织的安全法律法规考试。

（3）省（区）公司级单位对本部生产管理部门负责人和专业人员，对所属地市级单位的领导干部、生产管理部门负责人，每年进行一次有关安全法律法规和规章制度考试。

（4）地市公司级单位对本单位生产管理部门负责人及专业人员、二级机构负责人、县公司级单位及其生产管理部门负责人，每年进行一次有关安全法律法规、规章制度、规程规范考试。

（5）地市公司级单位二级机构、县公司级单位每年至少组织一次对班组人员的安全规章制度、规程规范考试。

（6）各单位应定期对全体从业人员开展交通、消防、应急避险、网络信息等公共安全知识考试。

对各级各类从业人员的考试内容和频次都做了具体的规定。

2. 检查监督考核

《安全生产培训管理办法》（国家安全生产监督管理总局令第80号）第二十条规定，"**除主要负责人、安全生产管理人员、特种作业人员以外的生产经营单位的其他从业人员的考核，由生产经营单位按照省级安全生产监督管理部门公布的考核标准，自行组织考核。**"

第三十条规定，"**安全生产监督管理部门、煤矿安全培训监管机构应当对生产经营单位的安全培训情况进行监督检查，检查内容包括：**

"**（一）安全培训制度、年度培训计划、安全培训管理档案的制定和实施的情况；**

"**（二）安全培训经费投入和使用的情况；**

"**（三）主要负责人、安全生产管理人员和特种作业人员安全培训和持证上岗的情况；**

"**（四）特种作业人员持证上岗的情况；**

"**（五）应用新工艺、新技术、新材料、新设备以及转岗前对从业人员安全培训的情况；**

"**（六）其他从业人员安全培训的情况；**

"**（七）法律法规规定的其他内容。**"

国家电网《安全培训规定》第三十九条规定，"**各级人资部门应对安全教育培训项目实施情况进行监督检查。各级专业管理部门对本专业领域安全教育培训工作开展情况监督检查。**"第四十一条规定，"**安全教育培训监督检查主要内容应包括：**

"**（一）安全教育培训管理制度、计划制定及实施情况；**

"**（二）安全教育培训经费投入和使用情况；**

"**（三）安全教育培训场所（地）、设施、专（兼）职安全培训师队伍建设情况；**

"（四）各单位主要负责人、安全生产管理人员及其他从业人员安全教育培训、考试情况；

"（五）特种作业人员、特种设备作业人员培训及持证上岗情况；

"（六）新上岗人员培训及转岗人员再培训情况；

"（七）新工艺、新技术、新材料、新设备使用前对相关人员专项培训情况；

"（八）安全教育培训档案建立及规范记录情况；

"（九）抽考安全生产应知应会知识；

"（十）其他需要检查的内容。"

五、安全生产培训法律责任

《安全生产法》第九十七条规定，"生产经营单位有下列行为之一的，责令限期改正，处十万元以下的罚款；逾期未改正的，责令停产停业整顿，并处十万元以上二十万元以下的罚款，对其直接负责的主管人员和其他直接责任人员处二万元以上五万元以下的罚款……（三）未按照规定对从业人员、被派遣劳动者、实习学生进行安全生产教育和培训，或者未按照规定如实告知有关的安全生产事项的；（四）未如实记录安全生产教育和培训情况的。"

《安全生产培训管理办法》（国家安监总局令第 80 号）第三十六条第一款规定，"生产经营单位有下列情形之一的，责令改正，处 3 万元以下的罚款：（一）从业人员安全培训的时间少于《生产经营单位安全培训规定》或者有关标准规定的。"

《安全培训规定》第四十六条规定，"对各类生产安全责任事故，一律倒查安全教育培训、考试等工作落实不到位的责任。对因未培训、假培训或者应持证未持证上岗人员直接责任引发事故的，按照相关规定进行责任追究。"

案例 26-1

新疆克拉玛依市某建筑公司老板系江苏省人，他为了节约人工成本，从老家招收了一拨建筑工人，每日工资 120 元。因公司没有专门的培训机构，老板让技术员李某给这一拨人做安全培训。李某因为忙于工地施工，就找来原来印刷的《新疆克拉玛依市某建筑公司安全培训试卷》和答案，发给每个人，要求大家好好抄写，抄个七、八十分就行，还开玩笑说，千万不要抄成一百分呀，说完就去工地了。回来后，给每个人写上分数，填入成绩表并制作好培训档案。

"安全培训考试"后的第四天，新招工人刘某和其他 3 人在某工地综合楼三楼运砂浆、对已完成的填充墙进行清理，因嫌走廊（中间走道）右侧一填充墙上挂的照明线路碍事，就想将电线挪到左墙上，他刚接触电线就被"粘"住，刘某感到身体麻木大声喊求援。在一楼施工的老工友闻声立即将电闸关闭，但这时刘某已经倒地。工友们急呼"120"救护车赶到施工现场，医生经检查抢救后，确认刘某已经被触电死亡。

本案违反《安全生产法》第二十八条关于安全培训的规定，这样的培训跟不培训没有两样，没有培训过程，档案是造假的。这是临时用工普遍存在的现象，尤其是私企更为严重。死者刘某感到线路妨碍施工，应该找值班电工来处理。在不检查线路是否有绝缘损坏的情况下，赤手移动带电线路就说明他缺乏建筑工地施工安全的基本常识。

> 特别设备特别事故，特别呵护特别关照。

27 特种设备管理好 安全生产有保障

目前全国各地特种设备数量多、增速快，安全生产保障的压力与日俱增。以北京为例，特种设备的保有量超过世界超级大型城市纽约。为了推进全面依法治企，促进安全生产发展，保障维护人民群众生命财产安全，依法规范特种设备生产、经营、使用单位和特种作业人员的安全生产行为，使之遵守有关法律、法规，建立、健全特种设备安全和节能责任制度，加强特种设备安全和节能管理，保障特种设备质量安全、使用安全、运行安全，对推动企业安全生产发展具有重大而深远的意义。

一、特种设备和特种作业人员

1. 特种设备

《中华人民共和国特种设备安全法》（简称《特种设备安全法》）第二条第二款规定，"**本法所称特种设备，是指对人身和财产安全有较大危险性的锅炉、压力容器（含气瓶）、压力管道、电梯、起重机械、客运索道、大型游乐设施、场（厂）内专用机动车辆，以及法律、行政法规规定适用本法的其他特种设备。**"

2. 特种作业人员

特种设备安全管理人员、检测人员和作业人员，也就是特种设备的操控人员，是特种作业人员。

二、特种作业人员的资格要求和考试考核

《安全生产法》第三十条规定，"**生产经营单位的特种作业人员必须按照国家有关规定经专门的安全作业培训，取得相应资格，方可上岗作业。**

"**特种作业人员的范围由国务院应急管理部门会同国务院有关部门确定。**"

《特种设备安全法》第十三条规定，"**特种设备生产、经营、使用单位及其主要负责人对其生产、经营、使用的特种设备安全负责。**

"**特种设备生产、经营、使用单位应当按照国家有关规定配备特种设备安全管理人员、检测人员和作业人员，并对其进行必要的安全教育和技能培训。**"

第十四条规定，"**特种设备安全管理人员、检测人员和作业人员应当按照国家有关规定**

取得相应资格，方可从事相关工作。特种设备安全管理人员、检测人员和作业人员应当严格执行安全技术规范和管理制度，保证特种设备安全。"

《安全生产培训管理办法》（国家安监总局令第 80 号）第二十条第五款规定，"除主要负责人、安全生产管理人员、特种作业人员以外的生产经营单位的其他从业人员的考核，由生产经营单位按照省级安全生产监督管理部门公布的考核标准，自行组织考核。"这个规定的弦外之音就是，特种作业人员不是本单位培训。

第十二条第二款规定，"特种作业人员对造成人员死亡的生产安全事故负有直接责任的，应当按照《特种作业人员安全技术培训考核管理规定》重新参加安全培训。"

第二十三条规定，"特种作业人员经考核合格后，颁发《中华人民共和国特种作业操作证》（以下简称特种作业操作证）。"

第三十五条规定，"生产经营单位主要负责人、安全生产管理人员、特种作业人员以欺骗、贿赂等不正当手段取得安全资格证或者特种作业操作证的，除撤销其相关资格证外，处 3 千元以下的罚款，并自撤销其相关资格证之日起 3 年内不得再次申请该资格证。"

三、特种设备管理规定

《特种设备安全法》第三条规定，"特种设备安全工作应当坚持安全第一、预防为主、节能环保、综合治理的原则。"

第七条规定，"特种设备生产、经营、使用单位应当遵守本法和其他有关法律、法规，建立、健全特种设备安全和节能责任制度，加强特种设备安全和节能管理，确保特种设备生产、经营、使用安全，符合节能要求。"

第八条规定，"特种设备生产、经营、使用、检验、检测应当遵守有关特种设备安全技术规范及相关标准。特种设备安全技术规范由国务院负责特种设备安全监督管理的部门制定。"

第十五条规定，"特种设备生产、经营、使用单位对其生产、经营、使用的特种设备应当进行自行检测和维护保养，对国家规定实行检验的特种设备应当及时申报并接受检验。"

第三十五条规定，"特种设备使用单位应当建立特种设备安全技术档案。安全技术档案应当包括以下内容：

"（一）特种设备的设计文件、产品质量合格证明、安装及使用维护保养说明、监督检验证明等相关技术资料和文件；

"（二）特种设备的定期检验和定期自行检查记录；

"（三）特种设备的日常使用状况记录；

"（四）特种设备及其附属仪器仪表的维护保养记录；

"（五）特种设备的运行故障和事故记录。"

《特种设备安全监察条例》第五条规定，"特种设备生产、使用单位应当建立健全特种设备安全、节能管理制度和岗位安全、节能责任制度。特种设备生产、使用单位的主要负责人应当对本单位特种设备的安全和节能全面负责。特种设备生产、使用单位和特种设备检验检测机构，应当接受特种设备安全监督管理部门依法进行的特种设备安全监察。"

四、特种设备管理的法律责任

《特种设备安全法》第八十三条规定，"违反本法规定，特种设备使用单位有下列行为之一的，责令限期改正；逾期未改正的，责令停止使用有关特种设备，处一万元以上十万元以下罚款：

"（一）使用特种设备未按照规定办理使用登记的；

"（二）未建立特种设备安全技术档案或者安全技术档案不符合规定要求，或者未依法设置使用登记标志、定期检验标志的；

"（三）未对其使用的特种设备进行经常性维护保养和定期自行检查，或者未对其使用的特种设备的安全附件、安全保护装置进行定期校验、检修，并作出记录的；

"（四）未按照安全技术规范的要求及时申报并接受检验的；

"（五）未按照安全技术规范的要求进行锅炉水（介）质处理的；

"（六）未制定特种设备事故应急专项预案的。"

第八十四条规定，"违反本法规定，特种设备使用单位有下列行为之一的，责令停止使用有关特种设备，处三万元以上三十万元以下罚款：

"（一）使用未取得许可生产，未经检验或者检验不合格的特种设备，或者国家明令淘汰、已经报废的特种设备的；

"（二）特种设备出现故障或者发生异常情况，未对其进行全面检查、消除事故隐患，继续使用的；

"（三）特种设备存在严重事故隐患，无改造、修理价值，或者达到安全技术规范规定的其他报废条件，未依法履行报废义务，并办理使用登记证书注销手续的。"

高压电力设施虽然未被列入特种设备，但根据《国家电网公司电力安全工作规程（变电部分）》（Q/GDW 1799.1—2013）关于高低电压的定义，结合我国的电压等级体制，配电网末端配电变压器高压侧 10 千伏及以上电压为高电压（有的地区也有 6 千伏的），配电网末端配电变压器低压侧输出电压 0.4 千伏及以下电压为低电压。

人民法院在审理触电人身损害赔偿案件时对高压触电就适用无过错责任原则，低压触电则适用过错责任原则。适用无过错责任的法律依据为《民法典》第一千二百三十六条"**从事高度危险作业造成他人损害的，应当承担侵权责任。**"高危作业的具体规定见《民法典》第一千二百四十条"**从事高空、高压、地下挖掘活动或者使用高速轨道运输工具造成他人损害的，经营者应当承担侵权责任；但是，能够证明损害是因受害人故意或者不可抗力造成的，不承担责任。被侵权人对损害的发生有重大过失，可以减轻经营者的责任。**"司法实践已明确告诉我们：上述条款中的"高压"包括高电压。

还有一种情形是不特定的受害人进入电力企业的高度危险区域，根据《民法典》第一千二百四十三条"**未经许可进入高度危险活动区域或者高度危险物存放区域受到损害，管理人能够证明已经采取足够安全措施并尽到充分警示义务的，可以减轻或者不承担责任。**"本条给出了一个除了"能够证明损害是因受害人故意或者不可抗力造成的"之外可以减轻或不承担责任的抗辩理由"管理人能够证明已经采取足够安全措施并尽到充分警示义务的"。

当然如果是低压触电案件就适用过错责任原则，即按照过错责任大小分担责任。《民法典》第一千一百六十五条第一款"行为人因过错侵害他人民事权益造成损害的，应当承担侵权责任。"

此外，高压电力设施和电网容易被特种设备损害导致严重的人身触电、电网断电，甚至坍塌和火灾等严重的安全生产事故。如吊车、挖掘机等在电力设施保护区作业触碰高压线和其他高压设施，挖断地下电缆等安全事故时有发生。因此，电力企业除了应该管理好内部的特种设备，还要防范好外部的特种设备。虽然高压电力设施未被列入特种设备，但常常为特种设备所侵害而导致事故，为安全生产起见，也应该当作特种设备进行管理。

五、电力企业特种设备和危险化学品管理标准要求

《电网企业安全生产标准化规范及达标评级标准》对电力企业特种设备与危险化学品管理提出如下标准要求。

1. 起重机械

设备产品合格证、使用登记证等使用资料齐全，并按规定进行年检。钢丝绳、各类吊索具、滑轮、护罩、吊钩、紧固装置完好。制动器、各类行程限位、限量开关与联锁保护装置完好可靠。急停开关、缓冲器和终端止挡器等停车保护装置使用有效。各种信号装置与照明设施符合要求。接地连接可靠，电气设备完好。各类防护罩、盖、栏、护板等完备可靠。露天作业起重机的防雨罩、夹轨器或锚定装置使用有效。

2. 压力容器

本体完好，连接元件无异常振动、摩擦、松动，安全附件、显示装置、报警装置、联锁装置完好，检验、调试、更换记录齐全，运行和使用符合相关规定，无超压、超温、超载等现象。

工业气瓶储存仓库状态良好，安全标志完善，气瓶存放位置、间距、标志及存放量符合要求，各种护具及消防器材齐全可靠。气瓶在检验期内使用，外观无缺陷及腐蚀，漆色及标志正确、明显，安全附件齐全、完好。气瓶使用时的防倾倒措施可靠，工作场地存放量符合规定，与明火的间距符合规定。

3. 厂内专用机动车辆

动力系统运转平稳，无漏电、漏水、漏油，灯光电气完好，仪表、照明、信号及各附属安全装置性能良好，轮胎无损伤，制动距离符合要求，定期进行检验。

4. 锅炉设备

锅炉使用单位应当按照安全技术规范的要求，产品合格证、登记使用证、定期检验合格证齐全。

锅炉本体及承压部件、汽水管道、压力表、安全阀、压力管道等安全设施配件应定期检测试验合格，自动补水装置可靠，压力容器满足运行工况要求。

5. 电梯

电梯使用单位应当设置特种设备安全管理机构或者配备专（兼）职安全管理人员，与取得许可的安装、改造、维修单位或者电梯制造单位签订维护协议。

定期检测并取得安全使用合格证。

专职管理和操作人员应取得电梯使用操作合格证，在电梯内张贴安全乘梯须知，安装应急电话或警铃。

6. 有害气体和危险化学品

制定并落实有害气体和危险化学品的储存、使用、回收管理制度。

库房应符合安全标准的要求，制定有应急预案。危险化学品按危险性进行分类、分区、分库储存。库内有隔热、降温、通风等措施，消防设施齐全，消防通道畅通。电气设施采用相应等级的防爆电器。有效处理废弃物品或包装容器。

六氟化硫室外断路器发生爆炸或严重漏气等故障时，值班抢修人员应穿戴防毒面具和防护服，从上风侧接近设备，室内设备必须先行通风 15 分钟，待含氧量和六氟化硫浓度符合标准后方可进入。

变电站防止小动物用"鼠药"应建立采购、发放、使用专人管理制度和记录，告知有关人员"鼠药"危害，防止流失及职工中毒。

六、特种作业人员破坏电力设施的预防措施

1. 特种作业破坏电力设施的情形

在建筑工程、挖掘工程、房屋设备修缮工程和其他工程中，起重机械的任何部位进入架空电力线路保护区；在保护区内传递物体，特别是导电物体；挖掘机进入地下电缆保护区施工；小于导线距穿越物体之间的安全距离，通过架空电力线路保护区等。以上这些禁止性行为经常损毁电力设施。据统计，10 千伏以上高压线路或地下电缆的破坏事故大多由吊车碰线、在保护区违章作业、野蛮施工挖断电缆、车辆撞断杆塔等外力破坏造成的，大约占60%。

2. 电力法律法规的规定

《电力法》第五十二条第二款规定，"**在电力设施周围进行爆破及其他可能危及电力设施安全的作业的，应当按照国务院有关电力设施保护的规定，经批准并采取确保电力设施安全的措施后，方可进行作业。**"第五十四条规定，"**任何单位和个人需要在依法划定的电力设施保护区内进行可能危及电力设施安全的作业时，应当经电力管理部门批准并采取安全措施后，方可进行作业。**"

《电力设施保护条例》第十七条规定，"**任何单位或个人必须经县级以上地方电力管理部门批准，并采取安全措施后，方可进行下列作业或活动：（一）在架空电力线路保护区内进行农田水利基本建设工程及打桩、钻探、开挖等作业；（二）起重机械的任何部位进入架空电力线路保护区进行施工；（三）小于导线距穿越物体之间的安全距离，通过架空电力线路保护区；（四）在电力电缆线路保护区内进行作业。**"

3. 预防措施

（1）电力企业要加强巡视检查，发现危及电力设施的险情，及时制止并报告电力管理部门。

（2）委派安全管理人员现场进行安全生产协调和指导，采取安全措施，避免安全事故发生。

（3）请求政府安全生产监督管理部门予以协调，生产、作业、运行各方达成安全生产协议，既各负其责，又齐抓共管，做好电力设施保护和附近生产作业的安全管理工作。

（4）给应急管理部门、交通部门建议，对于各行各业的特种作业人员及卡车司机的安全生产培训内容应该加入电力设施保护的内容，尤其是建筑、运输、起吊、挖掘等行业人员在资格、上岗考试中要加入电力设施保护的内容。减少或避免汽车司机撞断电杆，刮断电线，吊车和挖掘机操作工触碰高压电线，挖断地下电缆，过失造成重大、特大损失的恶性事故发生。

案例 27-1

某市橄榄区道路施工，一辆吊车碰到 110 千伏线路，造成 C 相断股，线路跳闸，重合不成功。供电公司调度通知巡线人员巡线。找到故障地点发现电气化铁路在 110 千伏周围施工，作业中吊车触碰到 110 千伏线路，吊车与线路之间放电，致使 C 相断股。为了防止断线，供电公司立即制止了电气化铁路的施工，抓紧时间停电抢修。

▶ 案情评析

本案吊车在 110 千伏线路附近施工，一旦出现事故导致断线、停电，损失不可估量。根据《电力设施保护条例》第十七条的规定，起重机的任何部位进入架空电力线路保护区进行施工，须经县级以上地方电力管理部门批准，并采取安全措施后，方可进行。

本案的情况比较普遍，建议电力部门向政府报告，要求根据电力设施保护法律法规，协调电力管理部门、应急管理部门、电力企业等对于互涉工程施工的安全生产管理问题实行会审、协作制度，从根本上解决此类问题。

案例 27-2

某日，个体运输司机严某驾驶满载货物的解放牌货车，在某市区梅岭西路由东向西行驶，由于路南修路，泥土堆在路中间，货车靠路北离路基约 0.8 米向前行驶时，撞到了距离路基处约 0.8 米、高约 3 米的 500 千伏安配电变压器，导致变压器损毁严重漏电。

事故发生后，市供电局保卫科会同市交警支队事故处理科对此事故进行了联合调查，认定事故性质为过失破坏电力设施。事故损失为修复电力设施成本费加供电量损失，折款计 16524.26 元。事故责任由肇事车主全部承担，并赔偿直接经济损失。

▶ 案例评析

本案司机严某驾驶货车撞坏配电变压器，属于一起外力破坏事故，电力企业主动配合交警处理事故，并依法追回了经济损失，维护了企业的合法权益。在今后处理此类事故中，电力企业一定要注意及时掌握信息，在第一时间赶赴现场，主动配合交通事故处理部门处理事故，最大限度地追回电力企业的经济损失，维护自身的合法权益。

祸兮福所倚，福兮祸所伏。——老子

28 安全设施"三同时" 预防关口必前置

《安全生产法》第三十一条规定，"**生产经营单位新建、改建、扩建工程项目（以下统称建设项目）的安全设施，必须与主体工程同时设计、同时施工、同时投入生产和使用。安全设施投资应当纳入建设项目概算。**"第三十三条规定，"**建设项目安全设施的设计人、设计单位应当对安全设施设计负责。**"

现代安全的概念不仅指人身伤亡和财产损失等生产事故，还包括消除或控制危险、有害因素，营建文明整洁的工作生产环境，预防职业病，保障人身健康等内容。基于此，《安全生产法》第三十一条中所指的"安全设施"应做扩张理解包括保证安全的设施、环境保护设施、职业安全卫生设施。法律法规对于安全设施"三同时"的规定，实际是国家实行强制性关口前置、预防控制安全事故的管理手段。

一、"三同时"

《中华人民共和国劳动法》第五十三条规定，"**劳动安全卫生设施必须符合国家规定的标准。**

"新建、改建、扩建工程的劳动安全卫生设施必须与主题同时设计、同时施工、同时投入生产和使用。"

《工作场所职业卫生监督管理规定》（国家卫生健康委员会令〔2021〕第 5 号）第五十七条提到，"**建设项目职业病防护设施'三同时'，是指建设项目的职业病防护设施与主体工程同时设计、同时施工、同时投入生产和使用。**"

同时设计，在编制建设项目的设计文件时必须同时编制安全设施的设计文件；同时施工，在项目建设中，必须按照设计要求，对安全设施同时施工，不得偷工减料，降低安全设施建设质量；同时投入生产和使用，要求安全设施必须与主体工程同时经有关部门验收合格后，同时投入使用，不得只将主体工程投入使用，安全设施做摆设。

《建设项目职业病防护设施"三同时"监督管理办法》（国家安全生产监督管理总局令第 90 号）第三条第二款规定，"**建设项目职业病防护设施必须与主体工程同时设计、同时施工、同时投入生产和使用（以下统称建设项目职业病防护设施'三同时'）。建设单位应当优先采用有利于保护劳动者健康的新技术、新工艺、新设备和新材料，职业病防护设施所需费用应当纳入建设项目工程预算。**"

第四条第二款规定，"**建设项目职业病防护设施'三同时'工作可以与安全设施'三同时'工作一并进行。建设单位可以将建设项目职业病危害预评价和安全预评价、职业病防护**

设施设计和安全设施设计、职业病危害控制效果评价和安全验收评价合并出具报告或者设计，并对职业病防护设施与安全设施一并组织验收。"

《工作场所职业卫生监督管理规定》（国家卫生健康委员会令〔2021〕第 5 号）第十一条规定，"存在职业病危害的用人单位应当制定职业病危害防治计划和实施方案，建立、健全下列职业卫生管理制度和操作规程：……（八）建设项目职业病防护设施'三同时'管理制度；"

第十四条规定，"新建、改建、扩建的工程建设项目和技术改造、技术引进项目（以下统称建设项目）可能产生职业病危害的，建设单位应当按照国家有关建设项目职业病防护设施'三同时'监督管理的规定，进行职业病危害预评价、职业病防护设施设计、职业病危害控制效果评价及相应的评审，组织职业病防护设施验收。"

二、"三同时"管理的责任分担

1. 生产经营单位

《安全生产法》第三十六条规定，"安全设备的设计、制造、安装、使用、检测、维修、改造和报废，应当符合国家标准或者行业标准。

"生产经营单位必须对安全设备进行经常性维护、保养，并定期检测，保证正常运转。维护、保养、检测应当做好记录，并由有关人员签字。

"生产经营单位不得关闭、破坏直接关系生产安全的监控、报警、防护、救生设备、设施，或者篡改、隐瞒、销毁其相关数据、信息。

"餐饮等行业的生产经营单位使用燃气的，应当安装可燃气体报警装置，并保障其正常使用。"

该条明确了安全设备必须合乎国标或行标，而且管理的主体就是生产经营单位。本条第三款基于安全管理科技发展，从保护信息通信方面的安全设备出发，为打击隐瞒事故不报或者歪曲事故真相的违法行为提供了法律保证。

本条第四款是基于近年来餐饮服务业发生的多起燃气爆炸火灾事故，增加了使用燃气的单位应当安装报警装置并保证正常使用的规定。为保证全社会的安全，《安全生产法》这项规定适用于使用氧气和乙炔气的电力行业设备维修车间。

2. 各级政府安全监督管理部门

《建设项目职业病防护设施"三同时"监督管理办法》（国家安全生产监督管理总局令第90 号）第五条规定，"国家安全生产监督管理总局在国务院规定的职责范围内对全国建设项目职业病防护设施'三同时'实施监督管理。

"县级以上地方各级人民政府安全生产监督管理部门依法在本级人民政府规定的职责范围内对本行政区域内的建设项目职业病防护设施'三同时'实施分类分级监督管理，具体办法由省级安全生产监督管理部门制定，并报国家安全生产监督管理总局备案。

"跨两个及两个以上行政区域的建设项目职业病防护设施'三同时'由其共同的上一级人民政府安全生产监督管理部门实施监督管理。

"上一级人民政府安全生产监督管理部门根据工作需要，可以将其负责的建设项目职业病防护设施'三同时'监督管理工作委托下一级人民政府安全生产监督管理部门实施；接受委托的安全生产监督管理部门不得再委托。"

3. 监管内容

《建设项目职业病防护设施"三同时"监督管理办法》（国家安全生产监督管理总局令第90号）第十三、二十七、三十、三十二条给出了安全生产监督管理部门的监督内容，具体如下。

第十三条　建设项目职业病危害预评价报告有下列情形之一的，建设单位不得通过评审：

（一）对建设项目可能产生的职业病危害因素识别不全，未对工作场所职业病危害对劳动者健康影响与危害程度进行分析与评价的，或者评价不符合要求的；

（二）未对建设项目拟采取的职业病防护设施和防护措施进行分析、评价，对存在的问题未提出对策措施的；

（三）建设项目职业病危害风险分析与评价不正确的；

（四）评价结论和对策措施不正确的；

（五）不符合职业病防治有关法律、法规、规章和标准规定的其他情形的。

第二十七条　有下列情形之一的，建设项目职业病危害控制效果评价报告不得通过评审、职业病防护设施不得通过验收：

（一）评价报告内容不符合本办法第二十四条要求的；

（二）评价报告未按照评审意见整改的；

（三）未按照建设项目职业病防护设施设计组织施工，且未充分论证说明的；

（四）职业病危害防治管理措施不符合本办法第二十二条要求的；

（五）职业病防护设施未按照验收意见整改的；

（六）不符合职业病防治有关法律、法规、规章和标准规定的其他情形的。

第三十条　安全生产监督管理部门应当在职责范围内按照分类分级监管的原则，将建设单位开展建设项目职业病防护设施"三同时"情况的监督检查纳入安全生产年度监督检查计划，并按照监督检查计划与安全设施"三同时"实施一体化监督检查，对发现的违法行为应当依法予以处理；对违法行为情节严重的，应当按照规定纳入安全生产不良记录"黑名单"管理。

第三十二条　安全生产监督管理部门应当依法对建设单位开展建设项目职业病防护设施设计情况进行监督检查，重点监督检查下列事项：

（一）是否进行职业病防护设施设计；

（二）是否采纳职业病危害预评价报告中的对策与建议，如未采纳是否进行充分论证说明；

（三）是否明确职业病防护设施和应急救援设施的名称、规格、型号、数量、分布，并对防控性能进行分析；

（四）是否明确辅助用室及卫生设施的设置情况；

（五）是否明确职业病防护设施和应急救援设施投资预算；

（六）主要负责人或其指定的负责人是否组织职业卫生专业技术人员对职业病防护设施设计进行评审，职业病防护设施设计是否按照评审意见进行修改完善；

（七）职业病防护设施设计工作过程是否形成书面报告备查；

（八）是否按照本办法规定公布建设项目职业病防护设施设计情况；

（九）依法应当监督检查的其他事项。

三、建设单位（生产经营单位）"三同时"管理的法律责任

《建设项目职业病防护设施"三同时"监督管理办法》（国家安全生产监督管理总局令第 90 号）第三十九条和第四十二条对此的相关规定。

第三十九条　建设单位有下列行为之一的，由安全生产监督管理部门给予警告，责令限期改正；逾期不改正的，处 10 万元以上 50 万元以下的罚款；情节严重的，责令停止产生职业病危害的作业，或者提请有关人民政府按照国务院规定的权限责令停建、关闭：

（一）未按照本办法规定进行职业病危害预评价的；

（二）建设项目的职业病防护设施未按照规定与主体工程同时设计、同时施工、同时投入生产和使用的；

（三）建设项目的职业病防护设施设计不符合国家职业卫生标准和卫生要求的；

（四）未按照本办法规定对职业病防护设施进行职业病危害控制效果评价的；

（五）建设项目竣工投入生产和使用前，职业病防护设施未按照本办法规定验收合格的。

第四十二条　建设单位未按照规定及时、如实报告建设项目职业病防护设施验收方案，或者职业病危害严重建设项目未提交职业病危害控制效果评价与职业病防护设施验收的书面报告的，由安全生产监督管理部门责令限期改正，给予警告，可以并处 5000 元以上 3 万元以下的罚款。

四、电力企业"三同时"管理

对于任何企业，安全设施的概念应做扩展性理解，电力企业更是如此。凡是预防引起安全生产事故和职工职业病以及破坏环境的设施都是安全设施。电力企业应在建设主体工程同时，建立安全设施、环境保护设施、职业安全卫生设施，并与建设项目主体工程同时设计、同时施工、同时投入生产和使用的管理制度并实施。以下是《火力发电厂与变电站设计防火规范》对发电厂安全设施的要求，以资借鉴。

4.0.3　主厂房区、点火油罐区及贮煤场区周围应设置环形消防车道，其他重点防火区域周围宜设置消防车道。消防车道可利用交通道路。当山区燃煤电厂的主厂房区、点火油罐区及贮煤场区周围设置环形消防车道有困难时，可沿长边设置尽端式消防车道，并应设回车道或回车场。回车场的面积不应小于 12m×12m；供大型消防车使用时，不应小于 15m×15m。

4.0.4　消防车道的宽度不应小于 4.0m。道路上空遇有管架、栈桥等障碍物时，其净高不应小于 4.0m。

4.0.5　厂区的出入口不应少于 2 个，其位置应便于消防车出入。

7.3.1　下列建筑物或场所应设置室内消火栓：

1　主厂房（包括汽机房和锅炉房的底层、运转层；煤仓间各层；除氧器层；锅炉燃烧器各层平台）。

2　集中控制楼，主控制楼，网络控制楼，微波楼，继电器室，屋内高压配电装置（有充油设备），脱硫控制楼。

3　屋内卸煤装置，碎煤机室，转运站，筒仓皮带层，室内贮煤场。

4　解冻室，柴油发电机房。

5　生产、行政办公楼，一般材料库，特殊材料库。

6　汽车库。

11.5.1　变电站的规划和设计，应同时设计消防给水系统。消防水源应有可靠的保证。

注：变电站内建筑物满足耐火等级不低于二级，体积不超过 $3000m^3$，且火灾危险性为戊类时，可不设消防给水。

11.5　消防给水、灭火设施及火灾自动报警。

11.5.1　变电站的规划和设计，应同时设计消防给水系统。消防水源应有可靠的保证。

注：变电站内建筑物满足耐火等级不低于二级，体积不超过 $3000m^3$，且火灾危险性为戊类时，可不设消防给水。

11.5.2　变电站同一时间内的火灾次数应按一次确定。

11.5.3　变电站建筑室外消防用水量不应小于表 11.5.3 的规定。

表 11.5.3　　　　　　　　　室外消火栓用水量（L/s）

建筑物耐火等级	建筑物火灾危险性类别	建筑物体积（m^3）				
		≤ 1500	1501~3000	3001~5000	5001~20000	20001~50000
一、二级	丙类	10	15	20	25	30
	丁、戊类	10	10	10	15	15

注　当变压器采用水喷雾灭火系统时，变压器室外消火栓用水量不应小于10L/s。

11.5.4　单台容量为 125MV·A 及以上的主变压器应设置水喷雾灭火系统、合成型泡沫喷雾系统或其他固定式灭火装置。其他带油电气设备，宜采用干粉灭火器。地下变电站的油浸变压器，宜采用固定式灭火系统。

案例 28-1

某电厂锅炉队二班承担着高温过热导汽管吊装施工任务。某日下午起重工李××带领一名临时工与一名锅炉工负责将事先吊放到26米平台的11根导气管，用炉顶吊逐根吊至炉顶。一根管子绑扎牢固后就开始起吊。当管子一头吊起至1米左右时，另一头因被压在其他管子下面，引起上面的管子滑动，李××又将管子放下，想通过摆杆把这根管子从其他管子下面抽出。当管子吊至1米多高时，压在上面的一根管子（ϕ 133×13毫米、长 6.5 米、重 250 千克）从东侧的烟道预留孔滑下去，把正在 21 米平台工作的王 ×× 打落至 0 米，因伤势严重，抢救无效死亡。

起重工李 ×× 冒险蛮干，违章起吊，致使管子下滑从预留孔落下，是事故发生的直接主要原因。

现场安全设施不完善，预留孔未盖严，平台没有栏杆，当管子的存放地点、吊装方法改变后，安全措施没有跟上，是导致事故发出的间接原因。

鉴于上述安全管理不佳的状况，某电厂应加强安全生产管理，施工之前编制施工措施时，必须编制安全技术措施，并进行交底，不具备施工条件、不符合安规要求的不得施工。其次，该厂主厂房各层平台安全设施不完善：①本案如果孔洞加盖，管子就不会滑到 21 米平台打击受害人；②如果 21 米平台边缘设栏杆或悬挂安全网牢靠坚固，受害人也不会跌落0 米二次伤害。③既然知道上下交叉作业，就应该设置隔离层。

被同一块石头绊倒两次可以说是奇耻大辱。——古罗马西塞罗

29　提醒义务须尽到　警示标志不可少

安全警示标志一般是由安全色、几何图形和图形符号构成的，目的首先是引起人们的注意，其次是明白安全警示标志告诉你该注意什么、怎么做。生产经营场所的有关设备、设施存在危害生产经营人员和其他人员的危险因素时，如果在人们不清楚或者大意忽视造成严重后果的情况下就需要设立醒目的、区分危险种类的安全警示标志。

一、安全标志的识读

关于安全标志，主要参考 GB 2894—2008《安全标志》。不管是保护性标志还是警示性标志，都是由颜色和图形组成的。解读这些图形就可以明白其含义。

1. 安全色

传递安全信息含义的颜色，包括红、蓝、黄、绿四种颜色。

红色表示禁止、停止、危险以及消防设备的意思；

蓝色表示指令，要求人们必须遵守的规定；

黄色表示警告、提醒人们注意；

绿色表示给人们提供允许、安全的信息。

对比色：使安全色更加醒目的反衬色，包括黑、白两种颜色。

2. 几何图形和图形符号

禁止标志：红色圆内加一红色斜杠；

警告标志：三角图形边框和图案用黑色，背景黄色，警告人们注意可能发生的各种危险；

指令性标志：圆形边框，蓝色，白图是要求人们必须遵守的；

提示性标志：长方形边框，绿色背景，白色文字，表明目标方向。

二、安全标志的类型

由安全色、几何图形和图形符号构成的、用以表达特定安全信息的标记称为安全标志。安全标志的作用是引起人们对不安全因素的注意，预防发生事故。

GB 2894—2008《安全标志》将安全标志分为如下四种：禁止标志、警告标志、指令标志和提示标志四类。

1. 禁止标志

禁止人们做出危险行为的安全标志。其几何图形是带斜杠的圆环，图形背景为白色，圆环和斜杠为红色，图形符号为黑色。禁止标志有禁止烟火、禁止吸烟、禁止用水灭火、禁止通行、禁放易燃物、禁带火种、禁止启动、修理时禁止转动、运转时禁止加油、禁止跨越、禁止乘车、禁止攀登、禁止饮用、禁止架梯、禁止入内、禁止停留等39个。如图 29-1 中的"禁止吸烟"和"禁止烟火"。

2. 警告标志

是提醒人们对周围环境引起注意，以避免可能发生危险的标志。该标志的几何图形是三角形，图形背景是黄色，三角形边框及图形符号均为黑色。警告标志有：注意安全、当心火灾、当心爆炸、当心腐蚀、当心有毒、当心触电、当心机械伤人、当心伤手、当心吊物、当心扎脚、当心落物、当心坠落、当心车辆、当心弧光、当心冒顶、当心瓦斯、当心塌方、当心坑洞、当心电离辐射、当心裂变物质、当心激光、当心微波、当心滑跌等39个。如图 29-1 中的"当心火灾"和"当心触电"就是警告标志。

图 29-1　部分警告标志

3. 指令标志

是强制人们必须做出某种动作或采用防范措施的图形标志，也是提醒人们必须要遵守的一种标志。几何图形是圆形，背景为蓝色，图形符号为白色。指令标志有：必须戴防护眼镜、必须戴防毒面具、必须戴安全帽（见图 29-2）、必须戴护耳器、必须戴防护手套、必须穿防护靴、必须系安全带、必须穿防护服等16个。

图 29-2　必须戴安全帽

4. 提示标志

是向人们提供某种信息的图形标志。如指示目标方向的安全标志。几何图形是长方形，按长短边的比例不同，分一般提示标志和消防设备提示标志两类。提示标志图形背景为绿色，图形符号及文字为白色。一般提示标志有太平门、紧急出口、可动火区、急救点、安全通道等。消防提示标志有消防警铃、火警电话、地下消火栓、地上消火栓、消防水带、灭火器、消防水泵接合器等。如图 29-3 所示的"紧急出口"标志，设在便于安全疏散的紧急出口处和紧急出口的通道、楼梯口等处。

图 29-3　"紧急出口"标志

5. 文字辅助标志

（1）文字辅助标志的基本形式是矩形边框。

（2）文字辅助标志有横写和竖写两种形式。

1）横写时，文字辅助标志写在标志的下方，可以和标志连在一起，也可以分开。禁止标志、指令标志为白色字；警告标志为黑色字。禁止标志、指令标志衬底色为标志的颜色，警告标志衬底色为白色，如图 29-1 所示。

2）竖写时，文字辅助标志写在标志杆的上部。禁止标志、警告标志、指令标志、提示标志均为白色衬底，黑色字。标志杆下部色带的颜色应和标志的颜色相一致，如图 29-4 所示。

图 29-4　文字辅助标志示意

三、企业安全生产安全标志的设立

《安全生产法》第三十五条规定，"生产经营单位应当在有较大危险因素的生产经营场所和有关设施、设备上，设置明显的安全警示标志。"

标志牌设置的高度，应尽量与人眼的视线高度相一致或略高于人的视线。悬挂式和柱式的环境信息标志牌的下缘距地面的高度不宜小于2米；局部信息标志的设置高度应视具体情况确定。安全标志应安装在光线充足明显之处，使人容易发现；一般不应安装于门窗及可移动的部位，也不宜安装在其他物体容易触及的部位；安全标志不宜在大面积或同一场所使用过多，通常应在白色光源的条件下使用，光线不足的地方应增设照明。

结合电力行业解读《安全生产法》第三十五条可见，安全警示标志包含两个方面，电力安全生产安全标志和电力设施保护安全标志。前者针对内部员工生产、作业和操作，后者针对社会人群保护电力设施和预防人身触电危险。

《工作场所职业卫生监督管理规定》（卫健委令〔2021〕第5号）第十五条规定，"产生职业病危害的用人单位，应当在醒目位置设置公告栏，公布有关职业病防治的规章制度、操作规程、职业病危害事故应急救援措施和工作场所职业病危害因素检测结果。

"存在或者产生职业病危害的工作场所、作业岗位、设备、设施，应当按照《工作场所职业病危害警示标识》（GBZ 158）的规定，在醒目位置设置图形、警示线、警示语句等警示标识和中文警示说明。警示说明应当载明产生职业病危害的种类、后果、预防和应急处置措施等内容。

"存在或者产生高毒物品的作业岗位，应当按照《高毒物品作业岗位职业病危害告知规范》（GBZ/T 203）的规定，在醒目位置设置高毒物品告知卡，告知卡应当载明高毒物品的名称、理化特性、健康危害、防护措施及应急处理等告知内容与警示标识。"

四、电力企业安全生产标志和安全防护设施及用品的设立及管理

1. 安全标志设立的场所

根据作业场所的实际情况，应在下列有较大危险因素的设备设施、作业场所和环境设置安全警示标志：

（1）特种设备的显著位置；

（2）可能产生严重职业危害的作业岗位；

（3）在设备设施检/维修、施工、吊装等作业现场设置警戒区域和警示标志，在检/维修现场的坑、井、洼、沟、陡坡等场所设置围栏和警示标志；

（4）设备裸露的运转部分，应设有防护罩、防护栏杆或防护挡板；

（5）吊装孔应设置防护盖板或栏杆，并应设警示标志。

例如，在有人拉闸检修的开关上设置"禁止合闸　有人工作"的禁止标志，如图29-5所示；在吊篮上正面设置"禁止吊篮乘人"的禁止标志，如图29-6所示。

2. 安全标志的管理和维护

（1）电力企业各部门要建立责任区域内的安全标志台账，并载明每个安全标志的使用场所。

（2）各部门要对安全标志进行经常性安全维护，保证安全标志完整无损、整洁醒目。

图 29-5　"禁止合闸　有人工作"标志

图 29-6　"禁止吊篮乘人"标志

3. 安全防护设施的设置与管理

（1）安全防护设施。

安全防护设施是指在施工作业中，根据施工工序、作业安全需要搭设的临时安全防护设施（如采用挂设安全防护网、搭设钢管脚手架、安全防护栏杆、隔离层、安全通道等）。包括安全网、孔洞盖板、防护围栏、防护栏杆及机械防护装置等。

（2）安全防护设施的设置和维护。

1）设置：①各施工单位负责自身施工区域内需要的安全防护设施的设置，公用区域大型安全防护设施的设置任务由安全部门统一协调安排；②安全防护设施的设置要完善，做到"有边就有栏，有洞就有盖，交叉作业有隔离，安全通道有封闭，高处作业下方有安全网"；③无法设置栏杆时必须有水平防护绳，经常移动的安全网设置成滑动式；④施工过程中需采取的临时安全防护设施要做到安全、可靠、完善、适用；⑤安全防护设施设置后，安全部门要组织相关技术人员进行检验。

2）维护：①安全防护设施以"谁使用谁负责"的原则进行维护；②公用大型安全防护设施，由设置单位进行维护；③安全防护设施的维护过程要保存相关记录。

五、电力设施保护和警示标志的设立

1. 电力设施保护安全标志分类

电力设施保护安全标志分为两大类，一类是电力设施保护标志（简称保护标志），另一类是禁止性和危险警示性标志。

电力设施保护标志是将电力设施及其保护区的范围和安全距离的要求公布于众的标牌、标识。主要分为电力设施保护区保护标志和电力设施安全通行标志两大类。电力设施保护区标志，包括电力线路保护区标志、电缆保护区保护标志、发电厂保护区标志、水电站大坝保护区标志及变电站保护区标志。

电力设施安全通行标志，包括穿越物体限高标志、航道限行标志。保护区标志牌内容应包括电力设施保护区范围、走向示意图和监督举报电话等；电力设施安全通行标志应注明通行物体距电力设施（线路）的安全距离。关于架空电力线路跨越航道的标志设置另有补充规定：

（1）架空电力线路跨越航道一定要符合国家标准，不得影响航道通航；

（2）电力行政主管部门应当设置相应的保护标志，标明从此电力线路下穿越物体的最高高度，不需再另外设置航标；

（3）设置在河道中的铁塔、电杆影响通航，需要设立特别标识、标牌（包括航标）的，由电力行政主管部门与水路交通管理部门就特别标识、标牌的设置和维护进行协商，按照有关规定设置以保护电力设施和通过船只的安全。

禁止性和危险警示性标志，是在危险的电力运行作业环境里、电力设备上对不特定的一般人做出禁止、指令、提示或警告等标志。

2. 关于电力设施保护安全标志的设立

首先，《电力法》第五十三条第一款规定，"**电力管理部门应当按照国务院有关电力设施保护的规定，对电力设施保护区设立标志。**"《电力设施保护条例》第十一条规定了保护标志的设置，应当由县以上地方各级电力管理部门采取以下措施，保护电力设施：

（1）在必要的架空电力线路保护区的区界上，应设立标志，并标明保护区的宽度和保护规定；

（2）在架空电力线路导线跨越重要公路和航道的区段，应设立标志，并标明导线距穿越物体之间的安全距离；

（3）地下电缆铺设后，应设立永久性标志，并将地下电缆所在位置书面通知有关部门；

（4）水底电缆敷设后，应设立永久性标志，并将水底电缆所在位置书面通知有关部门。

其次，禁止性和危险警示性标志如"禁止攀登"等禁止性标志也应该由电力管理部门设置。

最后，禁止性和危险警示性标志中的"有电危险""高压危险，切勿靠近"等提醒、警告类非禁止性标志应当由电力企业设置。

3. 两种标志的区别

（1）法律性质不同。设立保护标志和禁止性标志是行政管理行为，如果不设置会产生不作为的行政责任；设立危险警示性标志用作安全提醒是民事行为，产生的是民事责任。

（2）设立部门不同。保护标志和禁止性标志由行政主体电力管理部门设立；危险警示性标志由民事主体电力企业设立。

（3）作用不同。设立保护标志和禁止性标志为防止对电力设施的不法侵害；设立危险警示性标志意在保护电力设施和避免他人不慎触电。

（4）设置位置不同。保护标志和禁止性标志由电力管理部门在电力线路保护区的必要处设立，无需考虑产权关系；危险警示性标志可由所有人在其产权范围内的任何电力设施上设立，擅自超越则构成对他人的侵权。

4. 设立地点

《电力设施保护条例实施细则》第九条规定，电力管理部门应在下列地点设置安全标志：

（1）架空电力线路穿越的人口密集地段；

（2）架空电力线路穿越的人员活动频繁的地区；

（3）车辆、机械频繁穿越架空电力线路的地段；

（4）电力线路上的变压器平台。

根据《关于加强电力设施保护保护工作的若干问题意见》二、4项规定，电力企业要在同级政府的授权下，在繁华街道安装永久性宣传标语或广告；要根据《电力设施保护条例》及《电力设施保护条例实施细则》的要求把电力设施保护标志牌安装工作落到实处，以适应电力设施保护行政执法工作的需要。

5. 设立电力企业安全标志的责任划分

前已述及，保护标志和禁止性标志应由电力管理部门设立。但是，根据当前电力管理部门的机构设立和运作状况，还没有达到定机构、定职责、定编制的"三定"状态，尤其是县市级政府。因此电力企业要协助电力管理部门在必要的地段设立保护标志。同时，根据《安全生产法》第三十五条，"**生产经营单位应当在有较大危险因素的生产经营场所和有关设施、设备上，设置明显的安全警示标志。**"电力企业要积极主动按照《电力设施保护条例实施细则》第九条规定，在处于规定场所的电力设施设立危险警示标志，尽到安全警示义务。

基于这种现实存在的情形，有的省份干脆把以上工作在地方性法规中规定为电力设施产权人的义务。如，《山东省电力设施和电能保护条例》第十一条规定，"**电力设施产权人应当在电力设施易受损坏地段或者位置采取下列安全措施：**

"**（一）在架空电力线路保护区和输送管路保护区的显著位置，设置电力设施保护标志，标明保护区的宽度和相应的保护规定；**

"**（二）在地下电缆和水底电缆保护区的显著位置设置永久性保护标志，并将电缆具体位置及时书面报送住房和城乡建设部、水利、海洋与渔业等有关部门；**

"**（三）在架空电力线路跨越重要公路和航道区段的显著位置，设置安全标志，标明导线距跨越物体之间的安全距离；**

"**（四）在架空电力线路穿越人口密集以及人员、车辆（机械）活动频繁地段的显著位置设置安全标志；**

"**（五）在架空电力线路杆塔及变压器平台的显著位置设置安全标志。**

"**任何单位和个人不得破坏和擅自移动电力设施保护标志、安全标志。**"

《甘肃省供用电条例》第九条规定，"**电力设施建设应当符合国家技术规范。电力设施产权人应当按照规定在电力设施保护区内设置安全防护装置及安全警示标志。未设置安全防护装置及安全警示标志的，电力行政主管部门、电力监管机构应当要求产权人限期安装。**"

6. 电力设施保护区的保护标志的设置在实践中有难度

电力设施建设质量不符合国家技术规范或者在电力设施保护区内未按规定设置安全警示标志而造成人身伤害或者财产损失的，电力设施产权人应当依法承担相应的赔偿责任。

电力设施保护区的宽度，尚可用数据来表示，如，对应 1～10 千伏、35～110 千伏、

154～330千伏、500千伏、750千伏的保护距离分别是5米、10米、15米、20米、25米。但是具体的保护规定太多，如《电力设施保护条例》第十四～第十八条。以第十四条为例，"任何单位或个人，不得从事下列危害电力线路设施的行为：

　　"（一）向电力线路设施射击；

　　"（二）向导线抛掷物体；

　　"（三）在架空电力线路导线两侧各300米的区域内放风筝；

　　"（四）擅自在导线上接用电器设备；

　　"（五）擅自攀登杆塔或在杆塔上架设电力线、通信线、广播线，安装广播喇叭；

　　"（六）利用杆塔、拉线作起重牵引地锚；

　　"（七）在杆塔、拉线上拴牲畜、悬挂物体、攀附农作物；

　　"（八）在杆塔、拉线基础的规定范围内取土、打桩、钻探、开挖或倾倒酸、碱、盐及其他有害化学物品；

　　"（九）在杆塔内（不含杆塔与杆塔之间）或杆塔与拉线之间修筑道路；

　　"（十）拆卸杆塔或拉线上的器材，移动、损坏永久性标志或标志牌；

　　"（十一）其他危害电力线路设施的行为。"

　　看似规定如此细密，仍然不能覆盖千差万别的情形，如电力设施保护区钓鱼甩竿危害电力设施还是类比于上述（二）向导线抛掷物体来定性的。

　　《电力设施保护条例实施细则》第十一～第十六条都是保护电力设施的具体规定，要完全设立保护标志确实有难度。以《电力设施保护条例实施细则》第十二条为例，"任何单位或个人不得在距架空电力线路杆塔、拉线基础外缘的下列范围内进行取土、打桩、钻探、开挖或倾倒酸、碱、盐及其他有害化学物品的活动：

　　"（一）35千伏及以下电力线路杆塔、拉线周围5米的区域；

　　"（二）66千伏及以上电力线路杆塔、拉线周围10米的区域。

　　"在杆塔、拉线基础的上述距离范围外进行取土、堆物、打桩、钻探、开挖活动时，必须遵守下列要求：

　　"（一）预留出通往杆塔、拉线基础供巡视和检修人员、车辆通行的道路；

　　"（二）不得影响基础的稳定，如可能引起基础周围土壤、砂石滑坡，进行上述活动的单位或个人应当负责修筑护坡加固；

　　"（三）不得损坏电力设施接地装置或改变其埋设深度。"

　　可见，任何一种场景都是比较复杂的，这就是电力设施保护区的保护标志的设置在实践中的难度。

　　另一方面，人身触电事故往往伴随着电力设施损坏。法院在审理人身触电赔偿案中往往以供电公司未设置危险警示标志或者设置不足或不到位为由判决电力企业承担赔偿责任。上已述及，危险场景千差万别又千变万化，面面俱到实属勉为其难。从保护电力设施减少安全事故角度出发，电力企业应本着宁多勿少、切实可行的原则，应将电力设施警示标志设置充足到位。其次，对于提示性标志未必拘泥于传统的中规中矩的语意不清的"高压危险，请勿攀登"之类的提醒。譬如有的地区的 220 千伏输电线路铁塔上赫然固定着大红字体"3 米之内，夺走生命！"清楚明确地告诉人们突破 3 米距离，仅仅三米距离，鲜活而宝贵的生命转瞬即逝，具有强大的轰鸣作响般的震撼力！

案例 29-1

某日，某县级市区商业街一家服装店老板刘某请广告公司的专业人员王某给更换新的金属制广告牌。由于人手不足，老板刘某亲自动手帮忙，不慎触到门面前的 10 千伏高压线身亡。死者家属将供电公司和广告公司告上法庭。供电公司辩称在距离触电处不到 100 米的变台设置了"高压危险，禁止攀登"的安全保护标志牌。死者家属反驳说，距离太远看不见。

法院审理认为，死者及其家属在此经营数年，知道门面房前有高压线，在起吊金属制的广告牌时应当尽到而没有尽到注意义务以致触电身亡，本身存在过错，承担全部责任的 30%。广告公司作为专业的广告牌安装作业人员，应当知道在高压线附近安装操作的危险性，没有采取安全保护措施冒险作业致人触电死亡，承担全部责任的 30%。供电公司没有在人口密集和人员活动频繁地段设置安全保护标志，承担全部责任的 40%。原告和被告均不服判决，上诉至中院，中院维持原判。

案例评析

（1）《电力设施保护条例》第十一条和《电力设施保护条例实施细则》第九条都规定设置电力设施保护标志的责任主体是电力管理部门。

（2）按照《电力设施保护条例实施细则》第九条规定，电力管理部门应在电力线路的变压器平台设置安全标志。对于本案而言，城区是人口密集和人员活动频繁地段，难道在输电线路上挂上一溜安全警示标志？显然不符合规章规定的本意，且在安全上技术上也不允许。

（3）尽管法律法规是这样规定的，但鉴于目前的电力设施保护工作的实际情况，电力企业应当主动协助电力管理部门或者根据 2001 年 5 月《关于加强电力设施保护工作的若干意见》的规定，在同级地方政府的授权下，在应当安装危险警示标志的地段安装适当足额的安全标志。本案已经在变台上安装了安全警示标志。法院以供电公司没有在人口密集和人员活动频繁地段设置安全保护标志为由，判令承担全部责任的 40%，不符合上述《电力设施保护条例》和《电力设施保护条例实施细则》的规定。

放下输赢，反观此案：安全标志，不可忽视，设置重要，显而易见。

六、保护和设置警示标志的法律责任

所谓"电力线路保护区"，即根据电力线路的电压等级，由从两边线向外侧延伸同等距离的两个平行面形成的一定空间。《电力设施保护条例》规定，禁止擅自在此区域内建筑、种植、堆放、倾倒、开挖、爆破、吊装、超高通行等。与处于产权人实际控制范围内且一般

有房屋、围墙屏蔽的其他电力设施相比，如变电站内的电力设施，电力线路散布在广袤辽阔的野外和熙攘喧嚣的城市，点多面广，且大多要穿过他人地上空间，而且是一个连绵的想象的无形区域，其所有权人要实施有效保护非常困难。《电力设施保护条例》规定，由电力管理部门"在必要的架空电力线路保护区的区界上设立标志"。对于其他电力设施，《电力设施保护条例实施细则》第九条规定，应在架空电力线路穿越的人口密集地段、人员活动频繁的地区、车辆、机械频繁穿越架空电力线路的地段和电力线路上的变压器平台上设立安全标志。

因此，审理触电案件，应查明事故发生于电力设施保护区还是其他电力设施上。如果确实在"保护区"就牵涉到"保护标志"。如果事故发生于其他电力设施上，就涉及"危险警示标志"。如果按职责划分的话，由于保护标志的缺失或不当，应当由电力管理部门负行政管理责任；如果是其他电力设施的危险警示性标志缺失或不当，应当由电力企业负民事责任。《民法典》第一千二百四十三条规定，"**未经许可进入高度危险活动区域或者高度危险物存放区域受到损害，管理人能够证明已经采取足够安全措施并尽到充分警示义务的，可以减轻或者不承担责任。**"作为一种高度危险作业，电力企业（即产权人）应当在其易于致人因不慎或不知（如完全不懂触电危险的儿童）而遭受触电伤害的电力设施上履行设立危险警示性标志和其他技术屏障的义务，否则应负相应责任。

但是，另一方面，对完全民事行为能力人，也不应忽视受害人应尽谨慎注意的义务。在适应无过错责任的同时，也要考虑受害人的过错和民法中的"风险自担"观点，即行为人（完全民事行为能力人）已明知危险存在，仍决意冒险实施某一行为，即表明其主观方面已准备承担不利的后果。如明知已接近上万伏的高压线却并不中止建房或其他作业、明知电线上有电却攀登杆塔拆卸电力器材等行为造成损害的。如果因如上行为受损却以电力企业疏于设立危险警示性标志为由适应无过错责任呢，显然不合情理和法理的，尤其当这些行为已为法律、法规所禁止时，更是如此。如《电力设施保护条例》第十五条、第十六条规定的禁止性行为。

第十五条 任何单位或个人在架空电力线路保护区内，必须遵守下列规定：（一）不得堆放谷物、草料、垃圾、矿渣、易燃物、易爆物及其他影响安全供电的物品；（二）不得烧窑、烧荒；（三）不得兴建建筑物、构筑物；（四）不得种植可能危及电力设施安全的植物。

第十六条 任何单位或个人在电力电缆线路保护区内，必须遵守下列规定：（一）不得在地下电缆保护区内堆放垃圾、矿渣、易燃物、易爆物，倾倒酸、碱、盐及其他有害化学物品，兴建建筑物、构筑物或种植树木、竹子；（二）不得在海底电缆保护区内抛锚、拖锚；（三）不得在江河电缆保护区内抛锚、拖锚、炸鱼、挖沙。

如果受害人从事了上述禁止性行为受到伤害，电力设施建设施工运行依法合规且电力设施产权人或管理人尽到了警示义务，则电网企业不应承担无过错责任。

案例 29-2

某电厂球磨机发生故障，班长刘某和球磨机操作工李某经检查设备外围后未找到故障原因。班长要李某拉开开关、并在开关前监护，不准合闸。他自己则进入设备内部检查故障。然而李某脱离监护岗位去上厕所，期间，王某正在维护设备需要用电却发现断电了，于是来到开关处发现开关被拉开。他没有接到任何拉闸断电通知，开关上也没有"有人工作，禁止合闸"的警示牌，也没发现有人在检修设备（刘某在机内检修），便误认为是谁忘记了合闸，便顺手合上了开关。机内刘某大叫呼救，恰好此时李某回来，立即拉下开关。刘某被从机内救出，已受重伤。

案例评析

首先，本案班长刘某没有告诉李某拉闸后应当在开关处悬挂"有人工作，禁止合闸"的警示牌；其次，李某擅离职守，没有找人替代监护，也没有在开关处悬挂"有人工作，禁止合闸"的警示牌；再次，王某应该查明拉开开关的原因后再合闸，而不该凭借自己的观察和判断合闸。

总之，本案严重违反了"在一经合闸即可送电到工作地点的断路器（开关）和隔离开关（刀闸）的操作把手上，均应悬挂'禁止合闸，有人工作！'的标示牌"之规定。此外，监护失职和原因不明就随意合闸也是酿成事故的主要原因。

没有金刚钻，干不了瓷器活。

30 安全技术做后盾 科技创新是灵魂

实施创新驱动发展战略，就是要推动包括技术创新、组织创新、要素创新、战略创新、市场创新、管理创新、文化创新、制度创新、社会创新等各种创新。以技术创新为主的倡导对于创新使用新工艺、新技术、新材料和新设备，加强安全生产设备的基础建设，确保安全生产具有现实意义。所有创新的实施和应用都必将落实在生产实践中。安全生产要与时俱进更需要科技创新。在理论、制度、体制、机制、科技、文化等方面改革创新，突破体制制度性障碍，激发全社会创新要素的内在活力，推动安全生产工作适应新情况、新要求。《安全生产法》第十八条规定，"**国家鼓励和支持安全生产科学技术研究和安全生产先进技术的推广应用，提高安全生产水平。**"

一、技术创新是提高安全生产的科学手段创新是民族发展进步的灵魂

没有先进的安全设备，安全管理的难度就必然升高，付出的伤亡代价就必然增大。安全生产技术创新不仅包括设备创新，还包括工具工艺、检测方法、防护方法等从机械化到自动化、智能化的创新。

《中共中央国务院关于推进安全生产领域改革发展的意见》倡导建立安全科技支撑体系。从科技强安的战略高度，提出统筹支持安全生产和职业健康领域科研项目，推动研发基地和博士后科研工作站建设，开展事故预防理论研究和关键技术装备研发，加快成果转化和推广应用。针对高危企业技术装备落后，信息化、智能化水平不高等问题，提出推动工业机器人、智能装备在危险工序和环节的应用，构建安全生产与职业健康信息化全国"一张网"，运用大数据技术开展安全生产规律性、关联性特征分析，提高安全生产决策科学化水平。《国务院关于进一步加强企业安全生产工作的通知》（国发〔2010〕23号）提出，"加快安全生产技术研发。企业在年度财务预算中必须确定必要的安全投入。国家鼓励企业开展安全科技研发，加快安全生产关键技术装备的换代升级""加大对高危行业安全技术、装备、工艺和产品研发的支持力度，引导高危行业提高机械化、自动化生产水平"。

二、电力行业创新领域和经济政策

要切实把创新抓出成效，不仅要鼓励创新、爱护创新，使一切创新想法得到尊重、一切创新举措得到支持、一切创新才能得到发挥、一切创新成果得到肯定，更要深入推进科技、经济和教育紧密结合，推动产学研深度融合，实现创新成果同产业对接，创新项目同现实生产力对接，研发人员创新劳动同其利益收入对接，形成有利于出产创新成果、有利于创新成果产业化的新机制，使得在安全生产方面的技术创新能够很快地转化为现实的生产力。

1. 创新领域

在"双碳"目标之下，随着"十四五"能源战略规划的推进实施，电力行业在诸多方面等待着电力人去创新，可谓大业百端待举，任务艰苦卓绝。

（1）坚持绿色发展，优化清洁低碳能源结构布局。大力推动存量煤电灵活性改造、推进抽水蓄能电站建设等举措，着力构建保障新能源高效利用与健康持续发展的良好生态。同时要准确把握煤电托底保障作用定位，统筹协调好新能源与煤电发展关系。

（2）加快发展非化石能源，坚持集中式和分布式并举，大力提升风电、光伏发电规模，加快发展东中部分布式能源和氢能利用，有序发展海上风电，加快西南水电基地建设，安全稳妥推动沿海核电建设。

（3）加快电网基础设施智能化改造和智能微电网建设，提高电力系统互补互济和智能调节能力，加强源网荷储衔接，提升清洁能源消纳和存储能力，提升向边远地区输配电能力，推进煤电灵活性改造，加快抽水蓄能电站建设和新型储能技术规模化应用。

（4）在能源系统的各单元（对象）进行能量流和信息流的数字化、标准化、规范化，在此基础上形成智能决策对系统进行智能操控。智能电网是基本平台（形态、构架），要根据能源转型的要求不断完善智能电网，并发挥其基础性、关键性、支撑性作用。"十四五"期间应将智能配电网建设放到优先加强的位置。

实现上述宏伟目标在具体理论技术方面涉及电力电子技术、高效低耗发电设备输配电设备和低耗生产设备的制造；碳捕集利用封存技术（CCUS）、受控核聚变技术；抽水、电感、电容、飞轮、压缩空气、相变材料等储能技术；V2G、V1G技术和制氢储能技术等。

2. 经济政策

《中共中央国务院关于推进安全生产领域改革发展的意见》提出完善安全投入长效机制。从政府、企业、社会三个层面提出要求，切实做到"投入增、优惠实、监管严、引导好"。要求各级政府加强安全生产预防及应急相关资金使用管理，加大安全生产与职业健康投入。加强安全生产经济政策研究，完善安全生产专用设备企业所得税优惠目录。针对一些企业未按规定足额提取安全生产费用或挪作他用，影响正常的安全生产投入问题，提出落实安全生产费用提取和使用制度，建立企业增加安全投入的激励约束机制。同时要求健全投融资服务体系，引导企业集聚发展安全产业。

《国务院关于创新重点领域投融资机制鼓励社会投资的指导意见》（国发〔2014〕60 号）推出了电力行业技术创新利好政策。

（1）推动环境污染治理市场化。在电力、钢铁等重点行业以及开发区（工业园区）污染治理等领域，大力推行环境污染第三方治理，通过委托治理服务、托管运营服务等方式，由排污企业付费购买专业环境服务公司的治污减排服务，提高污染治理的产业化（按：广义安全生产包括保护环境）、专业化程度。稳妥推进政府向社会购买环境监测服务。建立重点行业第三方治污企业推荐制度。

（2）鼓励社会资本参与电力建设。在做好生态环境保护、移民安置和确保工程安全的前提下，通过业主招标等方式，鼓励社会资本投资常规水电站和抽水蓄能电站。在确保具备核电控股资质主体承担核安全责任的前提下，引入社会资本参与核电项目投资，鼓励民间资本进入核电设备研制和核电服务领域。鼓励社会资本投资建设风光电、生物质能等清洁能源项目和背压式热电联产机组，进入清洁高效煤电项目建设、燃煤电厂节能减排升级改造领域。

（3）鼓励社会资本参与电网建设。积极吸引社会资本投资建设跨区输电通道、区域主干电网完善工程和大中城市配电网工程。将海南联网Ⅱ回线路和滇西北送广东特高压直流输电工程等项目作为试点，引入社会资本。鼓励社会资本投资建设分布式电源并网工程、储能装置和电动汽车充换电设施。

《安全生产法》第十九条规定，"**国家对在改善安全生产条件、防止生产安全事故、参加抢险救护等方面取得显著成绩的单位和个人，给予奖励。**"《电力法》第九条规定，"**国家鼓励在电力建设、生产、供应和使用过程中，采用先进的科学技术和管理方法，对在研究、开发、采用先进科学技术和管理方法等方面做出显著成绩的单位和个人给予奖励。**"

三、关于"四新"的使用和培训

《安全生产法》第二十九条规定，"**生产经营单位采用新工艺、新技术、新材料或者使用新设备，必须了解、掌握其安全技术特性，采取有效的安全防护措施，并对从业人员进行专门的安全生产教育和培训。**"

《安全生产培训管理办法》（国家安监总局令第 44 号）第十条规定，"**生产经营单位应当建立安全培训管理制度，保障从业人员安全培训所需经费，对从业人员进行与其所从事岗位相应的安全教育培训；从业人员调整工作岗位或者采用新工艺、新技术、新设备、新材料的，应当对其进行专门的安全教育和培训。未经安全教育和培训合格的从业人员，不得上岗**

作业。"

《工作场所职业卫生监督管理规定》（国家卫生健康委员会令〔2021〕第5号）第十条第三款规定，"**因变更工艺、技术、设备、材料，或者岗位调整导致劳动者接触的职业病危害因素发生变化的，用人单位应当重新对劳动者进行上岗前的职业卫生培训。**"

第二十七条　用人单位应当优先采用有利于防治职业病危害和保护劳动者健康的新技术、新工艺、新材料、新设备，逐步替代产生职业病危害的技术、工艺、材料、设备。

第二十八条　用人单位对采用的技术、工艺、材料、设备，应当知悉其可能产生的职业病危害，并采取相应的防护措施。对有职业病危害的技术、工艺、设备、材料，故意隐瞒其危害而采用的，用人单位对其所造成的职业病危害后果承担责任。

从安全法律到规章无不对使用新技术、新工艺、新材料、新设备安全培训给予无以复加的叮咛和嘱咐，因为只有通过培训掌握"四新"安全技术特性，采取有效的安全防护措施，才能保证安全生产。

 **案例30-1**

我国的特高压输电工程实践在技术创新方面已取得了丰硕的成果：在试验、研发基地方面，已建成特高压交流、特高压直流、高海拔、工程力学四个试验基地以及大电网仿真、直流成套设计两个研发中心。在示范工程方面，国内已有数个1000千伏交流输电工程与±800千伏直流输电工程投运。在技术标准制定方面，中国已建立特高压与智能电网技术标准体系，制定了200余项国家标准和行业标准，同时编制20余项国际标准。在相关工程技术创新方面，我国已攻克了多个特高压交、直流输电的关键技术，成功地自主研制了特高压交、直流设备，同时掌握了特高压工程设计、施工、试验和运行维护全套技术。

▶ **案例评析**

我国特高压智能电网的创新成就，为推进特高压交直流工程的建设和安全运行发挥了积极的技术支撑作用，使我国电力系统安全生产基础设施建设走在世界前列，开启了安全生产管理手段向智能化方向发展的新阶段。

星星之火，可以燎原。——毛泽东

31　辨识重大危险源　测评监控降风险

重大危险源就是足够TNT当量的不定时大炸弹或者分布在一片区域的一片小炸弹。重大危险源一旦爆发事故损失巨大。如"8·12天津滨海新区爆炸事故"总能量为450吨TNT当量，令滨海开发区坑壑纵横残垣断壁面目全非，造成165人遇难，798人受伤，直接经济损失 68.66 亿元。生产实践证明，生产经营单位对危险源检查、辨识、评估及严格监控管理是企业防控事故隐患，保证安全生产的有效措施，也是企业主动进行安全危险管控的重要开端，既是正确的安全管理理念，也是最强有力的管理措施。

一、重大危险源

重大危险源是指长期的或临时的生产、加工、搬运、使用或储存，且危险物质数量等于或超过量的单元。单元是指一个（套）生产装置、设施或场所，或同一个工厂的且边缘距离 500 米的几个（套）生产装置、设施或场所。构成重大危险源必须是危险物品的数量等于或超过临界量。如《危险化学品重大危险源辨识》（GB 18218—2018）对各种危险化学的临界量做了明确的规定，据此即可辨识危险化学品集中的场合是否构成重大危险源。

二、重大危险源控制系统的组成

重大危险源控制系统包含：重大危险源辨识、重大危险源评价、重大危险源管理、重大危险源的安全报告、事故应急救援、工厂选址和土地使用规划、重大危险源监察。

三、重大危险源辨识

防止重大工业事故发生的第一步是辨识或确认高危险性的工业设施（危险源）。一般由政府安全生产监督管理部门或者权威机构在物质毒性、燃烧、爆炸特性基础上，确定危险物质及其临界量标准（即重大危险源）。

四、重大危险源管理

《安全生产法》第四十条规定，"**生产经营单位对重大危险源应当登记建档，进行定期检测、评估、监控，并制定应急预案，告知从业人员和相关人员在紧急情况下应当采取的应急措施。**

"**生产经营单位应当按照国家有关规定将本单位重大危险源及有关安全措施、应急措施报有关地方人民政府应急管理部门和有关部门备案。有关地方人民政府应急管理部门和有关部门应当通过相关信息系统实现信息共享。**"

1. 重大危险源建档立案

对有重大危险源的生产单位经过辨识确定的重大危险源登记在档：辨识分级特征；危险品安全技术说明资料；危险品分布图；管理规章制度和安全操作规程；监控系统及其记录；应急预案与演练记录；安全评估或评价报告；管理人员安全生产责任制；档案记录应连续完整。

2. 连续监控定期测评

《安全生产法》第三十六条第三款规定，"**生产经营单位不得关闭、破坏直接关系生产安全的监控、报警、防护、救生设备、设施，或者篡改、隐瞒、销毁其相关数据、信息。**"监控应连续不断实时监控，发现问题及时解决。定期跟踪检测评估危险源的指标参量进行分析评估，始终掌握重大危险源的基本情况和危险程度，发现隐患及时排除。检测评估报告应当符合相关技术标准要求并有详细的记录和有关人员签字对报告负责。

3. 制定并演练应急预案

制定重大危险源应急预案，建立应急组织机构和人员，配备应急救援物资，定期演练并进行评估改进。

生产经营单位应当告知从业人员和相关人员在发生危险的紧急情况下应当采取的应急措施。这里的相关人员不仅是生产单位从业人员，还包括生产单位源周围的居民。

五、电力企业重大危险源辨识及（重大）危险源监控

电力企业也存在重大危险源。譬如，电力建设企业的民爆器材，如果生产场所起爆器材达到了0.1吨，工业炸药达到了5吨；蒸汽锅炉额定压力大于2.5兆帕，且额定蒸发量大于等于10吨/小时；热水锅炉额定出水温度大于等于120摄氏度，且额定功率大于等于14兆瓦等。

1. 管理制度

企业应建立健全（重大）危险源安全管理制度和危险化学品管理制度，制定（重大）危险源安全管理技术措施，建立危险、有害因素辨识和风险预控管理制度，对危险点、危险源进行分级、分类管理，做好统计、分析和登记造册，并及时更新。

企业基层单位应根据岗位特点和工作内容，制定企业危险点分析和控制管理办法，全面分析工作中的危险点和危险源。

2. 危险源辨识

企业应组织对生产系统和作业活动中的各种危险、有害因素进行辨识，并对可能产生的风险进行评估。企业应对使用新材料、新工艺、新设备以及设备、系统技术改造可能产生的风险及后果进行危害辨识。企业应依据有关标准每两年对本单位的危险设施或场所进行危险、有害因素辨识和风险评估，重大危险源按规定进行安全评价。

3. 登记建档及备案

对辨识出的危险源进行监测，建立预测、预警机制。对辨识出的危险源进行风险分析和评估，根据风险评估结果制定并落实相应的控制措施。采用技术手段和管理方式消除和降低风险。

为了便于应急管理部门和有关部门及时全面掌握生产经营单位重大危险源的分布和危害程度以及所采取的安全措施和应急措施，以便于应急管理部门和有关部门在发生事故时及时组织抢救，调查事故原因，《安全生产法》第四十条第二款做出了备案规定"重大危险源重新辨识和评定级别后，生产经营单位应向当地政府应急管理部门重新备案。"对确认的重大危险源及时登记建档，并报地方政府应急管理部门和有关部门备案。地方政府应急管理部门和有关部门应当通过相关信息系统实现信息共享。

4. 定期检测评估监控

检测评估监控是为了准确地掌握重大危险源的变化情况，及时发现隐患，施以适合的措施防止事故发生。生产经营单位应定期进行检测评估监控。对从事这项工作的人员资质要严格把控，检测评估监控以应当符合有关技术标准，出具报告并签字负责。

5. 重大危险源监控管理

依据国家有关标准（如《危险化学品重大危险源辨识》GB 18218—2018），在对本单位重大危险源进行安全普查、评估和分级的基础上，设置明显的安全警示标志。根据有关规定对重大危险源进行定期检测，制定、落实相应的安全管理措施和技术措施。企业应健全重大危险源报告制度，并向本单位从业人员和相关单位告知重大危险源信息。如国家电网公司的《防止电力生产重大事故的二十五项重点要求》中对防止锅炉爆炸方面的管理要求。

6. 电力行业重大危险源安全管理措施

以下以国家电网公司的《防止电力生产重大事故的二十五项重点要求》中对防止锅炉爆炸方面的管理要求为例，说明重大危险源监控管理。

（1）防止大容量锅炉承压部件爆漏事故。为了防止大容量锅炉承压部件爆漏事故的发生，应严格执行《锅炉压力容器安全监察暂行条例》《蒸汽锅炉安全技术监督规程》《压力容器安全技术监察规程》《火力发电厂金属技术监督规程》（DL/T 438—2016）以及其他有关规定，把防止锅炉承压部件爆破泄漏事故的各项措施落实到设计、制造、安装、运行、检修和检验的全过程管理工作中，并重点要求如下：

1）新建锅炉在安装阶段应进行安全性能检查。新建锅炉投运 1 年后要结合检查性大修进行安全性能检查。在役锅炉结合每次大修开展锅炉安全性能检验。锅炉检验项目和程序按有关规定进行。

2）严防锅炉缺水和超温超压运行，严禁在水位表数量不足（指能正确指示水位的水位表数量）、安全阀解列的状况下运行。

3）参加电网调峰的锅炉，运行规程中应制定相应的技术措施。按调峰设计的锅炉，其调峰性能应与汽轮机性能相匹配；非调峰设计的锅炉，其调峰负荷的下限应由水动力计算、试验及燃烧稳定性试验确定，并制定相应的反事故措施。

4）对直流锅炉的蒸发段、分离器、过热器、再热器出口导气管等应有完整的管壁温度测点，以便监视各导汽管间的温度偏差，防止超温爆管。

5）锅炉超压水压试验和安全阀整定应严格按规程进行：①大容量锅炉超压水压试验和热态安全阀校验工作应制定专项安全技术措施，防止升压速度过快或压力、气温失控造成超压超温现象。②锅炉在超压水压试验和热态安全阀整定时，严禁非试验人员进入试验现场。

（2）防止锅炉炉膛爆炸事故。为防止锅炉炉膛爆炸事故发生，应严格执行有关规定，并重点要求如下：

1）防止锅炉灭火。

2）防止严重结焦。①根据炉膛灭火放炮的规定以及设备的状况，制定防止锅炉灭火放炮的措施，应包括煤质监督、混配煤、燃烧调整、低负荷运行等内容，并严格执行。②加强燃煤的监督管理，完善混煤设施。加强配煤管理和煤质分析，并及时将煤质情况通知司炉，做好调整燃烧的应变措施，防止发生锅炉灭火。③新炉投产、锅炉改进性大修后或当实用燃料与设计燃料有较大差异时，应进行燃烧调整，以确定一二次风量、风速、合理的过剩空气量、风煤比、煤粉细度、燃烧器倾角或旋流强度及不投油最低稳燃负荷等。④当炉膛已经灭火或已局部灭火并濒临全部灭火时，严禁投助燃油枪。当锅炉灭火后，要立即停止燃料（含煤、油、燃气、制粉乏气风）供给，严禁用爆燃法恢复燃烧。重新点火前必须对锅炉进行充分通风吹扫，以排除炉膛和烟道内的可燃物质。⑤100 兆瓦及以上等级机组的锅炉应装设锅炉灭火保护装置。加强锅炉灭火保护装置的维护与管理，防止火焰探头烧毁、污染失灵、炉膛负压管堵塞等问题的发生。⑥严禁随意退出火焰探头或联锁装置，因设备缺陷需退出时，应经总工程师批准，并事先做好安全措施。热工仪表、保护、给粉控制电源应可靠，防止因瞬间失电造成锅炉灭火。⑦加强设备检修管理，重点解决炉膛严重漏风、给粉机下粉不均匀和煤粉自流、一次风管不畅、送风不正常脉动、堵煤（特别是单元式制粉系统堵粉）、直吹式磨煤机断煤和热控设备失灵等缺陷。⑧加强点火油系统的维护管理，消除泄漏，防止燃油漏入炉膛发生爆燃。对燃油速断阀要定期试验，确保动作正确、关闭严密。

2）防止严重结焦。①采用与锅炉相匹配的煤种，是防止炉膛结焦的重要措施。②运行人员应经常观察火孔监视炉膛结焦情况，一旦发现结焦，应及时处理。③大容量锅炉吹灰器系统应正常投入运行，防止炉膛沾污结渣造成超温。④受热面及炉底等部位严重结渣，影响锅炉安全运行时，应立即停炉处理。

案例 31-1

某年12月3日子夜，在印度的美国碳化物公司下属的一个农药厂，45吨剧毒性异氰酸甲酯储罐阀门失灵，0时56分开始泄漏。次日早晨，人们发现，城市好像中了中子弹一样，房屋完好，而人和牲畜的尸体遍布街道，市内一条街道上，至少有200具尸体，大多为老弱者和儿童。双目失明者的受害者，互相拉着手，惊呼着战栗着，在瞎走乱闯，间或被尸体绊倒——一座极度恐怖的城市。结果，造成了3000人丧命，5万人双目失明，10万人终身致残，20万人中毒。

▶ 案例评析

《安全生产法》第四十条第一款规定，"生产经营单位对重大危险源应当登记建档，进行定期检测、评估、监控，并制定应急预案，告知从业人员和相关人员在紧急情况下应当采取的应急措施。"《危险化学品安全管理条例》第二十五条规定，"对剧毒化学品以及储存数量构成重大危险源的其他危险化学品，储存单位应当将其储存数量、储存地点以及管理人员的情况，报所在地县级人民政府安全生产监督管理部门（在港区内储存的，报港口行政管理部门）和公安机关备案存档。"

本案农药厂对45吨剧毒性异氰酸甲酯储罐这样的重大危险源，没有安全管理措施，员工也没有受到应急救援培训，所以员工在事故发生后，既不报告也不采取救援措施，只顾自己逃命，致使事故扩大蔓延，造成惊天惨案。

一个安全生产事故，无异于一场战争，伤亡几十万人！拥有102亿资产、81家子公司的跨国公司，清晨醒来就破产了！离开安全谈何效益和发展！

生产实践中如何开展危险源辨识管控，减少和防止事故发生？

首先，开展危险辨识工作不是靠一个安全部门或者几个部门就能完成的，而是要靠下至每个岗位员工、上至每个领导和全体部门的参与，共同协作，才能完成的。岗位员工每天在现场作业与设备打交道，最清楚现场的不安全因素在哪里。领导和安全专业人员只要与岗位工人密切配合，就能辨识出危险源，制定出有针对性的预防措施，从而达到有效控制事故发生的目的。其次，管控重大危险源要投入必要的人力、物力和财力。再次，危险源辨识管控工作事关重大、人命关天。要以科学严谨的态度，扎实细致的工作，践行"安全第一，预防为主"方针。最后，警钟长鸣，动态管理。危险源处在不断发展变化之中，随着时间的推移危险源会出现新情况，应针对新情况及时制定出新的防范措施。

迨天之未阴雨，彻彼桑土，绸缪牖户。——《诗经·豳风·鸱鸮》

32　未雨绸缪早打算　曲突徙薪除隐患

美国爱德华空军基地测试工程师墨菲发明了一条定理："如果一件事情有可能向坏的方向发展，就一定会向最坏的方向发展"。这就是著名的墨菲定理。这如同曲突徙薪的故事。客人看到主人家烟囱是直的，灶边又堆了不少柴薪，告诫主人有发生火灾的危险。主人不听。那么今天不起火，明天不起火，不久，果然就起火了。

对可能发生的事故应防患于未然，消除产生事故的隐患，否则墨菲定理就会应验，在安全生产管理中也会灵验。

一、及时发现并消除事故隐患是安全管理重要制度

《安全生产法》第四十一条第二、三款规定，"生产经营单位应当建立健全并落实生产安全事故隐患排查治理制度，采取技术、管理措施，及时发现并消除事故隐患。事故隐患排查治理情况应当如实记录，并通过职工大会或者职工代表大会、信息公示栏等方式向从业人员通报。其中，重大事故隐患排查治理情况应当及时向负有安全生产监督管理职责的部门和职工大会或者职工代表大会报告。

"县级以上地方各级人民政府负有安全生产监督管理职责的部门应当将重大事故隐患纳入相关信息系统，建立健全重大事故隐患治理督办制度，督促生产经营单位消除重大事故隐患。"

第二十一条第五、第七项规定，"生产经营单位的主要负责人对本单位安全生产工作负有下列职责：

"（五）组织建立并落实安全风险分级管控和隐患排查治理双重预防工作机制，督促、检查本单位的安全生产工作，及时消除生产安全事故隐患；

"（七）及时、如实报告生产安全事故。"

第四十六条规定，"生产经营单位的安全生产管理人员应当根据本单位的生产经营特点，对安全生产状况进行经常性检查；对检查中发现的安全问题，应当立即处理；不能处理的，应当及时报告本单位有关负责人，有关负责人应当及时处理。检查及处理情况应当如实记录在案。

"生产经营单位的安全生产管理人员在检查中发现重大事故隐患，依照前款规定向本单位有关负责人报告，有关负责人不及时处理的，安全生产管理人员可以向主管的负有安全生产监督管理职责的部门报告，接到报告的部门应当依法及时处理。"

《安全生产法》告诉我们：不能麻痹大意，存有侥幸心理，忽视事故隐患，以至发生事故。即使危险事件发生的概率很小，但在实验或生产活动中，仍可能发生。因此，在工程管理、生产管理尤其安全管理中，绝对不能忽视小概率事件。应增加忧患意识，强化安全观念，克服侥幸心理，消除麻痹思想，及时曲突徙薪，消除产生事故的隐患，尽量将事故率降至最低。

《国务院关于进一步加强企业安全生产工作的通知》（国发〔2010〕23号）对生产经营单位及时排查治理安全隐患有明确的指示：企业要经常性开展安全隐患排查，并切实做到整改措施、责任、资金、时限和预案"五到位"。建立以安全生产专业人员为主导的隐患整改效果评价制度，确保整改到位。对隐患整改不力造成事故的，要依法追究企业和企业相关负责人的责任。对停产整改逾期未完成的不得复产。

《中共中央国务院关于推进安全生产领域改革发展的意见》对预防、控制、排查、治理隐患的规定如下：

（1）强化企业预防措施。企业要定期开展风险评估和危害辨识。针对高危工艺、设备、物品、场所和岗位，建立分级管控制度，制定落实安全操作规程。树立隐患就是事故的观念，建立健全隐患排查治理制度、重大隐患治理情况向负有安全生产监督管理职责的部门和企业职代会"双报告"制度，实行自查、自改、自报闭环管理。

（2）建立隐患治理监督机制。制定生产安全事故隐患分级和排查治理标准。负有安全生产监督管理职责的部门要建立与企业隐患排查治理系统联网的信息平台，完善线上线下配套监管制度。强化隐患排查治理监督执法，对重大隐患整改不到位的企业依法采取停产停业、停止施工、停止供电和查封扣押等强制措施，按规定给予上限经济处罚，对构成犯罪的要移交司法机关依法追究刑事责任。

二、从业人员隐患报告义务和危险撤离权利

《安全生产法》第五十九条规定，"从业人员发现事故隐患或者其他不安全因素，应当立即向现场安全生产管理人员或者本单位负责人报告；接到报告的人员应当及时予以处理。"

与其说这一条规定是义务，倒不如理解为既是义务也是权利，从业人员在生产一线，最有可能首先发现事故隐患和不安全因素，给他们规定了及时报告的义务，也赋予他们敢于揭穿本单位安全生产管理的漏洞、缺陷和隐患的权利。否则即使从业人员发现了隐患，慑于领导权威也不敢报告，只好坐等灾难降临。特别是因为本单位领导安全投资短缺或者怠于隐患排查等原因造成的安全隐患。

当然从业人员能够发现安全生产事故隐患，既要熟知本单位的生产过程，具备丰富的安全生产知识和实践经验，还须具有对自己、对工友、对企业负责的主人翁态度，事不关己高高挂起缺乏责任和担当的员工是不会作为的。其次，接到查证属实的事故隐患报告，立即作出及时处理，并对报告属实者加以褒奖，对报告失实的可以究其原因，但不要轻易冠以"谣言"而加以无情打压！这是隐患报告制度得以严格执行的前提。

《安全生产法》第五十五条规定，**"从业人员发现直接危及人身安全的紧急情况时，有权停止作业或者在采取可能的应急措施后撤离作业场所。**

"生产经营单位不得因从业人员在前款紧急情况下停止作业或者采取紧急撤离措施而降低其工资、福利等待遇或者解除与其订立的劳动合同。"

《安全生产法》第五十五条赋予从业人员停止作业、撤离现场的权利大有必要。同时限制了单位领导秋后算账的权力，不得以此为由降低撤离现场人员的工资、福利等待遇或者解除与其订立的劳动合同。

三、电力企业隐患排除制度管理

《国务院关于进一步加强企业安全生产工作的通知》（国发〔2010〕23 号）第 4 项强调及时排查治理安全隐患。企业要经常性开展安全隐患排查，并切实做到整改措施、责任、资金、时限和预案"五到位"。建立以安全生产专业人员为主导的隐患整改效果评价制度，确保整改到位。对隐患整改不力造成事故的，要依法追究企业和企业相关负责人的责任。对停产整改逾期未完成的不得复产。

1.《电网企业安全生产标准化规范及达标评级标准》制定的电力企业隐患排除管理制度

（1）隐患管理制度。建立隐患排查治理制度，符合有关安全隐患管理规定的要求，界定隐患分级、分类标准，明确"查找—评估—报告—治理（控制）—验收—销号"的闭环管理流程。

每季、每年对本单位事故隐患排查治理情况进行统计分析评估，确定隐患等级，登记建档，及时采取有效的治理措施。统计分析材料以及重大隐患按要求及时报送能源监管机构和安全监管部门，报表应当由主要负责人签字。

生产经营单位应当建立事故隐患报告和举报奖励制度，对发现、排除和举报事故隐患的人员，应当给予表彰和奖励。

将生产经营项目、场所、设备发包、出租的，应当与承包、承租单位签订安全生产管理协议，并在协议中明确各方对事故隐患排查、治理和防控的管理职责。

（2）隐患排查。制定隐患排查治理方案，明确排查的目的、范围和排查方法，落实责任人。排查方案应依据有关安全生产法律法规要求、设计规范、管理标准、技术标准、企业安全生产目标等制定，并应包含人的不安全行为、物的不安全状态及管理的欠缺等三个方面。

法律法规、标准规范发生变更或有新的公布，企业操作条件或工艺改变，开展新建、改建、扩建项目建设，相关方进入、撤出或改变，对事故、事件或其他信息有新的认识，组织机构发生大的调整，都应及时组织隐患排查。

（3）隐患排查范围和方法。

1）排查范围。隐患排查要做到全员、全过程、全方位，涵盖与生产经营相关的场所、环境、人员、设备设施和各个环节。

2）排查方法。企业应根据安全生产的需要和特点，采用与安全检查相结合的综合排查、专业排查、季节性排查、节假日排查、日常排查等安全检查方式进行隐患排查。

（4）隐患治理。

1）隐患控制。企业应根据隐患排查的结果制定隐患治理方案，一般隐患由各单位及时进行治理。短时间内无法消除的隐患要制定整改措施、确定责任人、落实资金、明确时限和编制预案，做到安全措施到位、安全保障到位、强制执行到位、责任落实到位。

重大安全隐患在治理前要采取有效控制措施、制定相应应急预案，并按有关规定及时上报。

生产经营单位对承包、承租单位的事故隐患排查治理负有统一协调和监督管理的职责。

2）治理方案。重大隐患治理方案应包括目标和任务、方法和措施、经费和物资、机构和人员、时限和要求、措施及预案。

3）治理措施。隐患治理措施包括工程技术措施、管理措施、教育措施、防护措施和应急措施。

企业应加强隐患排查治理过程中的监督检查，对重大隐患实行挂牌督办。从业人员发现事故隐患或者其他不安全因素，应当立即向现场安全生产管理人员或者本单位负责人报告，接到报告的人员应当及时处理。

4）治理后评估。隐患治理完成后，应对治理情况进行验证和效果评估，并将验证结果和评估记录及时归档。

5）预测预警。企业应根据生产经营状况及隐患排查治理情况，研究运用定量的安全生产预测预警技术，建立完善企业安全生产预警机制、安全生产动态监控及预警预报体系，每月进行一次安全生产风险分析，发现事故征兆要立即发布预警信息，落实防范和应急处置措施。

2.《110（66）kV～500kV架空输电线路运行规范》关于线路缺陷管理的规定

（1）线路缺陷分类。线路缺陷分为线路本体、附属设施缺陷和外部隐患三大类，含义如下：

1）"本体缺陷"指组成线路本体的全部构件、附件及零部件，包括基础、杆塔、导地线、绝缘子、金具、接地装置、拉线等发生的缺陷。

2）"附属设施缺陷"指附加在线路本体上的线路标识、安全标志牌及各种技术监测及具有特殊用途的设备（例如雷电测试、绝缘子在线监测设备、外加防雷、防鸟装置等）发生的缺陷。

3）"外部隐患"指外部环境变化对线路的安全运行已构成某种潜在性威胁的情况，如：在保护区内违章建房、种植树（竹）、堆物、取土以及各种施工作业等。

（2）线路缺陷分级与处理。线路的各类缺陷按其严重程度，分为三个级别，介绍如下：

1）"危急缺陷"指缺陷情况已危及线路安全运行，随时可能导致线路发生事故，是既危险又紧急的一类缺陷。此类缺陷必须尽快消除，或临时采取确保线路安全的技术措施进行处理，随后消除。

2）"严重缺陷"指缺陷情况对线路安全运行已构成严重威胁，短期内线路尚可维持安全运行，情况虽危险，但紧急程度较上类缺陷次之的一类缺陷。此类缺陷应在短时间内消除，消除前须加强监视。

3）"一般缺陷"指缺陷情况对线路的安全运行威胁较小，在一定期间内不影响线路安全运行的一类缺陷。此类缺陷应列入年、季检修计划中加以消除。

（3）缺陷处理管理。运行单位应建立完整的线路缺陷管理程序，使之形成责任分明的闭环管理体系，并利用计算机管理使线路缺陷的处理、统计、分析、上报实现规范化、自动化、网络化。

四、排除隐患制度的法律责任

《安全生产法》第一百零二条规定，**"生产经营单位未采取措施消除事故隐患的，责令立即消除或者限期消除，处五万元以下的罚款；生产经营单位拒不执行的，责令停产停业整顿，对其直接负责的主管人员和其他直接责任人员处五万元以上十万元以下的罚款；构成犯罪的，依照刑法有关规定追究刑事责任。"**

生产经营单位有义务主动消除隐患事故，否则安监行政执法部门有权视情况责令责任单位立即消除事故隐患或者限期消除隐患。立即消除隐患要考虑事故的危险性、紧迫性和立即消除的必要性和可能性；限期消除隐患要考虑消除隐患所需要的时间。

对拒不执行安监部门消除隐患通知的，则对责任单位处以责令停产停业整顿，并处以罚款的处罚，并对直接负责的主管人员和其他直接责任人员个人处以罚款。这里对单位和个人实行"双罚制"。

案例 32-1

2003 年美国当地时间 2 月 1 日，载有七名宇航员的美国哥伦比亚号航天飞机在结束了为期 16 天的太空任务之后返回地球，但在着陆前发生意外，航天飞机解体坠毁。

美国东部时间上午 9 时（北京时间 22 时），也就是在哥伦比亚号着陆前 16 分钟，该机突然从雷达中消失。

事故原因是航天飞机外表的一片隔热瓦损害但没有修复。隔热瓦太空修复，对于航天员而言并非"不可思议"的困难。据说，完成上述任务所需要的工具也不需要什么高精度特殊设备，宇航员将在美国家庭必备的零售价格不到 1 美元的"泡沫塑料刷"的帮助下，通过看上去非常惊险的"太空行走"，把一种新型特殊涂料填充到航天飞机表面隔热瓦因的破损处即可。

案例评析

仅仅一片隔热瓦，仅仅一次太空行走，仅仅一把普通的 1 美元的工具，没有能够及时消除这个小小的事故隐患，竟然导致了惊天动地的大事故！价值连城的航天飞机和价值无可估量的 7 名航天员的生命化为灰烬！

该案告诉我们：微小的隐患会导致惊天事故，隐患再小，不容忽视，一经发现，及时消除。

某年11月20日8时45分，某电厂厂房工地吊装班铆焊组长宋某某来到锅炉房东侧吊装墙板，事先没有征得吊笼小组人员的同意就擅自使用吊笼，并且在非专职司机和指挥人员的操作指挥下进行吊装，使用前既没有认真检查，吊笼也未系安全带就开始提升。当吊笼经过与阻碍物三次擦碰后升到21米时，一端钢丝绳由于少一个卡口而脱落，使吊笼一端下降，将宋某某从吊笼内甩出，头碰击10米平台后坠落至0米，抢救无效死亡。

吊笼存在严重缺陷，其一边钢丝绳因缺少一个卡口，宋某某在使用吊笼前既不了解吊笼情况，又没有认真检查，并由非专职司机操作和不合格人员指挥，进入吊笼后又不系安全带，严重违反操作规程，是发生事故的主要原因。

本案例忽视了检查设备、查找缺陷、消除缺陷的预防事故的根本措施。同时宋某某违章，在吊笼里升空作业没系安全带。如果把安全带固定在牢固的架构上，也能避免坠地死亡事故。

对待事故——常将无时思有时，莫待有时思无时。

33　生产休息远危险　安全设施合规范

《广州日报》2015年2月25日报道，迪拜一栋79层、336米高的公寓楼21日凌晨发生大火，蔓延多层，历时3小时才扑灭，然而却没有任何人员伤亡。2012年，迪拜一栋34层大楼发生大火，同样没有造成人员伤亡。不可思议的原因何在呢？

原来政府有关部门命令：其一，禁止使用煤气，只许使用电热炉灶，从根本上杜绝了爆炸的发生；其二，每个家庭必须配备灭火器、防毒面具，定期做事故演习。另外，这些大楼房龄都不长，防火设施完善，如每个房间都有烟感器和喷淋；防火通道要求很高，防火门至少2小时才会烧坏，安全通道和消防通道绝对不得占用，任何时间都保持畅通。

一、员工宿舍和生产经营场所的安全要求

生产经营单位员工的住处是员工班后休息的地方。人在休息特别是睡觉的时候，失去了警觉和防护能力，因此休息场所更应该受到安全保护。其次，休息的住处应当远离危险，一旦发生了危险情势，一是不会很快蔓延到休息的住所，二是有更多的时间识别危险及时逃生。对此，《安全生产法》对员工的宿舍和生产经营场所的安全条件提出了明确的要求。

《安全生产法》第四十二条规定，"**生产、经营、储存、使用危险物品的车间、商店、仓**

库不得与员工宿舍在同一座建筑物内，并应当与员工宿舍保持安全距离。

"生产经营场所和员工宿舍应当设有符合紧急疏散要求、标志明显、保持畅通的出口。禁止占用、锁闭、封堵生产经营场所或者员工宿舍的出口、疏散通道。"

首先，员工宿舍应当远离危险物品。电力企业也有危险品，如电厂化学车间的硫酸等危险化学品、电力建设需要的炸药雷管和线路炮接器件等爆炸物、六氟化硫室外断路器等爆炸后产生有害气体的电力设备等。所以，电力企业员工宿舍应远离这些危险物。

其次，生产经营场所和员工宿舍应有疏散标志，紧急通道畅通。禁止占用、锁闭、封堵出口。有的企业往往多年没有发生事故，就误认为紧急通道和出口年年敞开也没用上，反而增加了防盗和保安的成本。麻痹大意，松弛了安全这根弦。于是就封堵出口或在通道堆积物料，占用"闲置"的空间。其实这跟养兵千日、用兵一时的道理一样，年年闲置，看似无用，一朝祸起，挽救生命。

二、生产经营单位的布局选址要求

1. 工作现场的基本条件

工厂、公司的布局设置是否科学、安全，对员工而言是人命关天的大事情。科学的选址既可以预防事故发生，也可以防范已经发生的事故，减小伤害和损失。《工作场所职业卫生监督管理规定》（国家卫生健康委员会令〔2021〕第 5 号）第三条规定，"**用人单位应当加强职业病防治工作，为劳动者提供符合法律、法规、规章、国家职业卫生标准和卫生要求的工作环境和条件，并采取有效措施保障劳动者的职业健康。**"

第十二条规定，"**产生职业病危害的用人单位的工作场所应当符合下列基本要求：**

"**（一）生产布局合理，有害作业与无害作业分开；（二）工作场所与生活场所分开，工作场所不得住人；（三）有与职业病防治工作相适应的有效防护设施；（四）职业病危害因素的强度或者浓度符合国家职业卫生标准；（五）有配套的更衣间、洗浴间、孕妇休息间等卫生设施；（六）设备、工具、用具等设施符合保护劳动者生理、心理健康的要求；（七）法律、法规、规章和国家职业卫生标准的其他规定。**"

第十四条规定，"**新建、改建、扩建的工程建设项目和技术改造、技术引进项目（以下统称建设项目）可能产生职业病危害的，建设单位应当按照《建设项目职业病防护设施"三同时"监督管理暂行办法》的规定，向安全生产监督管理部门申请备案、审核、审查和竣工验收。**"

2. 厂区布局的基本要求

《工业企业设计卫生标准》（GBZ 1—2010）有如下相关规定。

（1）工业企业厂区总平面功能分区的分区原则应遵循：分期建设项目宜一次整体规划，使各单体建筑均在其功能区内有序合理，避免分期建设时破坏原功能分区；行政办公用房应设置在非生产区；生产车间及与生产有关的辅助用室应布置在生产区内；产生有害物质的建筑（部位）与环境质量较高要求的有较高洁净要求的建筑（部位）应有适当的间距或分隔。

（2）生产区宜选在大气污染物扩散条件好的地段，布置在当地全年最小频率风向的上风侧；产生并散发化学和生物等有害物质的车间，宜位于相邻车间当地全年最小频率风向的上风侧；非生产区布置在当地全年最小频率风向的下风侧；辅助生产区布置在两者之间。

（3）工业企业的总平面布置，在满足主体工程需要的前提下，宜将可能产生严重职业性有害因素的设施远离产生一般职业性有害因素的其他设施，应将车间按有无危害、危害的类型及其危害浓度（强度）分开；在产生职业性有害因素的车间与其他车间及生活区之间宜设一定的卫生防护绿化带。

三、电力企业消防设备设施管理

企业应建立健全消防安全组织机构，根据需要设立群众义务消防队或者义务消防员，负责防火和灭火工作。完善消防安全规章制度，落实消防安全生产责任制，开展消防培训和演习。

调度大楼、变电站、生产厂房及仓库备有必要的消防设备、报警装置，并建立消防设备设施台账，定期进行检查和试验，保证合格。

存放易燃易爆物品库房、建筑设施的防火等级符合要求。

充油式变压器、电容器和电抗器应按规定设防火墙、排油槽、挡油墙，按规定配备消防器材和专用灭火装置且运行正常。

电缆和电缆构筑物安全可靠，电缆隧道、电缆沟排水设施完好，电缆封堵及照明符合要求，电缆主隧道及沟、井、夹层电缆主通道分段阻燃措施符合要求，特别重要电缆应采取耐火隔离措施或更换阻燃电缆。电缆夹层、竖井、沟等区域应配备电缆监控装置以及防火门（墙）等设施。

现场电缆敷设符合安全要求，操作直流、主保护、直流油泵等重要电缆采取分槽盒、分层、分沟敷设及阻燃等特殊防火措施。

其他通信机房、计算机室、蓄电池间、档案室等重点防护部位应采用专业消防器材防护。

作业人员应熟悉消防器材性能、布置和使用方法，现场动火有人监护，且防火措施落实。

四、员工生产休息场所不符合规定应承担的法律责任

《安全生产法》第一百零五条规定，"生产经营单位有下列行为之一的，责令限期改正，处五万元以下的罚款，对其直接负责的主管人员和其他直接责任人员处一万元以下的罚款；逾期未改正的，责令停产停业整顿；构成犯罪的，依照刑法有关规定追究刑事责任：

"（一）生产、经营、储存、使用危险物品的车间、商店、仓库与员工宿舍在同一座建筑内，或者与员工宿舍的距离不符合安全要求的。"

"（二）生产经营场所和员工宿舍未设有符合紧急疏散需要、标志明显、保持畅通的出口，或者锁闭、封堵生产经营场所或者员工宿舍出口的。"

⚖ 案例 33-1

某年12月25日，河南省洛阳东都商厦发生特大火灾，309人死亡，7人受伤。很大的

原因是锁闭、封堵商厦安全逃生出口所致。

该商厦有东南、西南、东北、西北四处楼梯，其中东南、西南、西北楼梯道都被上锁的铁栅栏堵住。当大火蔓延时，商厦人员在有毒气体的毒害和熏烤下，晕头转向，踉跄逃命中要摸到东北楼梯是不容易的。即使有幸从东北楼梯逃生，这里已被浓重的烟雾封锁。因为其余三个楼梯的栅栏门是通风的，东北楼梯则成了"烟囱"。只有少数人逃到了靠外墙窗户获救。

 案例评析

平日里也许顾客流量没有那么大，不必要开通四个楼梯道，但这只是在平安无事的好日子里，一旦发生火灾，顾客如何逃生？对待安全事故应该持有"常将无时思有时，莫待有时思无时"的理念。

《安全生产法》第一百零五条第（二）项规定：生产经营场所和员工宿舍未设有符合紧急疏散需要、标志明显、保持畅通的出口，或者锁闭、封堵生产经营场所或者员工宿舍出口的，应予以罚款、责令停产整顿的处罚，构成犯罪的，依照刑法有关规定追究刑事责任。本案商厦重大安全隐患长期不予消除，政府安全监督部门渎职放任，以致造成了重特大安全事故。司法机关依法追究了肇事直接责任人、商厦和市政府相关领导的刑事责任。

身心康健，身手矫健。

34　健康愉快心情好　遵章守纪事故少

俗话说，官不差病人。体魄康健、精力充沛的人做什么工作也顺畅。实际上病分两类，一类身体的病变和病痛，另一类是心理和精神上的疾病。后者对安全生产的影响更为显著。只不过中国人对于后者的病往往是讳疾忌医，以致成为安全事故的隐患。

许多研究表明，健康与事故有关，职工健康状况不良或经常生病者较易发生事故。因为病痛不适干扰人体神经系统对信息的加工分析综合，影响指令和发出时间的准确性，影响对作业操作的集中关注度；同时影响人体运动系统的准确性，即影响操作动作的准确性和速度，因此容易发生事故。所以说保证职工的身心健康，才能保证安全生产。日常不要倡导带病坚持工作和轻伤不下火线，除非在专业性很强的岗位上且处于危急状态并没人替换的情形下。当然，那些先天后天身体残废的工人劳动者也有劳动的权利，他们通常有较明确的工作动机，只要根据他们的残疾情况把他们安置在适当的岗位，往往比四肢健全的工人有更好的专注力，能圆满地完成任务。

除一般健康条件外，身高、力量、平衡、生理耐受能力等有时也会对某些工作产生一定影响，尤其是体力劳动强度大的工作更是如此。例如，让女同志当矿工、装卸工、养路工，由于她们的体力状况与工种要求不相适应，所以很容易发生事故。分配劳动任务时，必须充分考虑她们的生理特点，力求适合他们的健康状况和体力等因素。

下面主要分析一下心理状况和行为习惯对于安全生产的影响。平常所说心情不好，主要是指情绪低落。心情分为三种状态：心境、激情和应激。

1. 心境与安全

心境是心情的常态，积极、平静、消极。心情轻松愉快，体魄充满活力，思维灵活敏捷，功效高，事故少；反之，则会懒懒散散、萎靡不振，思维愚钝、动作迟缓，坏心情挥之不去，且不说功效降低，就是明显的事故苗头也可能视而不见，是威胁安全的事故隐患。最长久的还是平静状态居多，心情如秋湖之水，不急不躁、心情舒缓，是保持安全生产的常态心情。

常说的触景生情，就是说心情受到外界的影响而发生变化，如孟郊 41 岁中进士心情就蛮好的：春风得意马蹄疾，一日看遍长安花。当然洞房花烛夜、领导拔擢时，心情都会积极兴奋。但是，失恋、失亲人、久病卧床榻心情就难得好起来。有时候哪怕是阳光明媚或是阴云低垂、雾霾漫天的天气也会影响人的心情。

由此看来，生产企业尽量多引发员工积极向上的心情，关心他们在生活中遇到的困难和不幸，慰藉他们受伤的心情，让他们早一天走出愁苦、悲伤、恐惧的心情泥淖。不过对于触景生情导致的心境状态，时间是最好的医生。我们的主观干预只是延缓好的心情、缩短坏的心情而已。

2. 激情与安全

大喜过望、手舞足蹈、激动不已、心头撞鹿，悲伤绝望、涕泗横流、暴跳如雷、声嘶力竭，就是正面和负面的情绪状态，也就是积极和消极的情绪和心境，这就是激情。常言道乐极生悲颇有道理，积极激情中，忘乎所以，飘飘然也，因为这时候是人的潜意识在自动支配你的行为，即使你努力克制也不能自已，这时候是容易发生安全事故的。譬如你在职场上得到了提拔，即使你反复告诫自己要低调、要谦逊，还是难免喜形于色。

当然负面的激情不仅让人理性消减，盲目蛮干，不计后果，危及安全生产，而且还损伤人体健康。人的七情六欲皆与五脏六腑息息相关，如悲喜伤心、怒伤肝、忧伤肺、思伤脾，恐伤肾、惊伤心胆等。

3. 应激与安全

应激是劳动者遇到了出乎意料的情况时产生的情绪状态。譬如，当人们面临超出适应能力范围的工作负荷时就会产生应激反应现象。引发应激产生的因素有社会环境、工作因素和个体方面的因素等。社会环境：调动换岗、晋升降级、解雇待业、贫富差距、困境灾难等。工作因素：环境恶劣，如噪声振动、高温低温、照明不足、毒气粉尘等，上下级以及工友关系、工作任务分配失衡、本单位对工作的支持力度、上级的工作业绩督查和奖惩公平性、工作负荷超出能力和技术承受范围、过度的加班加点等；个体方面：本人健康状况、工作能力、生产任务分配与本人不匹配、家庭亲人亡故或疾病、子女上学就业婚嫁等。

以上这些应激因素引发生理反应和心理反应。如，当受到外界应激源刺激时，心率、心率恢复率、耗氧、心电图、脑电图、血压、血液的化学成分、血糖和呼吸频率等都会发生变化。这些生理反应和心理反应将引起减力性应激状态，也就是消极的心理反应，是过度的情绪唤醒：焦虑紧张，亢奋激动，沉闷抑郁，概念不清，这种反应妨碍个体正确的评价现实情境，选择应对策略和正常应对能力的发挥，致使应激人目瞪口呆、手足无措、思维混乱、无从应对。

分析表明，身体、心理状况和行为习惯对于安全生产影响有显著作用。因此《安全生产法》在第四十四条增加了第二款**"生产经营单位应当关注从业人员的身体、心理状况和行为习惯，加强对从业人员的心理疏导、精神慰藉，严格落实岗位安全生产责任，防范从业人员行为异常导致事故发生。"**这是爱惜劳动者、珍惜劳动力资源的崭新理念，也是正视人性，知道人不是劳作的机器，而是有情感、有情绪的，需要呵护、需要关爱、需要温暖。基于这样的认识，《安全生产法》实事求是地规定实行人性化管理，让关心劳动者的身心康健和人权得到法律保证，在生产劳动中保护人权，减少安全事故。政府官员、企事业领导应多关注职工的身体、心理状况和行为习惯。

影响从业人员情绪的心理原因难以完全列举：病痛或隐性病变、对工作没有兴趣、工作状态不稳定（不安心、担心失去工作）、有拘束感或压抑感、家庭不和、惦记家务心事（家人生病无钱医治、欠债等）、对健康担心、有危险感和危机感、生产责任压力大、种种不满意（工资、福利、晋升、待遇、前景）、职业工种不适合自己的个性特征、对疲劳的暗示等。

案例 34-1

某市一政府部门 2020 年 10 月以来，发生了羞于启齿的咄咄怪事：从局长到员工一个个无论男女，情欲亢奋，稍有刺激，情不自禁，热血奔涌，心头撞鹿。部门上下，莫名其妙，人人自危。经警方介入调查，原来是一个女性职员因晋升不公平，自 2017 年 8 月开始，给整个部门的饮用水通过针管注射刺激母猪发情用的激素长达两年之久，导致了如此不堪的局面。

▶ 案例评析

绩效评比、奖金发放、干部提拔等满足个人不同层次的需求方面，一旦得不到满足，特别是应该得到满足而由于客观原因没有得到满足，这时就会影响人的情绪，产生怨气，思虑报复。到了这一步就会严重影响安全生产和工作。该案例提醒各行各业的领导干部要秉公处事，任人唯贤，选拔德才兼备的人才到干部岗位上。

千里之堤以蝼蚁之穴溃，百尺之室以突隙之烟焚。——《韩非子·喻老》

35　分级管控排隐患　安全生产双保险

一、隐患排查治理

《安全生产法》第四十一条第一、二款规定，"**生产经营单位应当建立安全风险分级管控制度，按照安全风险分级采取相应的管控措施。生产经营单位应当建立健全并落实生产安全事故隐患排查治理制度，采取技术、管理措施，及时发现并消除事故隐患。**"本条规定生产经营单位应当建立两个相互关联相互衔接的制度，逻辑上应该先"生产安全事故隐患排查治理制度"后"安全风险分级管控制度"，即先排查出隐患，再风险分级管控，然后施以治理措施。

《安全生产法》有关安全事故隐患规定的条文多达 15 条，同一条文提及"隐患"二字多达三至五处的有三条，如第四十一条、第六十五条和第七十条。由此可见，对隐患排查治理的重视可谓无以复加。如《安全生产法》第四十一条第二、三款"**事故隐患排查治理情况应当如实记录，并通过职工大会或者职工代表大会、信息公示栏等方式向从业人员通报。其中，重大事故隐患排查治理情况应当及时向负有安全生产监督管理职责的部门和职工大会或者职工代表大会报告。县级以上地方各级人民政府负有安全生产监督管理职责的部门应当将重大事故隐患纳入相关信息系统，建立健全重大事故隐患治理督办制度，督促生产经营单位消除重大事故隐患。**"本条有 4 处提及了"事故隐患"。

事故隐患是指在生产经营活动中存在隐蔽的可能导致事故发生的物的危险状态、人的不安全行为和管理上的缺陷。事故隐患分为一般事故隐患、重大事故隐患和特别重大事故隐患。

《电力安全隐患监督管理暂行规定》（电监安全〔2013〕5 号）第三条，"**本规定所称隐患是指电力生产和建设施工过程中产生的可能造成人身伤害，或影响电力（热力）正常供应，或对电力系统安全稳定运行构成威胁的设备设施不安全状态、不良工作环境以及安全管理方面的缺失。**"这里的隐患包括安全管理方面的缺失：安全围栏设置不正确、接地线数量不足、缺失监护人、不核对设备编号、盲目攀登电力设备、随便取用钥匙开启带电间隔、带负荷合闸等；设备设施和作业环境不安全状态，如，汽轮机轴承润滑表计显示正常但实际供油不足、变电站开关跳闸机构不灵、隔离开关打不开、继电保护装置连接虚接；不良工作环境：露天石墨开采矿附近的变电站、大型施工工程旁边的高压线路、电力设施检修现场沟壑纵横等；人的不安全行为：违纪违章指挥和违章作业行为。

事故隐患排查要形成常态运行的制度。生产经营单位要紧紧依靠安全生产管理人员、技术人员和岗位员工，调动职工群众的积极性，发挥他们对安全生产的知情权、参与权和监督权，组织职工全面细致地查找各种事故隐患，积极主动地参加隐患治理。事故隐患排查的渠道有多种：各部门全面自查；由上而下逐级检查；单位专项检查；单位全面检查。电力企业排查治理事故隐患的程序步骤：查找—评估—报告—治理（管控）—验收—销号。

二、风险分级管控

安全生产分级管控就是通过识别生产经营活动中存在的危险、有害因素，并运用定性或定量的统计分析方法确定风险的严重程度，进行风险分级确定风险控制的优先顺序和控制措施，以达到改善安全生产环境、减少或杜绝安全生产事故的目的而采取的措施和规定。

1. 风险级别的评估

风险评估是在事故隐患风险识别的基础上，通过定性和定量等技术手段估计和评价风险发生的可能性和危害程度，确定风险指标值，通过与风险标准进行比较，确定风险等级，确定风险是否可以接受以及风险控制措施。

定性风险评估可以通过经验总结或分析历史资料数据中各种风险次数，估计风险发生的概率，风险事件后果的估计，包括风险损失的性质、范围大小和风险损失的时间分布等。

定量风险评估可以通过对企业生产全过程的全部风险与影响进行量化评价分级，根据评价分级结果有针对性地进行风险与影响控制。

风险值（大小、级别）一般取决于三个方面的因素：发生事故可能性大小（赋予权重分值）、暴露于危险环境频度（经验或统计频率）、发生事故可能的后果（用经济损失来表示，人民币元）。定性评估用文字表述，定量评估用数字量化。如表 35-1 所示的风险预测评估表和表 35-2 所示的风险影响评估表。

表 35-1　　　　　　　　　　　　风险预测评估表

定量法一	评分	1	2	3	4	5
定量法二	一定时期发生概率	10%	10%～30%	30%～70%	70%～90%	90%以上
定性法	文字描述一	极低	低	中等	高	极高
	文字描述二	一般不发生	极少发生	某些情况发生	较多情况发生	经常发生
	文字描述三	10年一次	6～10年一次	2～5年一次	1年内可能发生1次	一年内至少发生1次

表 35-2　　　　　　　　　　　　风险影响评估表

定量法一	评分	1	2	3	4	5
定量法二	财物损失占税前利润百分比	1%	1%～5%	6%～10%	11%～20%	20%以上
定性法	文字描述一	极轻微	轻微	中等	重大	灾难性
	文字描述二	极低	低	中等	高	极高

表35-2   风险影响评估表   续表

定性法	文字描述三	企业日常运行	不受影响	轻度影响	中度影响	严重影响	重大影响
		财物损失	轻微	较低	中等	重大	极大
		企业信誉负面消息	内部流转	当地流转	区域流转	全国流转	国外流转

为了简便起见，把表35-1的风险预测评估表的因素简化合并为一个定量化因素：风险发生的概率；把表35-2的风险影响评估表的诸多因素综合为一个定量化因素：经济损失人民币 ×× 元。把多个风险定位在二维表上就可以确定其风险等级了。

2. 风险分级管控

根据以上案例的风险分级，分别施以不同的管控治理措施。通常情况下，对风险的应对，一是采取措施防患于未然，尽可能地消除或降低风险发生的概率，将风险的发生控制在一定的概率下；二是通过适当的措施，减轻风险事件发生后的损失和影响程度。

对于风险的化解通常有四大类管控措施。

（1）风险规避。取消风险量很大且目前没有有效措施降低风险量的事件，以避免风险的出现。但在供电营销中，供电方有强制缔约义务。即便知道政府招商的用电量超大的用户资信很差，也无法取消。只能在签订合同时严格审查并采取担保措施，然后监督履行，及时采取救济的措施。

（2）风险抑制。对风险无法回避、放弃和转移的事件，通常采用风险抑制，但需考虑所采取措施的成本。通过加强风险管理，降低风险事件发生的概率，减少风险事件造成的损失。

（3）风险转移。通过某种方式，将某些风险的后果连同应对风险的权利和发生风险的责任一并转移给他人，自己不再直接面对风险。如，电力企业的工程项目遇到安全事故伤害风险，可以通过工程保险由保险公司承担。

（4）风险自留。对于低等级的风险不便于采取其他控制方式的，或者风险后收益可以容纳或者后果能够承受，企业采取风险自留的措施。实际上电力企业多是自留风险，只是企业采取管控的急缓程度和措施不同。

分级管控的第二重意思是不同等级的风险管控的部门级别不同。原则上风险等级越高管控的部门级别就越高。还有一个原则是，上一级管控的下一级都要管控并逐级落实具体措施。

对安全生产事故隐患排查治理和风险分级管控是安全生产法的重中之重，多条文规定，多方面强调。譬如，《安全生产法》第二十一条第五款规定，"**组织建立并落实安全风险分级管控和隐患排查治理双重预防工作机制，督促、检查本单位的安全生产工作，及时消除生产安全事故隐患。**"

第四十一条规定，"**事故隐患排查治理情况应当如实记录，并通过职工大会或者职工代表大会、信息公示栏等方式向从业人员通报。其中，重大事故隐患排查治理情况应当及时向**

负有安全生产监督管理职责的部门和职工大会或者职工代表大会报告。县级以上地方各级人民政府负有安全生产监督管理职责的部门应当将重大事故隐患纳入相关信息系统，建立健全重大事故隐患治理督办制度，督促生产经营单位消除重大事故隐患。"

第一百零一条规定，"生产经营单位有下列行为之一的，责令限期改正，处十万元以下的罚款；逾期未改正的，责令停产停业整顿，并处十万元以上二十万元以下的罚款，对其直接负责的主管人员和其他直接责任人员处二万元以上五万元以下的罚款；构成犯罪的，依照刑法有关规定追究刑事责任：……（四）未建立安全风险分级管控制度或者未按照安全风险分级采取相应管控措施的；（五）未建立事故隐患排查治理制度，或者重大事故隐患排查治理情况未按照规定报告的。"

案例 35-1

某电力安装公司自去年开展两个体系创建以来，自上而下全面铺开隐患排查：①各部门开展全员查找事故隐患活动，查实后并登记造册上报；②各部门在职责范围内，要定期组织安全生产情况的监督检查，及时发现和消除各类事故隐患，尤其要加强对重大事故隐患的排查和监管；③各部门对重大事故隐患和特别重大事故隐患或一时难以解决的隐患要立即采取必要的措施，并登记造册，逐级上报，彻底整改；④各部门要建立事故隐患登记制度，将检查发现的各类事故隐患的具体情况、应对措施、监管责任人、整改结果、复查时间等一一进行详细记录。近半年来发动全体员工查找大小安全隐患390多个，评估出高等级以上风险63个，并逐一制定落实了管控措施，取得明显效果，去年下半年以来全公司1000多人未发生轻伤以上事故。

▶ 案例评析

隐患排查和分级管控既是先进的安全理念也是强有力的治理措施，生产经营企业必须从思想上高度重视，转变观念，强化风险意识，从过去单纯抓隐患排查治理转变到风险分级管控和隐患排查治理并重上来，在电力建设项目设计、施工、竣工验收以及变配电和电力营销等各个工作模块，把风险管控放在首位。

车辅相依，唇亡齿寒。——《左传·官之奇谏假道》

36　爆破吊装最危险　同域作业保安全

在建筑、挖掘、房屋设备修缮和其他工程中，经常有起重机械的任何部位进入架空电力线路保护区；在保护区内传递物体，特别是导电物体；挖掘机进入地下电缆保护区施工；运动器械物体小于导线距穿越物体之间的安全距离，通过架空电力线路保护区；电力设施保护区实施爆破作业等。以上这些禁止性行为经常损毁电力设施。据统计，10kV 以上高压线路或地下电缆的破坏事故大多是由吊车碰线、在保护区违章作业、野蛮施工挖断电缆、车辆撞断杆塔等外力破坏造成的，约占 60%。

一、两个以上生产经营单位在同一作业区域内进行生产经营活动

《安全生产法》第四十八条规定，"**两个以上生产经营单位在同一作业区域内进行生产经营活动，可能危及对方生产安全的，应当签订安全生产管理协议，明确各自的安全生产管理职责和应当采取的安全措施，并指定专职安全生产管理人员进行安全检查与协调。**"

电力企业作为相邻关系人一方，要正确理解该条，就要对"作业"做扩展性理解，对于电力企业特别是电网企业而言，高压电力设施正在输送电流就是正在进行生产经营活动，就是参与共同作业的一方。照此理解，凡是在电力设施保护区作业的其他生产经营单位都有可能破坏电力设施造成安全生产事故。因此，都应该按照《安全生产法》第四十八条采取安全措施。最可靠的措施是指定专职安全生产管理人员亲临现场进行安全检查与协调。这不是浪费人力资源，这是在履行安全生产监督检查协调义务。

二、爆破、吊装和其他危险作业是最严重的危及安全生产的作业

生产经营实践中爆破、吊装和其他危险作业是严重危及安全生产的作业，因此《安全生产法》第四十三条将这些作业列举出来，提醒生产经营单位从法律的层面加以注意，"**生产经营单位进行爆破、吊装、动火、临时用电以及国务院应急管理部门会同国务院有关部门规定的其他危险作业，应当安排专门人员进行现场安全管理，确保操作规程的遵守和安全措施的落实。**"

对于电力企业而言，除了爆破、吊装，其他危险作业有：电力电缆保护区挖掘工程、电力架空线路保护区建筑工程、超高超载超速运输作业、其他电力设施保护区小于安全距离的穿越作业、电力设施保护区种植高杆植物、堆积土石等危险作业。如果电力企业面对如上在自家电力设施保护区的危险作业，仗仰着谁破坏谁赔偿的"理儿"不管不问，放任自流，一旦发生事故，线路断落、杆塔倒伏、停电断电，真要走到赔偿的程序，试问电力企业作为作业的一方是否有违反《安全生产法》第四十三条和第四十八条之嫌？

因此，从电力设施容易受到破坏这个角度理解，电力企业是两个以上生产经营单位在同一作业区域内进行生产经营活动中最脆弱的一方。几乎所有危险作业对方都可能对电力企业的设施设备造成破坏。因此说，《安全生产法》第四十八条"两个以上生产经营单位在同一作业区域内进行生产经营活动"和第四十三条"生产经营单位进行爆破、吊装、动火、临时用电以及国务院安全生产监督管理部门会同国务院有关部门规定的其他危险作业"的规定，对电力企业显得尤为重要。电力企业务必认真贯彻，坚决执行。

三、电力法律法规关于多单位作业互相危及安全生产的规定

《电力法》第五十二条第二款规定，"**在电力设施周围进行爆破及其他可能危及电力设施安全的作业的，应当按照国务院有关电力设施保护的规定，经批准并采取确保电力设施安全的措施后，方可进行作业。**"

第五十四条规定，"**任何单位和个人需要在依法划定的电力设施保护区内进行可能危及电力设施安全的作业时，应当经电力管理部门批准并采取安全措施后，方可进行作业。**"

《电力设施保护条例》第十二条~第十八条，第二十条的相关规定如下。

第十二条　任何单位或个人在电力设施周围进行爆破作业，必须按照国家有关规定，确保电力设施的安全。

第十三条　任何单位或个人不得从事下列危害发电设施、变电设施的行为：

（一）闯入发电厂、变电站内扰乱生产和工作秩序，移动、损害标志物；（二）危及输水、输油、供热、排灰等管道（沟）的安全运行；（三）影响专用铁路、公路、桥梁、码头的使用；（四）在用于水力发电的水库内，进入距水工建筑物 300 米区域内炸鱼、捕鱼、游泳、划船及其他可能危及水工建筑物安全的行为；（五）其他危害发电、变电设施的行为。

第十四条　任何单位或个人，不得从事下列危害电力线路设施的行为：

（一）向电力线路设施射击；（二）向导线抛掷物体；（三）在架空电力线路导线两侧各 300 米的区域内放风筝；（四）擅自在导线上接用电器设备；（五）擅自攀登杆塔或在杆塔上架设电力线、通信线、广播线，安装广播喇叭；（六）利用杆塔、拉线作起重牵引地锚；（七）在杆塔、拉线上拴牲畜、悬挂物体、攀附农作物；（八）在杆塔、拉线基础的规定范围内取土、打桩、钻探、开挖或倾倒酸、碱、盐及其他有害化学物品；（九）在杆塔内（不含杆塔与杆塔之间）或杆塔与拉线之间修筑道路；（十）拆卸杆塔或拉线上的器材，移动、损坏永久性标志或标志牌；（十一）其他危害电力线路设施的行为。

第十五条　任何单位或个人在架空电力线路保护区内，必须遵守下列规定：

（一）不得堆放谷物、草料、垃圾、矿渣、易燃物、易爆物及其他影响安全供电的物品；（二）不得烧窑、烧荒；（三）不得兴建建筑物、构筑物；（四）不得种植可能危及电力设施安全的植物。

第十六条　任何单位或个人在电力电缆线路保护区内，必须遵守下列规定：

（一）不得在地下电缆保护区内堆放垃圾、矿渣、易燃物、易爆物，倾倒酸、碱、盐及其他有害化学物品，兴建建筑物、构筑物或种植树木、竹子；（二）不得在海底电缆保护区内抛锚、拖锚；（三）不得在江河电缆保护区内抛锚、拖锚、炸鱼、挖沙。

第十七条　任何单位或个人必须经县级以上地方电力管理部门批准，并采取安全措施后，方可进行下列作业或活动：（一）在架空电力线路保护区内进行农田水利基本建设工程及打桩、钻探、开挖等作业；（二）起重机械的任何部位进入架空电力线路保护区进行施工；（三）小于导线距穿越物体之间的安全距离，通过架空电力线路保护区；（四）在电力电缆线路保护区内进行作业。

第十八条　任何单位或个人不得从事下列危害电力设施建设的行为：

（一）非法侵占电力设施建设项目依法征用的土地；（二）涂改、移动、损害、拔除电力设施建设的测量标桩和标记；（三）破坏、封堵施工道路，截断施工水源或电源。

第二十二条　公用工程、城市绿化和其他工程在新建、改建或扩建中妨碍电力设施时，或电力设施在新建、改建或扩建中妨碍公用工程、城市绿化和其他工程时，双方有关单位必须按照本条例和国家有关规定协商，就迁移、采取必要的防护措施和补偿等问题达成协议后方可施工。

《电力设施保护条例实施细则》第十条规定，"**任何单位和个人不得在距电力设施周围500米范围内（指水平距离）进行爆破作业。因工作需要必须进行爆破作业时，应当按国家颁发的有关爆破作业的法律法规，采取可靠的安全防范措施，确保电力设施安全，并征得当地电力设施产权单位或管理部门的书面同意，报经政府有关管理部门批准。在规定范围外进行的爆破作业必须确保电力设施的安全。**"

四、防范措施

根据《安全生产法》和电力法律法规的规定，对于电力企业涉及两个以上生产经营单位在同一作业区域内进行生产经营活动和生产经营单位进行爆破、吊装以及国务院安全生产监督管理部门会同国务院有关部门规定的其他危险作业的情形，可以梳理出如下安全生产防范措施。

（1）各方协商一致，签订安全生产管理协议，明确各方安全生产的义务、职责和违约责任。

（2）相关单位本着以下原则投资采取切实可行的安全措施或者给予对方或他方经济补偿。

1）在先优越原则。设施在先的一方处于优越地位。就是说设施在后建设的一方应当投资采取安全措施或者给对方经济补偿。如电力线路在先，则应由相邻方投资搭建电力线路保护网架。

2）协商原则。至于哪方迁移，哪方采取保护措施，谁来投资问题，均应本着平等协商的原则达成一致意见。否则，应报告政府应急管理部门协调处理。电力企业应提请当地电力管理部门处理。

（3）报告电力管理部门批准施工作业之后，多方必须协商一致采取安全措施之后方可开始建设施工或者其他作业。

（4）作业各方应当安排专门人员进行现场安全管理和临时协调，共同确保遵守操作规程和落实安全措施。

案例 36-1

某日17时许，由于某市橄榄区道路施工，一辆吊车碰到110千伏线路，造成C相断股，线路跳闸，重合不成功。供电公司调度通知巡线人员巡线。找到故障地点发现，电气化铁路在110千伏线路周围施工，故障时由于作业中吊车触碰到110千伏线路所致。由于吊车与线路之间放电，致使C相断股。为了防止断线，供电公司立即制止了电气化铁路的施工，抓紧时间停电抢修。

▶ 案例评析

本案在110千伏线路附近施工，一旦出现事故断线、停电、抢修，损失重大。施工单位应当报告电力管理部门批准后并商请供电公司协助采取安全措施后才开始施工。双方应签订安全协议并确定安全保护措施到位。

本案的情况比较普遍，建议电力管理部门向政府报告，要求根据电力设施保护法律法规，协调电力管理部门、应急管理部门、电力企业等对于互涉工程施工的安全问题实行会审制度，从法律和制度上解决此类问题。其次，该案中供电公司应当要求电气化铁路施工单位赔偿因为跳闸停电和断股维修造成的经济损失，并与其签订今后互涉工程安全施工协议，违者承担违约责任并赔偿经济损失。

案例 36-2

某日晚约 9 时 30 分，李某某骑自行车外出就餐归来途中，自南向北行至某市交叉路口处跌入东南角箱式变压器的电缆坑中。经司法鉴定，李某某的伤残程度属八级。李某某遂将供电公司和市政公司告上法庭，诉求二被告赔偿损失 111710.94 元和精神损害 8000 元。

法院审理查明：（1）市政公司在道路施工时因扩路将原本设置在人行道上的电缆箱的位置改为行车道的一部分，虽然因供电公司未及时迁移电缆箱造成此处无法施工，但因电缆箱地处道路交叉口，人车流量大，极易发生事故，为了公共安全，市政公司在该段道路通车时应及时在电缆箱附近设置安全标志或采取其他安全措施，确保行人和车辆的安全，此是其作为道路施工人的必要义务，但市政公司未及时采取安全保障措施，其对损害的发生应承担主要责任。

（2）供电公司对事发地点的电力设施负有管理、维护的职责，在道路开通前就应及时迁移电缆箱，但其在道路开通 10 日后仍未能及时进行迁移也未设置警示标志，疏于履行职责，致使李某某跌入电缆箱沟，受伤致残。供电公司客观上的不作为与李某某的受伤具有因果关系，而且供电公司未能证明其对电缆箱及时采取安全措施主观上无过错。所以，供电公司应对李某某承担次要责任赔偿责任。

法院按市政公司、供电公司、李某某 5∶3∶2 划分责任，赔偿原告经济损失 111710.94 元和精神损害 8000 元。宛城供电公司和市政公司作为共同侵权人应对李某某的损害承担连带赔偿责任。

案例评析

本案是市政公司在电力设施保护区作业，市政工程妨害了电力设施。市政工程施工一方违反了"应当签订安全生产管理协议，明确各自的安全生产管理职责和应当采取的安全措施，并指定专职安全生产管理人员进行安全检查与协调"之规定，没有主动与供电公司协商工程施工计划和安全措施，而是一意孤行。而供电公司也不主动，不做作为，致使李某某坠坑受伤。

本案镜鉴，在电力工程与其他一家或多家其他工程互相妨害时，互相配合，协调一致，采取安全措施异常重要。由于市政和供电公司违背了协商原则和采取安全措施原则，以致两败俱伤。

第3章 从业人员的安全生产权利义务

37 "大三违"易被忽略 管理层全面追责

从安全生产管理和作业人员行为上"三违"分为"大三违"和"小三违"。平时说的"三违"通常是指"小三违"，这些违章行为导致了 86% 以上的生产事故。"大三违"是生产经营单位管理层违反安全生产法律法规的行为，未尽安全管理职责，埋下安全隐患，导致安全事故的行为。"大三违"是更深层次的违章，是事故的间接原因，却往往在事故分析处理中被忽视淡漠，事故责任占比偏小，不利于安全生产管理整体水平的提高。"大三违"包括管理性违章、装置性违章和作业行为违章。作业行为违章就是我们平时关注最多的"小三违"。本文将讨论"大三违"的前二者，"小三违"在下一讲中讨论。

一、管理性违章

1. 管理性违章法律规定与概念

《安全生产法》第二十一条规定，"生产经营单位的主要负责人对本单位安全生产工作负有下列职责：（一）建立健全并落实本单位全员安全生产责任制，加强安全生产标准化建设；（二）组织制定并实施本单位安全生产规章制度和操作规程；（三）组织制定并实施本单位安全生产教育和培训计划；（四）保证本单位安全生产投入的有效实施；（五）组织建立并落实安全风险分级管控和隐患排查治理双重预防工作机制，督促、检查本单位的安全生产工作，及时消除生产安全事故隐患；（六）组织制定并实施本单位的生产安全事故应急救援预案；（七）及时、如实报告生产安全事故。"

一个企业的安全生产从制度的制定到培训实施，首先由生产经营单位主要负责人牵头组织指导单位安全管理部门及其人员和各部门负责人落地执行。

管理性违章的主体是生产单位领导层、管理和技术人员，违反安全生产法律规定的安全管理职责规定，不作为或者履职不到位，导致安全管理松懈，埋下各方面的"小三违"隐患而导致事故发生的违法违规或违章行为。

《安全生产法》第二十五条规定，"生产经营单位的安全生产管理机构以及安全生产管理人员履行下列职责：（一）组织或者参与拟订本单位安全生产规章制度、操作规程和生产安全事故应急救援预案；（二）组织或者参与本单位安全生产教育和培训，如实记录安全生产教育和培训情况；（三）组织开展危险源辨识和评估，督促落实本单位重大危险源的安全管理措施；（四）组织或者参与本单位应急救援演练；（五）检查本单位的安全生产状况，及时排查生产安全事故隐患，提出改进安全生产管理的建议；（六）制止和纠正违章指挥、强令冒险作业、违反操作规程的行为；（七）督促落实本单位安全生产整改措施。生产经营单位可以设置专职安全生产分管负责人，协助本单位主要负责人履行安全生产管理职责。"

安全生产管理机构以及安全生产管理人员违反如上规定，未能全面正确履行以上职责的行为属于管理性违章。导致管理性违章有以下原因。

（1）没有把安全产生放在第一位。对国家安全生产法律法规和行业安全标准与规程不重视、不理解或者理解不深透，宣贯不到位。譬如，不参加安全工作会议，不组织安全制度要求的相关安全活动。对有关职业健康安全与环境管理的法规政策落实不力，不及时协调解决、贯彻落实安全生产法规政策中出现的问题；本单位安全规章制度不完善，有空缺，有漏洞；安全生产规章制度形同虚设，徇私舞弊，不能严格按照安全生产责任制公正公开处理安全事故；事故调查处理不能按照"四不放过"的原则开展，未分析事故发生的原因，未组织制订、落实相关的安全防范措施，没有起到警示教育作用，对相关责任人未严肃处理，甚至不了了之走过场；安全奖惩不合理不公平；不重视安全文化建设：缺失安全生产文化氛围，厂区、车间没有安全标语、口号、提醒、嘱咐；不重视安全教育培训，如不搞安全知识竞赛、反事故演习等。

（2）预防为主和忧患意识淡薄。把安全事故的发生看作是或然性的随机事件。安全生产长期放任不管，不安全因素积累，量变到质变，安全事故发生就具有高度盖然性。经过生产实践证明的：事故不是随机的、不具或然性，而是可防可控的。不参加安全检查，不依法经常及时地排查、分析、排除隐患；例行安全检查，走马观花，没深入各个模块和环节认真仔细地排查安全隐患；对已存在的安全隐患，未能及时分级分类管控排除；对员工反映的安全隐患听而不闻。这样管理安全生产，事故必定找上门来。

（3）缺失安全生产综合治理措施。在思想上，没能及时把握影响员工安全生产的思想动向，予以疏通引导；没能随时了解员工的家庭困难和其他突发事件，在工作生活上给予关心关怀，纾困解难；未能调动一切可以调动的力量积极参与安全生产管理，让各部门通力协作齐抓共管；忽视了家庭成员对安全生产的积极辅助作用，没有适当的活动让家庭成员参与安全生产管理，表彰对安全生产做出积极贡献的员工的家庭成员；缺乏对职工在安全生产方面贡献的精神鼓励和物质奖励措施等。

（4）缺乏远期安全生产管理体系和目标。安全生产管理不成体统，缺什么补什么。譬如，迎接检查造资料，定制度，上软件，补硬件，忙活一阵子；出了事故，开大会，学制度，搞培训，讲安全，紧张一阵子。缺乏长远目标，短期行为，得过且过，导致安全生产管理非常态化，不能做到警钟长鸣，常抓不懈。如：①组织措施与技术措施不合规；②从业人员工作任务分配失当；③工作票、作业指导书不符合安全规程；④监控缺失；⑤工作变化不请示；⑥违章指挥；⑦检查、检验不到位等。平时安全管理中未能把查找、分析、排除安全隐患作为安全生产管理的重中之重。

管理性违章是深层次的违章，上层的违章。违章的领导带不出安全生产的队伍！要治理作业人员层面的违章，就必首先治理领导层的管理性违章。

2. 管理性违章的危害

（1）权威性和隐蔽性。由于管理层的权威属性，管理者行为往往是高层面的、宏观的，底层难以察觉到，具有隐蔽性，以致掩盖了管理性违章对安全生产重要的、深层次的、全面的影响。表现为安全生产主抓一线员工的"小三违"行为，而领导层的管理性违章则不受监督。

（2）滞后性。管理性违章全面渗透影响着生产单位的安全生产。尽管领导抓安全生产不力，也不一定立竿见影发生事故。就是说，虽然管理性违章出现，事故并不随之而来，往往具有一定的滞后性。这就使得领导误认为不是自己安全生产管理得不好，是一线作业人员违章操作；一线作业人员看不到上层隐蔽的管理性违章，再加上不敢质疑权威，以致自上而下领导和员工都忽视了管理性违章。事故的发生就是必然的了。

（3）诱导性。管理者有意或无意违反安全法律法规，发现作业人员违章操作不及时纠正等行为。上行下效，潜移默化，势必会诱导员工滋生轻视安全生产的不良习惯。层次越高，权威越大，影响越坏。从经理到主任到班长到员工对违章视而不见，听而不闻，安全生产就会全线崩塌。

（4）顽固性。管理者不深入生产实践，其管理性违章又具有权威性、隐蔽性、滞后性和诱导性，自身都不能察觉，谈何纠错改错？再加之领导权力的威慑力作用，一旦发生事故，往往被认为是作业人员的违章所致，比之于作业人员的具体的、真实的、显见的违章操作更具有顽固性。

因此，管理性违章比员工的违章作业为害更深、更广。在安全生产管理方面，应依法合规，自觉主动遵章守纪，抵制管理性违章行为，确保安全生产。各级安全管理人员应从内心深处认识到违章性管理的危害，以身作则，恪尽职守。全员上下一致，牢固树立"安全第一"思想，各负其责，尽职尽责，实现安全生产管理目标。

二、装置性违章

1. 装置性违章的定义和分类

装置性违章，指工作现场的环境、设备、设施及工器具等不符合有关安全标准和规程的要求，不能保证人身和设备的安全。装置性违章的主体有现场作业的工作许可人、工作负责人、监护人、作业人员等。装置性违章分为两大方面。

（1）工作环境违章。工作环境（作业场所）存在危险隐患：缺失围栏设置、警示牌的悬挂、孔洞的盖堵，邻近平行带电线路作业没有预防感应电的接地线；存在超标的粉尘、有毒有害气体；过高或过低的温度和湿度；野外作业场所有沟壑、山涧，有落石滚石的危险；煤井作业有冒顶塌方透水、瓦斯气体超标等危险。

（2）防护性装置缺陷。①工作场所缺失安全防护性装置或者防护性装置不符合安全规程的规定，也包括对机器设备防护性装置的维护、保管、检测和使用中，违反技术规定和安全规定的行为；用于生产或施工的机器设备装置的安全防护装备有缺陷，如有轮无罩，有轴无套。②工作设备装置状态错误：锅炉的压力、汽机的转速、轴瓦的密封、电流电压互感器的开断状态，阀门、开关的开合状态；设备的转速、变速、启停状态等。

这里的防护性装置是指生产经营活动中，为将危险因素、有害因素控制在安全范围内以及预防、减少、消除危害所配备的设备和采取的措施。

2.装置性违章的表现分类列举

（1）各行业安全防护装置不全、有缺陷或不符合规程规定。

1）机械转动部分无罩、带电部分无绝缘保护；

2）危险化学品阀门、法兰等密封点没有防护罩；

3）电源箱无漏电保护器；

4）配电盘、电源箱、非防雨型临时开关箱等配电设施无可靠的防雨设施；

5）电焊机、卷扬机等小型施工机械无可靠防雨设施；

6）使用 220 伏及以上电源作为照明电源，无可靠安全措施；

7）在金属容器内施焊时，容器外未设专人监护；

8）在有粉尘或有害气体的室内或容器内工作，未设防尘或通风装置；

9）锅炉房、汽机房各层氧、乙炔集中布置点无防火罩；

10）高处危险作业的平台、走道、斜道等处未装设防护栏杆或未设防护立网；

11）高处危险作业下方未搭设牢靠的安全网等防护隔离；

12）施工现场、高处作业区域的孔洞无牢固的盖板、标识和围栏；

13）高处作业的水平梁上未设置水平安全绳；

14）垂直攀登作业未设置并正确使用垂直攀登自锁器；

15）深沟、深坑四周无安全警戒线或围栏、夜间无警告红灯；

16）夜间高处作业或炉膛内作业照明不足；

17）高处交叉作业、拆除工程等危险作业，四周无安全警戒线；

18）高处作业临边未设防护栏和挡脚板，脚手板未按标准敷设或有探头板未绑扎牢；

19）脚手板有虫蚀、断裂现象或强度不够，质量不能满足高空作业要求；

20）防护隔离层、安全网搭设不牢固、不可靠；

21）脚手架上堆物超过其承载能力；

22）安全设施损坏或有缺陷未及时组织维修；

23）安全防护用品未按要求检验更换或安全防护用品、用具配备不全、数量不足、质量不良。

（2）生产、施工设备、机具、工器具本身安全防护有缺陷。

1）起重机械制动、信号装置、显示装置、保护装置失灵或带病作业；

2）使用不合格的吊装工器具或未按规程要求定期检验；

3）焊把或电焊机二次线绝缘不良，有破损；

4）电焊机外壳无接地保护；

5）流动电源盘无漏电保安器或漏电保安器失灵；

6）现场使用不规范的流动电源盘、隔离开关、电源板；

7）流动电源盘的电源线未经固定配电箱的漏电保安器；

8）氧、乙炔管道、阀门、皮管漏气；

9）现场低压配电开关、护盖不全，导电部分裸露；

10）机器联轴器处无防护罩；

11）电动机器无接地线。

（3）生产、施工设备、机具、工器具的使用不符合安全规定。

1）在电缆沟、隧道、夹层、钢烟道内工作不使用安全电压行灯照明或行灯电压超过36伏；

2）在金属容器内、管道内、潮湿的地方使用的行灯电压大于12V；

3）易燃、易爆区域使用普通电器（应使用防爆电器）；

4）一个开关控制两台及以上电动设备；

5）施工电梯、吊笼带病运行或超载；

6）焊接作业使用的挡风帆布不防火。

（4）安全标志、设备标志不全、不清晰或不符合规定。

1）安全标志：保护性标识、禁止性标识、警示性标识、指令性标识、提示性标识不全、不清晰、不符合规定；

2）管线上的介质标识没有或不全；

3）易燃、易爆区、重点防火区、消防器材配备不齐、不符合消防规程的要求，无警示标识。

4）车间、工作现场临时工作安全警示缺失或不全。

（5）特殊设备未经专业部门定期检验许可擅自使用。

1）锅炉、压力容器、气瓶、压力管道、电梯、起重机、厂区内机动车辆等未经专业部门定期检验；

2）消防器材不定期检验；

3）机具库出库的电动工具、机械不符合国家有关安全标准；

4）脚手架搭设后未经使用部门验收合格并挂牌后就使用；

5）电气安装工器具、绝缘工具未按规定定期试验。

（6）作业环境混乱无序。

1）毛坯、成品、工具摆放无序；

2）建筑材料不按规定卸车、存放或占道；

3）拆除的木料、脚手架、钢模板、架杆等不及时运走，堆放杂乱；

4）现场材料、构件、设备堆放杂乱，未分类摆放；

5）办公室、工具房、车间等地方的室内、门前或周围杂乱；

6）易燃、易爆物品存放位置、地点、环境不符合安全规定。易燃、易爆区、重点防火区，防火设施不全、失去功能或防火措施不符合规定要求；

7）现场消防通道不畅通；

8）物品占用消防井或消防通道；

9）施工区域电焊线、电源线不集中布置，走向混乱，过通道无保护措施；

10）危废库房、油品库房没有消防器材或损坏；

11）危废库房、油品库房未上锁。

 案例 37-1

1986 年 1 月 28 日是寒冷的一天，气温是 32 华氏度。这天早晨，在美国佛罗里达州的卡那维拉尔角，比天气更让人心寒的是挑战者号航天飞机发生的悲剧。成千上万名参观者聚集到肯尼迪航天中心，等待一睹挑战者号腾飞的壮观景象。上午 11 时 38 分，耸立在发射架上的挑战者号点火升空，直插苍穹，看台上一片欢腾。但航天飞机飞行到 73 秒时，空中突然传来一声闷响，只见挑战者号顷刻之间爆裂成一团橘红色火球，碎片拖着火焰和白烟四散飘飞，坠落到大西洋。价值 10 亿美元的挑战者号发生爆炸，全世界为之震惊。尽管在发射前夕生产商塞尔科尔公司的工程师警告不要在低于 53 华氏度的冷天发射，但是由于发射已被推迟了 5 次，所以警告未能引起美国国家航空航天局官员的重视。

总统咨询委员会成员费曼指出，低温使得 O 型密封环弹性消减变硬，因而不能密封间隙，致使密封失效所致，并当场给总统咨询委员会成员做了实验。这个密封环位于右侧固体火箭推进器的两个低层部件之间。失效的密封环使炽热的气体点燃了外部燃料罐中的燃料导致挑战者号爆炸。飞行档案记录也证明，O 型密封环的最低飞行温度是 53 华氏度。

▶ 案例评析

安全生产规程是由科学规律和实践经验确定的，是不以美国国家航空航天局官员的主观意志为转移的。官员们远离科学实践单凭权威是改变不了发射当时的天气温度的。

发射环境气温不符合设计规定和运行气温记录，即使推迟一万次发射也是小事。但是美国国家航空航天局官员滥用行政权力违章指挥发射，以至于发生挑战者号发生爆炸和七名科学家殒命的惊天大案。

在安全生产管理方面，不要以职位高低和权力大小为准绳，应依法合规，自觉主动遵章守纪，敢于质疑权威，拒绝权威，抵制管理性违章行为，才能确保安全生产。

> "三违"行为千万种，归咎其一违规程。

38　"小三违"痼疾难改　追根子深挖细刨

违章作业未必发生事故，事故背后必定有违章。"小三违"包括违章指挥、违章作业和违反劳动纪律。《安全生产法》第四十四条规定，"**生产经营单位应当教育和督促从业人员严**

格执行本单位的安全生产规章制度和安全操作规程；并向从业人员如实告知作业场所和工作岗位存在的危险因素、防范措施以及事故应急措施。"第五十七条强调，"从业人员在作业过程中，应当严格落实岗位安全责任，遵守本单位的安全生产规章制度和操作规程，服从管理，正确佩戴和使用劳动防护用品。"

一、违章指挥

违章指挥，主要是指生产经营单位的生产管理人员违反安全生产方针、政策、法律、条例、规程、制度和有关规定错误指挥生产的行为。

下文列举了一些典型违章指挥的行为：

（1）指派不具备安全资格的人员上岗，不考虑工人的工种与技术等级进行分工。

（2）没有工作交底，没有安全技术措施，没有创造生产安全的必备条件，即组织生产。

（3）擅自变更经批准的安全技术措施。

（4）对职工发现的装置性违章和技术人员拟定的反装置性违章措施不闻不问，不组织消除。

（5）擅自决定变动、拆除、挪用或停用安全装置和设施。

（6）决定设备带病运行、超出力运行而没有相应的技术措施和安全保障措施，或是让职工冒险作业。

（7）不按规定给职工配备必须佩带的劳动安全卫生防护用品。

（8）对作业场所危险源辨识不清就指令人员作业。

（9）职业禁忌症者未及时调换工种。

（10）发布其他违反职业健康安全和环境安全法律、法规、条例、标准、规程的指令的行为。

（11）装置未满足开车条件就下令开车。

（12）阻碍撤离危险工作场所。

案例 38-1

某年9月，锅检所对酒精厂锅炉进行定期检定时发现，该锅炉擅自修理，质量低劣，存在重大事故隐患，下达了停止使用的通知，报市安监局批准后依法对该锅炉查封。

翌年10月，该厂正值生产旺季蒸汽不足。厂长决定启用被查封的锅炉，11月4日对锅炉进行化学清洗完毕后，就指派三位司炉工值班点火升压。次日6:55，锅炉爆炸，锅炉耐火砖和护板全部炸飞，锅炉本体向上飞起（因底部 1000mm×650mm 大的修补钢板焊缝坡口不当且未焊透），冲毁锅炉房混凝土大梁后落下位移1米多。致4人死亡，2人重伤，2人轻伤。

案例评析

厂长明知锅炉存在重大隐患，无视安监部门的行政决定，擅自启用查封锅炉，强令司炉工冒险点火作业，酿成重大事故。

二、违章作业

1. 违章作业概述

违章作业主要是指生产作业人员违反生产岗位的安全规章制度的作业行为。违章作业具有普遍性、经常性、继承性、习惯性、顽固性。普遍性，不论生产作业人员年龄大小、技术好差、能力强弱都会发生违章作业行为。经常性，与普遍性携手相伴。安全生产天天讲、月月讲、年年讲，依然层出不穷，前仆后继。继承性，师傅带徒弟，师傅违章作业，徒弟也照着做。习惯性，违章作业久而久之，就形成了习惯，作业之前，不思安全，不管规程，怎么顺手怎么干。正是由于前"四性"的相互渗透和作用使违章作业"养"成了顽固性。

安全规程大考小考、日考周考、月考季考，反事故演习、安全例行检查、不定期检查、安全知识竞赛、安全活动月等，各行各业几乎在不间断的、以各种方式方法进行安全管理，违章作业却不能绝迹，如何根除违章？这也就是我们本讲要医治的顽疾和痼疾。

2. 违章行为表现

（1）违反安全生产管理制度。

1）新到岗员工、变换工种、复工人员未经安全教育培训就上岗。

2）特种作业人员无证操作。

3）作业前不检查设备、工具和工作场地安全情况。

4）设备有故障或安全防护装置缺乏。

5）发现隐患不报告不排除，冒险操作。

6）危险作业未经审批并办理工作票，或虽经审批办理工作票但未认真落实安全措施就开工。

7）在禁火区吸烟或明火作业。

8）在受限或闭环空间内安排单人工作或本人自行操作。

（2）不按规定穿戴劳动防护用品、使用用具。

1）留有超过颈根以下长发、披发或发辫，不穿合格的工作服，不戴安全帽或不将长头发置于帽内而进入有旋转设备的生产区域。

2）生产场所打赤膊、穿背心。

3）操作或检测维修旋转设备时，敞开衣襟操作。

4）在易燃、易爆、明火等作业场所穿化纤服装操作。

5）高处作业或在有高处作业、有机械化运输设备下面工作不戴安全帽。

6）操作高电压设备不戴绝缘手套，不穿绝缘鞋。

7）电焊、气焊（割）、金属切削等加工中有可能有铁屑异物溅入眼内而不戴防护眼镜。

8）高处作业位置非固定支撑面上、在牢固支撑面边沿处、在支撑面外和在坡度大于45°的斜支撑面上工作未使用安全带。

（3）电力行业违反安全操作规程。

1）砸煤时不戴防护眼镜。

2）不能及时消除煤堆形成的陡坡。

3）卸煤工从车厢上直接跳下。

4）在抓煤机抓斗活动范围内通行或逗留。

5）用吊斗、抓斗运载作业人员和工具。

6）把手伸入输煤皮带遮栏内加油。

7）在输煤皮带上站立、穿越或行走。

8）在运行时，用铁锹清理皮带滚筒上的粘煤。

9）直接用手去拨堵塞给煤机的煤块。

10）除焦时用身体顶着工具。

11）出灰时不按规定着装。

12）站在装满灰渣车的近处浇水。

13）在制粉设备附近吸烟。

14）在轴瓦就位时手拿轴瓦边缘。

15）无票操作或操作时不按规定进行唱票、复诵、核对名称，或不按照倒闸操作票填写的顺序进行操作（事故处理除外）。

16）无人监护进行操作和作业（有规定的除外）。

17）停电作业不验电、不挂接地线、没按规定执行地线揭示板制度。

18）没按规程要求设置闭环围栏。

19）约时停、送电或恢复重合闸。

20）擅自变更现场安全措施。

21）无票作业或擅自变更、扩大工作内容或工作范围。

22）打开运行中转动设备的防护罩，或将手伸入遮栏内，戴手套或用抹布对转动部分进行清扫或进行其他工作（有规定者除外）。

23）攀登设备、杆塔、构架，不核对名称、编号、杆塔号、色标；登高作业接近安全距离不验电。

24）随意解除运行设备联锁、报警、保护装置。

25）高处作业不按规定系安全带，进入生产（施工）现场不按规定佩戴和使用个人安全防护用具。

26）不按规定使用相应的安全工器具进行操作或作业。

27）非电工从事电气作业。

28）冒险蛮干，或经他人劝阻不听而违章作业。

29）开工前，工作负责人不列队宣读工作票，不明确工作范围和带电部位，安全措施不交代或交代不清，盲目开工，工作班成员未在工作票上签字。

30）开工前，工作负责人、工作许可人不按规定办理工作许可手续；工作结束时，工作负责人和值班人员不到现场共同验收设备、查看现场状况就办理工作终结手续或未办理工作票终结手续就恢复设备运行；或未采取可靠措施就进行试车工作。

31）在带电设备附近进行起吊作业，安全距离不够或无专人监护。

32）在电缆沟、隧道、夹层或金属容器内工作，使用的照明行灯不符合安全电压要求或无专人监护。

33）擅自拆除设备围栏、孔洞盖板、栏杆、隔离层或拆除上述设施不加设明显标志并及时恢复。

34）凭借栏杆、脚手架、瓷件、管道等起吊物件。

35）随意移开或越过遮栏工作误入带电设备间隔。

36）雷雨天气不穿绝缘靴，巡视室外高压设备。

37）进出高压室时，不随手将门锁好。

38）倒闸操作不唱票、带负荷拉隔离开关。

39）对投运的设备（包括机械锁）随意退出或解锁。

40）用缠绕的方法装设接地线。

41）在室外地面高压设备上工作时，四周不设围栏。

42）在带电作业过程中设备突然停电时，视为设备无电；

43）在带电设备周围，使用钢卷尺测量。

44）等电位作业传递工具和材料时，不使用绝缘工具或绝缘绳索。

45）带电断开或接续空载线路时不戴护目镜。

46）带电水冲洗密封不良的设备。

47）敷设电缆时，用手搬动滑轮。

48）在带电体、带油体附近点火炉或喷灯。

49）电气设备着火，使用泡沫灭火器灭火。

 案例38-2

某供电公司下属变电站的 A 相电容器熔丝熔断，电容器 A 相电流表无指示，值班员立刻将电容器开关拉开并上报要求抢修。检修班长接到任务后，亲自去现场抢修，没有让监护人同往，而是安排监护人在值班室接电话，独自一人在下雨天攀登 1.7 米高的遮栏，并用手直接触及未放电的电容器，他自认为电容器熔丝已熔断，开关也已拉开，没想到电容器还存在静电，致使其触电身亡。

▶ 案例评析

本案中的检修班长，电气知识应该比较丰富，即使在抢修时间紧、人手少的情况下，他都应当严格按安全规程作业；然而却实施了一系列违章行为：没办工作票，不安排监护人监护，没有对电容器进行放电，就不戴绝缘手套直接手触电容器。违反了《国家电网公司电力安全工作规程（变电部分）》（Q/GDW 1799.1—2013）"6.3.1 在电气设备上工作，应填写工作票或事故紧急抢修单""6.5 工作监护制度，监护人应始终在工作现场，对工作人员的安全认真监护，及时纠正不安全的行为之规定""7.4.2 电容器接地前应逐相充分放电"。电容器组虽然经过放电电阻会自行放电，但仍会有部分残余电荷，因此必须进行人工放电，应先将接地线的接地端与接地网固定好，再用接地棒多次对电容器放电，直到无火花和放电声为止。

三、违反劳动纪律

违反劳动纪律主要是指职工违反生产经营单位有关劳动纪律制度规定，妨害了生产单位的劳动秩序。这是生产作业人员诱发违章作业的深层根源。

违反劳动纪律具体表现有：

1）未经安全教育上岗作业。

2）无安全作业证、未佩戴工作证上岗。

3）上班迟到、早退，无故旷工。

4）嬉皮打闹，打架斗殴。

5）厂区内游动吸烟。

6）酒后进入工作岗位。

7）工作时间内闲聊；长时间占用生产电话聊与工作无关的事。

8）在工作时间脱岗、睡岗、串岗、私自换岗。

9）在工作岗位干与工作无关的事。

10）无视劳动纪律，随意随性，吊儿郎当。

11）无防护装备作业。

如上难以完全列举的消极违反劳动纪律的行为习惯，带到生产作业中势必违章操作引发事故。生产作业必须认真对待，时刻绷紧安全意识这根弦。

案例 38-3

某日中午，某市供电公司电工班班长、高级电工石某，带领着本班电工谢某、曾某、梁某三人，不带安全带，不戴安全帽，来到公司变压器维修车间，准备对因妨碍设备吊装被临时截断的三相四线制供电线路进行线路复接。约14时15分，石某、曾某、梁某爬上工作点，由于事先认为东面工作点不是电源输入端，因而不可能带电，于是3人均未按操作规程首先进行必要的验电接地工作，就匆忙地直接在断点处割线头、剥线皮，准备与西面已接好的线路对接。此时，石某正站在位于事发工作点下方的一条角钢上，一手扶住一条角钢，另一手用胶钳钳住四条断开线中中性线的断点处准备剥线。就在这一刹那，事故发生了，石某突然"啊"地叫了一声，旁边不远的曾某旋即发现石某表情痛苦，立即意识到他触电了，于是大喊"快停电"。与此同时，另一旁的梁某也发现了这一情况，想把石某触电的手拉离电源，可惜未能成功，无奈之下只好将事发电路剪断。这时，石某的双手才开始松脱，但受电击后双脚站立不稳，从距地面约6米高的工作点处坠落至水泥地面，后脑出血，昏迷不醒。

现场人员立即将石某送往医院抢救，但因伤势过重抢救无效死亡。

事故发生后，公司成立事故调查组，就这起事故进行了详细的调查。经事故调查组确定，造成事故的主要原因是违章作业，安全意识淡薄。石某身为电工班班长，是有20多年工作经验的高级电工，带领组员作业随性随意、纪律松弛，作业前未对电路进行必要的安全验电工作，而且在从事高处工作时，不系挂安全带，不戴安全帽，不穿戴绝缘鞋和绝缘手套等电工专用防护用品，其本人所使用的电工钳柄绝缘部分已磨损，裸露部分则用黑色绝缘胶布缠绕，事后发现该层绝缘胶布已明显老化，致使其本人在毫无防备的情况下突遭电击。如果系挂安全带不会发生二次坠落，如果戴好安全帽即使二次坠落或许还能保命，但是二十多年的经验和技术，没有沉淀根深蒂固的安全意识，反而让他思想麻痹，无视公司的劳动纪律制度和作业安规，以致搭上了宝贵的生命。

本案从另一个侧面反映出，该供电公司安全管理部门和车间领导及其人员对作业人员违反劳动纪律和安全规程的行为习以为常，熟视无睹，放任自流，客观上助长了一些从业人员纪律松懈、懒散作业、违规不严肃的坏习惯而埋下了事故隐患。引以为戒的是，我们应该树立"违章就是隐患""违章就是事故"的理念。

四、"小三违"的心理分析

员工的情感变化、精神状态、行为方式都是受心理支配的。心理活动又受到客观环境的影响和刺激，因此，严格的劳动纪律、融洽的人际关系、合规的生产场地、浓厚的安全氛围、遵章守纪的领导和安全管理人员、可靠的安全措施、正确的安全作业指导规范等，都会对员工心理带来良好的影响，使员工心情舒畅、认真作业、安全高效。

1. 违章操作的心理状态

统计调查资料显示，86%的安全事故是由作业人员的违章操作引起的。而人的行为是由人的心理状态支配的。所以，要分析事故的内因，就必须研究和分析发生事故时操作人员的心理状态。在事故发生之前，操作人员的心理状态有如下几种情况。

（1）侥幸心理。常言道，常在河边走，哪能不湿鞋？这个简单的道理就不为侥幸心理者所理解。现实生产活动中确有一部分人在几次违章没发生事故后，就混淆了数次违章没发生事故的偶然性和经常性，违章迟早要发生事故的必然性，慢慢滋生了侥幸心理。有的违章人员不是不懂操作规程，也不是技术水平低，而是明知故犯，"违章不一定出事，出事不一定伤人，伤人不一定是我。"这实际上是把事故的偶然性绝对化了。但是切莫忘记，违章作业早晚必然要出事故。为什么呢？

1941年，美国安全工程师海因里希（Heinrich）在美国统计了55万件机械事故，其中死亡、重伤事故1666件，轻伤48334件，其余则为无伤害事故。从而得出了结论，即在机械事故中，死亡、重伤、轻伤和无伤害事故的比例为1∶29∶300，国际上把这一法则叫事故法则，也叫海因里希法则。尽管海因里希法则不能用来精准统计今天各行各业的安全生产事故分类的比例，但它仍然不失为安全生产管理的重要法则，仍然具有深远的意义且对于安全生产管理有重要启发：

1）要消除重伤或死亡事故，必须从消除大量的无伤害事件着手。

2）要消除一次死亡事故以及29次轻伤事故，需要消除300次无伤害事故。防止伤害的关键，不在于防止伤害本身，而在于预防消除那些违章作业行为和设备隐患。安全生产工作必须从基础抓起，如果基础安全工作做不好，小事故不断，大事故也就在眼前。

3）细节决定成败。安全生产要注重细微，当我们一直放任微小没有伤害的违章行为和蚁穴突隙般的隐患，就会出现溃坝焚室的大祸。

重伤及死亡事故虽有偶然性，但不安全因素或动作在事故前已暴露过千百次，曾提供过许多监督控制和防止其发生的机会。企业领导及各级安全管理人员如能尽职尽责，采取可靠的安全预防措施，则许多重大伤亡事故是可以显著减少甚至避免的。

海因里希法则的重要意义还在强调：事故一旦发生，伤害和损失的后果非主观意志所能预控。因此在安全管理实践中，一定要全力预防各类事故，无论事故大小、伤害轻重，包括险肇事故。险肇事故，即险些肇事故，有惊无险的事故——意料之外及不期望发生的事，无人员受伤无设备受损，但有伤及人员及设备的可能。如脚手架上掉下砖头，但没有人员受伤。只有将险肇事故都控制住，才能真正防止事故损失的发生。反之，只要存在没有造成损失的事故（事件），则损失事故早晚要发生。

（2）惰性心理。也称为"节能心理"或"省能心理"，是指作业人员嫌麻烦，图省事，在作业中尽量减少能量支出，企图以较小的代价取得较大的效果，违反安全规程的操作行为。譬如，擅自将几项操作内容合并操作，或不使用安全用具违章操作。如，徒手将跌落开关带电合闸，不下变台拿令克棒合闸，也这种危险行为就节约几分钟，触电住院或许要几个月。

（3）逞能心理。自我表现心理或者叫逞能心理。有的人自以为技术好、有经验，盲目自信，争强好胜，不思后果、冒险蛮干。也有的新员工年轻好胜，但技术差，经验少，可谓初生牛犊不怕虎，急于表现自己，违规操作。最终以自己的或者他人的鲜血、痛苦乃至生命验证了安全规程是不可逾越的遮栏。

（4）逐利心理。企业的领导、安全管理人员和作业人员追求经济利益最大化无可厚非，但是经济效益和安全生产是息息相关的。一次小事故可以将企业效益清零，一次大事故可以毁掉一个企业。如，有的企业特别是私营企业为了经济利益最大化，过度地降低生产成本，造成安全生产投入严重不足，安全隐患不及时排除，陈旧设备不及时更换，甚至将安全投入压缩到极限，降低了整个生产系统的可靠性。尤其是在生产任务紧迫和眼前既得利益的诱因下，抢时间、抢产量、抢进度，强令员工冒险作业；员工个人为追求高额计件工资，疲劳作业，盲从加快操作进度。管理者和作业者的逐利心理为安全事故埋下祸根。

（5）逆反心理。这种心理就是叫他向东他偏要向西的心理，非要与同事、领导的意志逆向而行。在生产中是一种与安全管理和安全操作规程要求相对抗的心理状态，有显性对抗和隐性对抗两种。显性对抗：意气用事，当面顶撞，不改错误，继续违章。隐性对抗：阳奉阴违，口是心非，表面接受，心理反抗。在作业团队中人际关系紧张的时候，人们常常产生逆反心理。抵触同事的善意安全提醒，对领导的严格要求认为是吹毛求疵，故意找茬。表现为一意孤行，我行我素，以致酿成事故。因此同心同德、关系融洽、心情愉悦，有助于安全。

（6）从众心理。是指个人在群体中受到全体行为的影响产生的不愿意坚守自己的意愿而随波逐流的心理状态。这种心态驱使作业人员在认知、判断和行为上与群体中大多数人保持一致。只关注别人的行为，模仿作业，不加思考，不甄别自己的作业行为是否依法合规，盲目从众。如果这种心理在作业团队中像瘟疫般蔓延开来，互不监督，群体违章，形成法不治众的局面。尤其是在安全生产负责人、工作负责人、监护人不严格要求依法合规作业的情况下，就会导致群体性违规操作，安全秩序混乱，严重威胁企业的生产安全。

2. 无意与有意违章操作行为分析

违章从主观方面划分为过于自信的违章、疏忽大意的违章和间接故意违章三种。前两者属于无意违章行为，后者应归为有意违章行为。

（1）过于自信的违章行为。在已经预感到自己不能圆满地完成工作任务或者有困难，但轻信自己加把劲能够扛过去的心理状态下做出的违章行为。

没有违章的主观故意。想把工作做好，由于客观环境、自身健康和能力不足等情况最终违章了。

1）新员工三级安全培训不到位，业务技术不熟练，安全知识技能不足。由于缺乏相关专业知识技能经验，而导致认知判断有误，违章操作，而违章者主观上却不以为违章。

2）身体或精神病变，力不从心或不能正确辨认自己行为正确与否。员工偶发身体或精神疾患未能及时发现的患者，可能造成无意违规引发安全事故。身体不适，精神不正常，因各器官系统之间不协调不灵敏，会造成注意力分散，自控能力下降，也可能无意违规，导致安全事故的发生。

3）身心疲惫，超负荷工作，会导致人的生物节律紊乱，生理功能出现障碍。疲劳积累达到已经坚持不住的程度，还自信自己能够坚持，这时候就容易出现违反操作规程的行为。

4）劳动环境差，如毒气粉尘超标，身体受到侵害，超时工作身体受不了还在坚守岗位；女职工生理期焦躁、体弱眩晕仍然坚持工作。

5）冒领军令状，仅凭借精神力量，一腔热血，争抢超过自己能力的艰巨任务。

以上都是劳动者盲目自信，误认为再坚持一会就扛过去了。就是在这种扛的过程中，力不从心，做出了违章行为。因此，对待安全生产，要实事求是，不会先学，不熟先练。累了休息，病了就医治病。始终保持丰足的业务知识，熟练的操作技能，健康强劲的体力，充沛饱满的精神。

（2）疏忽大意的违章行为。在应当预感到自己作业行为可能造成安全事故，因疏忽大意而没有预感到的心理状态下，做出的违章行为。

没有违章的主观故意，由于疏忽大意或者受到外界刺激以致违章了。作业不专心，如维修中看错了扭矩读数，没有拧紧螺丝，误触自动线按钮启动运行；或者遗忘操作步骤，工作结束忘记拆除临时装置。

以上两种违章行为，主观上原因是超出个人能力（知识、业务、体能、技能、精神承受等方面），或者身体和精神状态不良；客观原因则不被个人左右和控制，如作业环境、管理者违章指挥等，也是不可忽视的客观原因。

（3）间接故意违章行为。在明知自己的作业行为可能发生安全事故，而放任事故发生的心理状态下做出的违章行为。主观上没有让安全事故发生，却放任安全事故的发生。主观心理态度比前两种更危险。

1）不戴安全帽操作更方便、舒适。不系安全带操作比系安全带操作更为灵活便捷，也不一定会坠落。

2）不严格按照规程作业，也未必一定发生事故。

3）省去规程中规定的检查步骤很明显可以节省时间。违章者为图省事直到最后工序结束前才检查，常常就造成了全部返工，这时候的损失大大超过了违规"节省"的时间，有时甚至造成不可挽回的事故损失。

4）维修时把小工具放在口袋里，取用放置都很方便，不过一旦掉到设备里，取出很难甚至会引发事故。

5）某些操作没有人监护不一定就出事故。

以上这些违章行为，作业者都是明知可能导致安全生产事故的，但是却没有控制自己的行为，而是放任自流。实际上，放任这些违章行为必然会导致安全事故，只是发生在不确定的违章作业者身上而已。

这些违章作业者共同的"理论"基础就是，以较小付出获得较大的效果。这些违章行为可以使作业灵活、方便、快捷，而实际上呢？

1）风险大小取决于事故严重程度与事故概率的乘积。也就是说，即使该事故概率很小，但严重程度会很高，风险会很大。如不戴安全帽进现场不一定会被打击受伤，但一旦受到高处落物伤害，或死或伤则是必然的。

2）有的行业违章操作导致事故率的确极低，可是一旦发生，就是惊天大事故，甚至贻害子孙万代。1986 年 4 月 26 日 1 点 23 分，前苏联切尔诺贝利核电站在低功率运行 10 小时，并违规抽出了过多的硼控制棒（起刹车作用），依然坚持测试，致反应堆爆炸。至今，已有 30 多万人受放射性伤害死去，居住着 800 多万人的土地被污染，逾数百年难以恢复。尽管这种事故发生概率极小，一旦发生损失巨大。

3）作业人员个人操作舒适、提高效率是个人的需求，按规程操作安全完成任务是企业的需要。如果任何个人的需要与企业的安全需要发生矛盾，必须服从企业安全生产；衡量代价与效果的标准，首先是企业安全生产，在此基础上才是个人以较小代价获得较高效益。如果能保证自己、他人和集体的安全，又能获取高效益，无疑值得肯定。

4）有时违章操作未必立刻发生事故，但却为发生安全事故埋下了隐患。如：设备检修完毕之后，螺钉没有拧紧，就有可能在设备投入运行后发生振动影响系统运行质量，甚至零部件脱落造成机毁人亡。因检修需要移开了孔、洞的安全遮栏，工作结束后，没有复位，有可能导致他人误入孔洞坠落伤害。

5）磨刀不误砍柴工。检修尤其是抢修人员没有提前勘察工作现场，熟悉设备，准备相关知识，进行危险点预判，写出安全作业指导书，就匆忙开展作业，看起来节省了时间，实际上容易违章作业导致事故。

五、如何开展反违章活动

1. **植培良好的企业安全文化**

植培良好的安全文化氛围，企业上下内外对违章行为的态度，对违章者的思想意识具有很大的影响。虽然违章发生在个人身上，但它不是一个孤立的事件，群体安全文化氛围，能够加强和提高全员的安全责任意识和法律意识。这是最根本、最有效的措施，需要长期坚持。这种文化得以延续发扬，就能不断挤压违章的空间，最终使违章行为无处躲藏。企业员工浸润在浓郁的安全生产文化中，全员具会逐步强化安全生产和担当安全责任的意识，对违章行为嫉恶如仇，都把违章视为不可容忍的行为，让违章操作就没有存活的土壤。

2. **领导重视，全员参与，亲情助阵**

坚持"以人为本、从我做起"的理念，领导以身作则，率先垂范。企业领导和安全管理人员对从业人员的不良精神状态要及时了解、掌握、弄清问题所在。促膝谈心，开导思想，解决困难，邀请鼓励员工的亲属们，构筑安全统一战线，让员工的亲人们积极支持生产一线作业人员，让他们宽心放心，以良好的精神状态投入到工作中去。经常苦口婆心嘱咐提醒自己的亲人，为了自己，为了他人，为了家庭和亲人，为了企业和社会，彻底摒弃各种违章行为，尤其是习惯性违章，做到时时远离事故，天天安全回家。

3. **做好基础工作，抓好安全重点**

对违章行为要重点关注看上去不起眼的、小错不断的违章行为，实际上这是安全工作的重中之重。如：①不信规程信经验，认为违反安全规程也不会造成事故；②口是心非，口头上信誓旦旦遵守安规，但无人监护时往往随意作业；③沿袭违规的不良作业习惯；④追求便利，违规作业；⑤作业前准备不足，仓促作业而违反安全规程；⑥危险点不清楚、不辨识，凭想当然而造成违规行为；⑦不专心工作，因外部环境影响而违反安全规程；⑧专业素质低，不了解安全规程和安全技能，自我保护意识不强，不自觉地违反安全规程等。

抓好生产重点部位和重点环节，全方位做好安全管理工作的预控、可控、在控。重点部位，如带电作业倒闸操作、汽轮发电机检修；有害有毒气体高压管道与容器的检测与管理。重点环节，运行交接班、工作中断、扩大改变工作内容、工作转移间断等环节。

4. **执行安全生产规章制度和操作规程毫不动摇**

《安全生产法》第五十七条规定，"**从业人员在作业过程中，应当严格落实岗位安全责任，遵守本单位的安全生产规章制度和操作规程，服从管理，正确佩戴和使用劳动防护用品。**"安全生产规章制度和操作规程是各行各业的多少代从业人员的鲜血和生命写成的，决不许我们再用鲜血生命来验证它！我们必须遵章守纪，令行禁止！

不断完善安全规章制度，做到有章可循，违章必究，坚持天天班前会和班后会，每月开展一次习惯性违章的自查和互查，严查严惩，绝不姑息，但又要恩威并施，刚柔相济。教培为主，教罚结合。严格执行安全生产责任制，严格劳动纪律和规章制度考核奖惩，出现违章层层追究，各负其责，以增强制约机制的刚性，逐步抛弃"三违"恶习。制止违章是对违章者最大的关心和爱护。

> 安全帽是防范事故的保护伞，安全带是保护生命的延长线。

39　防护用品安全盾　正确佩戴莫懈怠

子弹穿不透战士的钢盔却会穿透脑壳，高电压击不穿电工的绝缘棒却会击穿你的手臂。劳动防护用品是保护生命的坚盾，一旦进入作业时须臾不可离开，它会时时刻刻忠诚地守护着你的安全。一旦抛弃它或者不能正确的佩戴它，灾祸不定何时就会降临到你身上。

一、劳动防护用品的要求

《安全生产法》第四十五条规定，"**生产经营单位必须为从业人员提供符合国家标准或者行业标准的劳动防护用品，并监督、教育从业人员按照使用规则佩戴、使用。**"

该条有三层含义：一是对生产经营单位提出了劳动防护用品必须符合国家标准或者行业标准；二是生产经营范围要通过教育、培训教会从业人员如何正确佩戴和使用劳动防护用品；三是生产经营单位负有监督从业人员佩戴和使用义务。

要保证劳动防护用品必须符合国家标准并保证质量，安全生产经营单位必须按照《安全生产法》第二十三条第一款的要求，保证安全投入，即"**生产经营单位应当具备的安全生产条件所必需的资金投入，由生产经营单位的决策机构、主要负责人或者个人经营的投资人予以保证，并对由于安全生产所必需的资金投入不足导致的后果承担责任。**"

从业人员的劳动防护用品除了质量之外，也应该按照《劳动防护用品监督管理规定》发放数量充足，不得削减克扣。

劳动防护用品的安全试验符合标准就是作业人员生命健康的基本保证。表 39-1 列举部分常用劳动防护用品的试验标准供参考。

表 39-1　　　　　　　　　部分劳动防护用品的试验标准

序号	名称	项目	周期	要求			说明
				种类	试验静拉力 /N	载荷时间 /min	
1	安全带[①]	静负荷试验	1 年	围杆带	2205	5	牛皮带试验周期为半年
				围杆绳	2205	5	
				护腰带	1470	5	
				安全绳	2205	5	

序号	名称	项目	周期	要求				说明
2	安全帽①	冲击性能试验	按规定期限	受冲击力不小于 4900N				使用期限：从制造之日起，塑料帽≤2.5年，玻璃钢帽≤3.5年
		耐穿刺性能试验	按规定期限	钢锥不接触头模表面				
3	脚扣①	静负荷试验	1 年	施加 1176N 静压力，持续时间 5min				
4	绝缘靴②	工频耐压试验	半年	工频耐压/kV	持续时间/min	泄漏电流/mA		
				15	1	≤ 7.5		
5	绝缘手套②	工频耐压试验	半年	电压等级	工频耐压/kV	持续时间/min	泄漏电流/mA	
				高压	8	1	≤ 9	
				低压	2.5	1	≤ 2.5	

① 摘自 Q/GDW 1799.2—2013《国家电网公司电力安全工作规程（线路部分）》；

② 摘自 Q/GDW 1799.1—2013《国家电网公司电力安全工作规程（变电部分）》。

二、从业人员正确佩戴使用劳动防护用品的义务

《安全生产法》第四十五条规定了生产经营单位配置、监督使用劳动防护用品的义务，作为佩戴使用劳动防护用品直接受益的从业人员，应该具备企业劳动者的主人翁态度和主动保护自己生命健康的安全意识，严格履行《安全生产法》第五十七条的规定，"**从业人员在作业过程中，应当严格落实岗位安全责任，遵守本单位的安全生产规章制度和操作规程，服从管理，正确佩戴和使用劳动防护用品。**"

未能按规定正确使用和佩戴劳动防护用品的从业人员，不得上岗。

三、《工作场所职业卫生监督管理规定》（国家卫生健康委员会令〔2021〕第 5 号）对劳动防护用品的规定

《工作场所职业卫生监督管理规定》比《安全生产法》更全面细致地强调了劳动防护用品和设施的配置、维护、检修、保养。下面列举《工作场所职业卫生监督管理规定》第十六~十八条的内容。

第十六条　用人单位应当为劳动者提供符合国家职业卫生标准的职业病防护用品，并督促、指导劳动者按照使用规则正确佩戴、使用，不得发放钱物替代发放职业病防护用品。

用人单位应当对职业病防护用品进行经常性的维护、保养，确保防护用品有效，不得使用不符合国家职业卫生标准或者已经失效的职业病防护用品。

第十七条 在可能发生急性职业损伤的有毒、有害工作场所，用人单位应当设置报警装置，配置现场急救用品、冲洗设备、应急撤离通道和必要的泄险区。

现场急救用品、冲洗设备等应当设在可能发生急性职业损伤的工作场所或者临近地点，并在醒目位置设置清晰的标识。

第十八条 用人单位应当对职业病防护设备、应急救援设施进行经常性的维护、检修和保养，定期检测其性能和效果，确保其处于正常状态，不得擅自拆除或者停止使用。

由此可以重点看出，①绝对禁止钱物替代防护用品；②防护用品和设备以及应急救援设施要进行经常性的维护、保养，保持常态有效；③应急安全救援设施不能停止使用或者拆除。

某日某电厂工程施工现场进行 1 号炉甲侧送风机入口处架子的拆除工作。在第四层架子上的石某某和沈某某二人，将竹架板传递给二层的陈某某后，再由李某往下放到零米，陈某某将最后一块架板放下 4/5 时，就让李某闪开，松手往下扔，竹架板端头露出的 30 毫米长的螺栓头正好挂在其外衣下边第四个钮扣下，陈某某与架板一起从二层架子上坠至零米，经抢救无效死亡。

陈某某在传递架板时，应采用手递手传递或用绳索系住放下，直接往下扔是严重违章作业，是事故发生的主要原因。违章之二是高处作业不系安全带。本案如果陈某某系好安全带，并搭挂在牢固的架子上，陈某某则不会随同架板一起坠落。

本案说明，必须时时刻刻遵守安全操作规程，每一个环节都不能图省事便捷，必须步步小心谨慎，善始善终。本案陈某某接到最后一块架板，认为完工了，心情愉快，一时间疏忽大意，岂料就是最后一块架板夺走陈某某年仅 29 岁的宝贵生命，令人扼腕痛心！

工程可以外包，责任没人承包。

40 违法出租和发包 连带责任难脱逃

近年来部分建设项目实施过程中存在倒卖、出租、出借、挂靠或者以其他形式非法转让施工资质等问题，屡屡发生安全事故。对此，《安全生产法》做了新的规定加以规范。第四十九条规定，"生产经营单位不得将生产经营项目、场所、设备发包或者出租给不具备安全生产条件或者相应资质的单位或者个人。

"生产经营项目、场所发包或者出租给其他单位的，生产经营单位应当与承包单位、承租单位签订专门的安全生产管理协议，或者在承包合同、租赁合同中约定各自的安全生产管理职责；生产经营单位对承包单位、承租单位的安全生产工作统一协调、管理，定期进行安全检查，发现安全问题的，应当及时督促整改。

"矿山、金属冶炼建设项目和用于生产、储存、装卸危险物品的建设项目的施工单位应当加强对施工项目的安全管理，不得倒卖、出租、出借、挂靠或者以其他形式非法转让施工资质，不得将其承包的全部建设工程转包给第三人或者将其承包的全部建设工程支解以后以分包的名义分别转包给第三人，不得将工程分包给不具备相应资质条件的单位。"

本条比 2014 版增加了第三款，规定了矿山、金属冶炼建设项目和用于生产、储存、装卸危险物品的建设项目的施工单位应当加强对施工项目的施工单位的特殊义务。意在杜绝倒卖、出租、出借、挂靠或者以其他形式非法转让施工资质以及转包和违法分包现象，助力安全生产管理。

一、不得将生产经营项目、场所、设备发包或者出租给不具备安全生产条件或者相应资质的单位或者个人

项目的经营、场所和设备的使用都应该具有相应的资质，包括相应等级和数量的专业技术人员和设备工具，曾经的工程业绩成果和经验等专业资历。如果承包方或租赁方没有相应的资质，缺乏设备、不懂技术或不懂专业安全操作规程，则无法保证安全生产。

1. 民法典规定

《民法典》第七百九十一条规定，"发包人可以与总承包人订立建设工程合同，也可以分别与勘察人、设计人、施工人订立勘察、设计、施工承包合同。发包人不得将应当由一个承包人完成的建设工程支解成若干部分发包给数个承包人。"注意：这里明确禁止肢解工程进行分包的行为，否则就是违法。《民法典》第八百零六条规定，"**承包人将建设工程转包、违法分包的，发包人可以解除合同。**"将原来的"非法转包"改为"转包"，去掉了"非法"这个限定词，明确只要承包人转包，发包人就可以解除合同，更加严厉地限制转包。而且在第七百九十七条强调，"**发包人在不妨碍承包人正常作业的情况下，可以随时对作业进度、质量进行检查。**"检查进度和质量可以监督安全生产：是否违约赶工期？是否偷工减料？这些与安全生产息息相关。建设项目安全质量监督检查发包人不能只依赖监理公司。

2. 建筑法律规定

《建筑法》第六十七条规定，"**承包单位将承包工程转包的，或者违反本法规定进行分包的，责令改正，没收非法所得，并处罚款，可以责令停业整顿，降低资质等级；情节严重的，吊销资质证书。**"

可见，将承包工程转包、非法转包（没有法律依据）、违法分包行为都应依法处罚。非法所得是指没有法律依据的得利，包括转包费、管理费、联营费、挂靠费等。

3. 行政法规规章关于承包、分包的规定。

（1）《建设工程安全生产管理条例》的规定。

《建设工程安全生产管理条例》（国务院第 393 号令）第二十四条规定了总承包单位和分包单位应当承担的安全责任。"**建设工程实行施工总承包的，由总承包单位对施工现场的安**

全生产负总责。总承包单位应当自行完成建设工程主体结构的施工。总承包单位依法将建设工程分包给其他单位的，分包合同中应当明确各自的安全生产方面的权利、义务。总承包单位和分包单位对分包工程的安全生产承担连带责任。分包单位应当服从总承包单位的安全生产管理，分包单位不服从管理导致生产安全事故的，由分包单位承担主要责任。"

建设工程实行总承包的，总承包单位的安全责任是：

1）对施工现场的安全生产负总责。

2）自行完成建设工程主体结构的施工。

将建设工程分包给其他单位的，总承包单位与分包单位的安全责任是：

1）在分包合同中，明确各自安全生产方面的权利和义务。

2）对分包工程的安全生产，承担连带责任。

3）分包单位必须服从总承包单位的安全生产管理。

4）分包单位不服从总承包单位管理导致生产安全事故的，由分包单位承担主要责任。

5）施工单位应当为施工现场从事危险作业的人员办理意外伤害保险。意外伤害保险费由施工单位支付。实行施工总承包的，由总承包单位支付意外伤害保险费。意外伤害保险期限自建设工程开工之日起至竣工验收合格止。

（2）《建设工程质量管理条例》的规定。

《建设工程质量管理条例》（国务院第279号令）第二十五条规定，"禁止施工单位超越本单位资质等级许可的业务范围或者以其他施工单位的名义承揽工程。禁止施工单位允许其他单位或个人以本单位的名义承揽工程。施工单位不得转包或者违法分包。"

第七十八条列举了违法分包的行为，"本条例所称违法分包，是指下列行为：（一）总承包单位将建设工程分包给不具备相应资质条件的单位的；（二）建设工程总承包合同中未约定，又未经建设单位认可，承包单位将其承包的部分建设工程交由其他单位完成的；（三）施工总承包单位将建设工程主体结构的施工分包给其他单位的；（四）分包单位将其承包的工程再分包的。"

（3）其他规章的规定。

《工程建设项目施工招标办法》第六十六条规定，"招标人不得直接指定分包人。"

《房屋建筑和市政基础设施工程施工分包管理办法》第七条规定，"建设单位不得直接指定分包工程承包人，任何单位和个人不得对依法实施的分包活动进行干预。"但这是规章规定，法律位阶低，不属于"违反法律法规强制性规定"导致合同无效的情形。

第九条规定，"专业工程分包除在施工总承包合同中有约定外，必须经建设单位认可。专业分包工程承包人必须自行完成所承包的工程。"

《电力建设安全生产监督管理办法》（电监安全〔2007〕30号）第二十五条，"电力建设工程实行施工总承包的，分包合同中应当明确各自在安全生产方面的权利、义务。总承包单位对施工现场的安全生产负总责，分包单位应当服从施工总承包单位的安全生产管理，施工总承包单位和分包单位对分包工程的安全生产承担连带责任。"

二、发包或出租的是生产经营项目、场所、设备而不是安全生产的责任

项目发包后不是不管不问坐等高质量的工程出现，场所、设备出租后也不是只管收租就行，生产经营单位在整个发包出租期间都承担着双方签订的安全生产管理协议约定的安全管理责任，并且要协调各承包承租单位的安全产生管理工作，对安全生产进行检查督促整改。

即使发包出租单位与承包承租单位约定了安全生产管理权利义务和事故责任分担，也只是对双方之间有约束力，不具对外效力。亦即生产经营单位不因有安全管理协议而减轻全面管理安全生产的法律责任。当然生产经营单位承担了相应责任后，可以依照协议约定向承包方和承租方追偿。

三、严禁矿山冶炼和危险品项目的发包分包和施工资质非法转让

"**矿山、金属冶炼建设项目和用于生产、储存、装卸危险物品的建设项目的施工单位应当加强对施工项目的安全管理，不得倒卖、出租、出借、挂靠或者以其他形式非法转让施工资质，不得将其承包的全部建设工程转包给第三人或者将其承包的全部建设工程支解以后以分包的名义分别转包给第三人，不得将工程分包给不具备相应资质条件的单位。**"对于高危行业的矿山、金属冶炼建设项目和用于生产、储存、装卸危险物品的建设项目，《安全生产法》第二十四条修改为更加严厉的限制。

首先，严禁非法转让施工资质。禁止倒卖、出租、出借、挂靠或者以其他形式非法转让施工资质。高危项目工程落在没有资质的单位手中，因其不具备相应的工程设备和技术人员，缺乏专业技术和安全生产管理能力和经验，只是为了谋取不正当利益铤而走险，极容易引发安全事故。

其次，严禁全部工程转包和变相转包。项目工程中标基础是基于中标单位的资质和业绩。如果中标人将全部工程转包给第三人，发包单位无法掌握第三人的资质情况，因此严禁全部工程发包。

再次，禁止将承包的全部建设工程分解以分包的名义转包给第三人，不得将工程分包给不具备相应资质条件的单位。将全部工程肢解分包的实质就是变相转包，项目的主体工程是绝对禁止转包的。当然分包不是绝对禁止的，满足一定条件可以分包：①发包人同意；②分包只能一次，分包单位不得再分包；③分包单位必须具备相应的资质；④不得将主体工程分包。

四、国家电网公司和中国南方电网有限责任公司严格要求对外用工安全生产管理

1. 国家电网公司相关规定

《国家电网公司建设工程施工分包安全管理规定》第七条规定，"**施工承包商对承包合同范围内的施工安全负总责，并依据分包合同及安全协议对分包商的安全生产进行管理。分包商（包括专业分包商和劳务分包商）依据分包合同及安全协议负责承包范围的安全生产工作，并应当服从施工承包商、监理单位和建设单位的安全生产管理。施工承包商和分包商对分包工程的安全生产承担连带责任。**"

就是说，施工承包商是分包安全管理工作的主要责任主体，对分包工程的施工全过程进行有效控制，确保安全生产属于施工承包商的控制之下，并承担连带责任。这就要求施工承

包商对分包商严格资质审查、现场准入、教育培训、动态考核、资信评价等管理工作。

上述的施工分包包括专业分包和劳务分包。专业分包是指施工承包商将其所承包过程中的专业工程发包给具有相应资质等级的专业分包商完成的活动。劳务分包是指施工承包商将其所承包过程中的劳务作业发包给具有相应资质等级的劳务分包商完成的活动。

国家电网公司认识到电力建设、生产大量采用业务外包带来的核心业务淡化、专业管理弱化、业务包而不管等问题亟待解决，于 2021 年底出台了一系列外包出租安全生产管理措施。

（1）严格执行《安全生产法》的规定和公司的相关规定，严禁主体工程专业分包，严禁主体工程转包和违法违规分包，对于公司明确界定的核心业务，一律不得外包，安全监督部门要加强监督检查。

（2）严把分包队伍准入关，强化分包队伍资质业绩深度检查，杜绝资质挂靠借用现象，严禁资质业绩不达标的分包队伍和未经培训或培训考试不合格的人员进入施工现场施工。

（3）进一步规范外包队的安全生产管理，注重培养主干外包队伍，加强核心分包队伍培育，强化作业层班组建设，配齐配足班组骨干人员，切实提升安全生产承载力。

（4）严格外包作业安全监督，强化外包作业安全评价，严格落实外包安全"负面清单""黑名单"制度，有效督促外包单位提升自主安全生产管控能力。

（5）严查分包转包、资质挂靠、违法用工等现场安全生产管理。公司要强化作业现场穿透式安全生产管理，将分包单位纳入统一安全管理体系。

2. 中国南方电网有限责任公司相关规定

《中国南方电网有限责任公司基建工程分包管理规定》（Q/CSG 213065—2011）相关规定介绍如下。

5.3.3.3 施工承包商必须对分包工程的施工全过程进行有效控制，确保工程建设的安全、质量、工期、造价等满足施工承包合同要求，工程施工处于受控状态。

5.7.1 施工承包商对专业分包商的施工安全、质量行为加强监督，对进度、造价进行有效监控。对于安全风险较高的（如有可能引发火灾、爆炸、触电、高处坠落和电网事故等）施工作业以及对施工质量影响较大的（如隐蔽工程施工）施工作业，施工承包商事先进行安全技术交底，严格审查分包商的施工组织措施、技术措施、安全保证措施和质量保证措施并备案，监督其严格实施。

由此可见，即使分包合同约定分包商负全部安全责任，对外也是无效的。

五、生产经营单位违法外包或出租的法律责任

《安全生产法》第一百零三条规定，"生产经营单位将生产经营项目、场所、设备发包或者出租给不具备安全生产条件或者相应资质的单位或者个人的，责令限期改正，没收违法所得；违法所得十万元以上的，并处违法所得二倍以上五倍以下的罚款；没有违法所得或者违法所得不足十万元的，单处或者并处十万元以上二十万元以下的罚款；对其直接负责的主管人员和其他直接责任人员处一万元以上二万元以下的罚款；导致发生生产安全事故给他人造成损害的，与承包方、承租方承担连带赔偿责任。

"生产经营单位未与承包单位、承租单位签订专门的安全生产管理协议或者未在承包合同、租赁合同中明确各自的安全生产管理职责，或者未对承包单位、承租单位的安全生产统一协调、管理的，责令限期改正，处五万元以下的罚款，对其直接负责的主管人员和其他直接责任人员处一万元以下的罚款；逾期未改正的，责令停产停业整顿。

"矿山、金属冶炼建设项目和用于生产、储存、装卸危险物品的建设项目的施工单位未按照规定对施工项目进行安全管理的，责令限期改正，处十万元以下的罚款，对其直接负责的主管人员和其他直接责任人员处二万元以下的罚款；逾期未改正的，责令停产停业整顿。以上施工单位倒卖、出租、出借、挂靠或者以其他形式非法转让施工资质的，责令停产停业整顿，吊销资质证书，没收违法所得；违法所得十万元以上的，并处违法所得二倍以上五倍以下的罚款，没有违法所得或者违法所得不足十万元的，单处或者并处十万元以上二十万元以下的罚款；对其直接负责的主管人员和其他直接责任人员处五万元以上十万元以下的罚款；构成犯罪的，依照刑法有关规定追究刑事责任。"

案例 40-1

受害人吴某在工程现场施工中被飞溅的铁片击伤右眼，遂将如下四被告告上法庭，要求四被告共同赔偿经济损失和精神抚慰金 8.4 万元。四被告的关系如图 40-1 所示。被告 1 供电公司将电站技改工程发包给有资质的被告 2 电建公司，实际承接该工程进行施工的是被告 2 的挂靠人被告 3 陈某。陈某又将部分工程分包给没有施工资质的被告 4 毛某。

法院判决：供电公司不承担民事赔偿责任；毛某承担责任，陈某与毛某承担连带责任；电建公司与陈某承担连带责任。

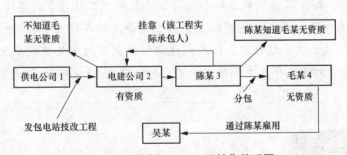

图 40-1　[案例 40-1]　四被告关系图

案例评析

（1）被告 3 陈某挂靠被告 2 电建公司的关系：①陈某支付对价（交纳挂靠管理费）取得施工资格；②《安全生产法》规定严禁挂靠；③《最高人民法院关于审理建设工程施工合同纠纷案件适用法律问题的解释》，挂靠关系中，即使施工合同无效，对产生的法律后果仍需连带承担责任。上述规定提醒电力企业，对挂靠单位的资质审查、资信评价等方面应严格把关。

（2）因为被告1供电公司将工程发包给了有相应资质等级的被告2电建公司，所以不承担该事故的民事赔偿责任。

（3）被告4毛某无资质应当承担责任无疑；被告3陈某明知被告4没有资质仍然分包给其工程也应当承担责任；实际上被告3陈某是以被告2电建公司的名义施工，因此被告2承担责任无疑，至于其与被告3之间安全责任承担的内部约定，不影响对外责任承担。

该案提醒供电公司：

（1）不得将生产经营项目、场所、设备发包或出租给不具备安全生产条件或者相应资质的单位或者个人。

（2）即使发包（分包）给了有相应资质的单位，也应当与承包单位、承租单位签订专门的安全生产管理协议，或者在承包合同、租赁合同中约定各自的安全生产管理职责；对安全生产工作统一协调、管理、检查、督促、整改。

（3）如果该案的被告1供电公司未与被告2电建公司签订专门的安全生产管理协议或者未在承包合同、租赁合同中明确各自的安全生产管理职责，或者未对承包单位、承租单位的安全生产统一协调、管理，按照《安全生产法》第一百零三条规定，应该给予被告1供电公司处罚——责令限期改正，处五万元以下的罚款，对其直接负责的主管人员和其他直接责任人员处一万元以下的罚款；逾期未改正的，责令停产停业整顿。

 案例 40-2

某日7点40分，白杨河电厂锅炉运行专工发现6号炉省煤器输灰母管弯头处泄漏，遂汇报值长，值长通知脱硫运行班，脱硫运行班通知锅炉本体班进行消缺。本体班向综合班提出需要搭设脚手架，综合班立即联系脚手架搭设外包单位工作负责人办理外包工作联系单。8时30分左右，本体班人员与外包单位庞某某（无登高搭设作业资质，非工作班成员）到现场确定脚手架搭设方案，综合班未派人到现场。外包单位庞某某翻越护栏，攀爬到防雨棚彩钢瓦棚顶，由于防雨棚年久失修难以承重，导致其从20米落到12米平台。经抢救无效死亡。

▶ **案例评析**

（1）事故直接原因分析：外包工作人员庞某某翻越护栏，攀爬到防雨棚彩钢瓦棚顶，由于防雨棚且年久失修难以承重，导致其高处坠落死亡。

（2）间接原因分析：

1）电厂发承包工程管理不到位。电厂对外用工资质审核不严，外包人员无资质（本次事故中死者无登高架设作业资质），外包人员没有经电厂审核备案，未经入厂安全培训便入厂作业。

2）负责电厂脚手架搭设管理工作的综合班对外包单位安全生产培训组织协调不力、监管不力，未派人到现场监管——"以包代管"。

3）电厂隐患排查治理工作不到位。电厂不重视系统内同类踩踏彩钢棚顶坠落的事故教训，未开展事故隐患排查工作，隐患排查不到位存在死角、漏洞，未设置现场禁止踩踏彩钢板的安全警示和防范措施，致使事故隐患长期存在，最终发生事故。

4）电厂现场安全风险管控不到位。电厂对外包单位工作票"三种人"的管理不规范，外包工作负责人危险点辨识能力较差；电厂相应的审查环节失控，导致工作联系单中所列安全注意事项、安全措施严重缺失，外包单位人员未按照规定佩戴安全帽、使用安全带。本体班人员对外包人员资质能力失察，没有进行安全交底，没有按照"四不伤害"的原则履行监护责任。

案例 40-3

据国际能源网统计，2021 年 1～11 月已发生了 24 起电力安全事故，造成 22 人死亡，仅 2021 年 5 月全国电力人身伤亡事故就发生了 9 起、死亡 8 人。其中涉事企业包括中国大唐集团有限公司、国家电网公司等大型电力企业。

▶ 案例评析

经查询分析这些事故发生原因后发现，电力安全事故的发生大多数因操作违章和作业时不够谨慎导致。当前电力行业整体生产建设能力远落后于其生产建设需求，在此环境下，大量不具备资质的施工队和作业人员进入电力生产建设领域，建设、施工双方大多数都没认真做好各自的安全管理，导致众多安全隐患问题长期存在。因此规避电力生产安全事故的发生需要从个人和企业两方面入手。

在个人方面，需加大施工人员培训力度，强化施工人员自身安全意识，严格按照施工章程规范作业；在企业方面，发电企业要严格按照国家能源局要求坚持"四不放过"原则，对发生事故的企业要加大处罚力度，对相关责任人特别是事故企业主要负责人要以"零容忍"的态度从严从快问责。

生于忧患，死于安乐。——孟子

41　依法参加工伤险　员工利益须保护

《安全生产法》第五十一条规定，"生产经营单位必须依法参加工伤保险，为从业人员缴纳保险费。国家鼓励生产经营单位投保安全生产责任保险；属于国家规定的高危行业、领域的生产经营单位，应当投保安全生产责任保险。具体范围和实施办法由国务院应急管理部门会同国务院财政部门、国务院保险监督管理机构和相关行业主管部门制定。"

一、工伤保险

工伤保险制度，是指由用人单位缴纳工伤保险费，对劳动者因工作原因遭受意外伤害或者职业病，从而造成死亡、暂时或者永久丧失劳动能力时，给予职工及其相关人员工伤保险待遇的一项社会保障制度。

1. 关于工伤保险参保范围和缴费的规定

《社会保险法》第三十三条规定，"**职工应当参加工伤保险，由用人单位缴纳工伤保险费，职工不缴纳工伤保险费。**"

（1）参保范围。《工伤保险条例》第二条规定，"**中华人民共和国境内的企业、事业单位、社会团体、民办非企业单位、基金会、律师事务所、会计师事务所等组织和有雇工的个体工商户（以下称用人单位）应当依照本条例规定参加工伤保险，为本单位全部职工或者雇工（以下称职工）缴纳工伤保险费。**"

"**中华人民共和国境内的企业、事业单位、社会团体、民办非企业单位、基金会、律师事务所、会计师事务所等组织的职工和个体工商户的雇工，均有依照本条例的规定享受工伤保险待遇的权利。**"

（2）保险费承担主体。《工伤保险条例》第十条第一款规定，"**用人单位应当按时缴纳工伤保险费。职工个人不缴纳工伤保险费。**"工伤保险实行用人单位单方缴费制度，用人单位为本单位职工缴纳工伤保险费，职工不缴纳工伤保险费，职工在受到工伤事故伤害时由工伤保险基金为其支付相应的工伤保险待遇。

2. 工伤的认定

《社会保险法》第三十六条规定，"**职工因工作原因受到事故伤害或者患职业病，且经工伤认定的，享受工伤保险待遇；其中，经劳动能力鉴定丧失劳动能力的，享受伤残待遇。工伤认定和劳动能力鉴定应当简捷、方便。**"

《工伤保险条例》第十四、十五、十六、二十二条对工伤的认定如下。

第十四条　职工有下列情形之一的，应当认定为工伤：（一）在工作时间和工作场所内，因工作原因受到事故伤害的；（二）工作时间前后在工作场所内，从事与工作有关的预备性或者收尾性工作受到事故伤害的；（三）在工作时间和工作场所内，因履行工作职责受到暴力等意外伤害的；（四）患职业病的；（五）因工外出期间，由于工作原因受到伤害或者发生事故下落不明的；（六）在上下班途中，受到非本人主要责任的交通事故或者城市轨道交通、客运轮渡、火车事故伤害的；（七）法律、行政法规规定应当认定为工伤的其他情形。

第十五条　职工有下列情形之一的，视同工伤：（一）在工作时间和工作岗位，突发疾病死亡或者在 48 小时之内经抢救无效死亡的；（二）在抢险救灾等维护国家利益、公共利益活动中受到伤害的；（三）职工原在军队服役，因战、因公负伤致残，已取得革命伤残军人证，到用人单位后旧伤复发的。职工有前款第（一）项、第（二）项情形的，按照本条例的有关规定享受工伤保险待遇；职工有前款第（3）项情形的，按照本条例的有关规定享受除一次性伤残补助金以外的工伤保险待遇。

第十六条　职工符合本条例第十四条、第十五条的规定，但是有下列情形之一的，不得认定为工伤或者视同工伤：（一）故意犯罪的；（二）醉酒或者吸毒的；（三）自残或者自杀的。

第二十二条　劳动能力鉴定是指劳动功能障碍程度和生活自理障碍程度的等级鉴定。劳动功能障碍分为十个伤残等级，最重的为一级，最轻的为十级。生活自理障碍分为三个等级：生活完全不能自理、生活大部分不能自理和生活部分不能自理。劳动能力鉴定标准由国务院社会保险行政部门会同国务院卫生行政部门等部门制定。

二、工伤待遇

《社会保险法》第三十六条规定，"职工因工作原因受到事故伤害或者患职业病，且经工伤认定的，享受工伤保险待遇；其中，经劳动能力鉴定丧失劳动能力的，享受伤残待遇。"

《工伤保险条例》第三十条规定，"职工因工作遭受事故伤害或者患职业病进行治疗，享受工伤医疗待遇。

"职工治疗工伤应当在签订服务协议的医疗机构就医，情况紧急时可以先到就近的医疗机构急救。

"治疗工伤所需费用符合工伤保险诊疗项目目录、工伤保险药品目录、工伤保险住院服务标准的，从工伤保险基金支付。工伤保险诊疗项目目录、工伤保险药品目录、工伤保险住院服务标准，由国务院社会保险行政部门会同国务院卫生行政部门、食品药品监督管理部门等部门规定。

"职工住院治疗工伤的伙食补助费，以及经医疗机构出具证明，报经办机构同意，工伤职工到统筹地区以外就医所需的交通、食宿费用从工伤保险基金支付，基金支付的具体标准由统筹地区人民政府规定。

"工伤职工治疗非工伤引发的疾病，不享受工伤医疗待遇，按照基本医疗保险办法处理。

"工伤职工到签订服务协议的医疗机构进行工伤康复的费用，符合规定的，从工伤保险基金支付。"

1. 享受工伤保险待遇的条件

（1）工作原因。因工作受到事故伤害，是指职工为履行工作职责、完成工作任务而受到事故伤害，这是最普遍的工伤情形。工作时间、工作地点和工作原因是工伤认定的三个基本要素，即"三工原则"。

（2）事故伤害，一般包括安全事故、意外事故以及自然灾害等各种形式的事故。如果是职工在因工外出期间发生事故下落不明的情况，很难确定职工已死亡还是暂时失去联系，本着尽量维护职工权益的基本精神，这种情况也应认定为工伤。

（3）患职业病。职业病是指职工在职业活动中，因接触粉尘、放射性物质和其他有毒、有害物质等因素而引起的职业性疾病。职工经诊断或鉴定确患职业病，并经过工伤认定属于工伤或视同工伤的，可以享受工伤保险待遇。

2. 享受工伤保险待遇的程序

（1）工伤认定。工伤认定是指社会保险行政部门依据法律的授权，对职工因事故受到伤害或者患职业病的情形是否属于工伤或视同工伤给予定性的行政确认行为，是受到事故伤害或者患职业病的职工享受工伤保险待遇的前提。工伤认定的结果包括认定为工伤、视同工伤、非工伤和不视同工伤。工伤认定的程序包括申请、受理、审核、调查核实、作出认定等，并有严格的时限规定。

（2）劳动能力鉴定。职工发生工伤，经治疗伤情相对稳定后存在残疾，影响劳动能力的，应当进行劳动能力鉴定。劳动能力鉴定是职工享受伤残待遇的重要前提。工伤职工进行劳动能力鉴定有三个条件：一是应在经过治疗，伤情处于相对稳定的状态后进行；二是必须存在残疾，主要表现在身体上的残疾；三是必须对工作、生活产生了直接的影响，伤残程度已经影响到职工本人的劳动能力。劳动能力鉴定包括劳动功能障碍程度和生活自理障碍程度的等级鉴定：劳动功能障碍分为十个伤残等级；生活自理障碍分为三个等级，分别为生活完全不能自理、生活大部分不能自理和生活部分不能自理。

3. 工伤待遇费用支付

《社会保险法》第三十八条规定，**"因工伤发生的下列费用，按照国家规定从工伤保险基金中支付：（一）治疗工伤的医疗费用和康复费用；（二）住院伙食补助费；（三）到统筹地区以外就医的交通食宿费；（四）安装配置伤残辅助器具所需费用；（五）生活不能自理的，经劳动能力鉴定委员会确认的生活护理费；（六）一次性伤残补助金和一至四级伤残职工按月领取的伤残津贴；（七）终止或者解除劳动合同时，应当享受的一次性医疗补助金；（八）因工死亡的，其遗属领取的丧葬补助金、供养亲属抚恤金和因工死亡补助金；（九）劳动能力鉴定费。"**

根据工伤等级，各类待遇如下。

（1）工伤医疗康复类待遇。

1）治疗工伤的医疗费用和康复费用，包括治疗工伤所需的挂号费、医疗费、药费、住院费等费用和进行康复性治疗的费用。但应注意以下事项：首先，职工治疗工伤应当在签订服务协议的医疗机构就医，情况紧急时可以先到就近的医疗机构急救；其次，治疗工伤的费用应符合工伤保险诊疗项目目录、工伤保险药品目录和工伤保险住院服务标准；最后，工伤职工治疗非工伤引发的疾病，不享受工伤医疗待遇，按照基本医疗保险的相关规定处理。

2）住院伙食补助费和异地就医的交通食宿费。职工治疗工伤需要住院的，由工伤保险基金按照规定发给住院伙食补助费；经医疗机构出具证明，报经办机构同意，工伤职工到统筹地区以外就医的，所需交通、食宿费由工伤保险基金负担。

3）生活护理费。生活不能自理的，经劳动能力鉴定委员会确认的生活护理费，由工伤保险基金负担。生活护理费按照生活完全不能自理、生活大部分不能自理或者生活部分不能自理三个不同等级支付，其标准分别为统筹地区上年度职工月平均工资的50%、40%和30%。

4）劳动能力鉴定费。劳动能力鉴定是职工配置辅助器具、享受生活护理费、延长停工留薪期、享受伤残待遇等的重要前提和必经程序，因此产生的劳动能力鉴定费也由工伤保险基金负担。《工伤保险条例》没有明确规定劳动能力鉴定费的负担问题，各省规定也不尽相同。

（2）辅助器具配置待遇。工伤职工因日常生活或就业需要，经劳动能力鉴定委员会确认，可以安装矫形器、义肢、义眼、义齿和配置轮椅等辅助器具，所需费用按照国家规定的标准从工伤保险基金支付。

（3）伤残待遇。

1）一次性医疗补助金。职工因工致残被鉴定为五级至十级伤残的，该职工与用人单位解除或者终止劳动关系后，由工伤保险基金支付一次性医疗补助金。按照《工伤保险条例》的规定，一次性医疗补助金由工伤职工所在用人单位支付，本法将一次性医疗补助金列入工伤保险基金的支付范围，进一步减轻用人单位的负担，增加了工伤保险制度对用人单位的吸引力。

2）一次性伤残补助金。职工因工致残并经劳动能力鉴定委员会评定伤残等级的，按照伤残等级，从工伤保险基金中向职工支付一次性伤残补助金，其数额为规定月数的本人工资（指工伤职工因工作遭受事故伤害或者患职业病前 12 个月的平均月缴费工资），并且是一次性支付。按照最新政策，一次性伤残补助金根据伤残级别不同，分别为 7~27 个月的本人工资，一级伤残为 27 个月本人工资，二级伤残为 25 个月，三级伤残为 23 个月，四级伤残为 21 个月，五级伤残为 18 个月，六级为 16 个月，七级为 13 个月，八级为 11 个月，九级为 9 个月，十级为 7 个月。前述标准高于《工伤保险条例》的规定，一级至四级伤残的高出 3 个月，五级、六级高出 2 个月，七至十级高出 1 个月。

3）伤残津贴。工伤保险基金需要负担一至四级伤残职工按月领取的伤残津贴，一至四级伤残又称为完全丧失劳动能力，对该类工伤职工，与用人单位保留劳动关系，退出工作岗位，由工伤保险基金按月支付伤残津贴，具体标准为：一级伤残为本人工资的 90%，二级伤残为 85%，三级为 80%，四级为 75%。伤残津贴实际数额低于当地最低工资标准的，由工伤保险基金补足差额。

关于伤残津贴和养老保险的关系，工伤职工达到退休年龄并办理退休手续后，符合领取基本养老保险待遇条件的，停发伤残津贴，按照国家有关规定享受基本养老保险待遇。基本养老保险待遇低于伤残津贴的，由工伤保险基金补足差额。关于伤残津贴和医疗保险的关系，职工因工致残被鉴定为一至四级伤残的，由用人单位和职工个人以伤残津贴为基数，继续缴纳基本医疗保险费。

（4）死亡待遇。

1）丧葬补助金。职工因工死亡的，伤残职工在停工留薪期内因工导致死亡的，一至四级伤残职工在停工留薪期满后死亡的，其近亲属按照规定从工伤保险基金中领取丧葬补助金。丧葬补助金是安葬工亡职工、处理后事的必需费用。丧葬补助金按 6 个月的统筹地区上年度职工月平均工资的标准计发，计发对象是工亡职工的近亲属，一般包括配偶、父母、子女、兄弟姐妹、祖父母、外祖父母、孙子女、外孙子女。

2）供养亲属抚恤金。按照因公死亡职工生前本人工资的一定比例计发，计发对象是由工亡职工生前提供主要生活来源、无劳动能力的亲属。具体标准为：配偶每月 40%，其他亲属每人每月 30%，孤寡老人或者孤儿每人每月在上述标准的基础上增加 10%。核定的各供

电力企业《安全生产法》学习指导与案例剖析（2021年版）

养亲属的抚恤金之和不应高于工亡职工生前的工资。该项待遇为长期待遇，一旦供养亲属具备、恢复能力或者死亡的，供养亲属抚恤金即停止发放。

3）因工死亡补助金。《工伤保险条例》规定，一次性工亡补助金标准为48个月至60个月的统筹地区上年度职工月平均工资。按照最新政策，因公死亡补助金的标准改为按照上一年度全国城镇居民人均可支配收入的20倍计发，发放对象为工亡职工的近亲属，当有数个近亲属时，对于工伤职工生前对其尽了较多照顾义务的近亲属，应当予以照顾。

关于几种死亡待遇之间的关系需明确以下事项：首先，伤残职工在停工留薪期内因工伤导致死亡的，其近亲属仅享受丧葬补助金；其次，一级至四级伤残职工在停工留薪期满后死亡的，其近亲属可以享受丧葬补助金、供养亲属抚恤金；最后，职工死亡同时符合领取基本养老保险丧葬补助金、工伤保险丧葬补助金和失业保险丧葬补助金条件的，其遗属只能择一领取，不能同时享受。

4. 关于由用人单位负担的工伤保险待遇的规定

《社会保险法》第三十九条规定，"**因工伤发生的下列费用，按照国家规定由用人单位支付：（一）治疗工伤期间的工资福利；（二）五级、六级伤残职工按月领取的伤残津贴；（三）终止或者解除劳动合同时，应当享受的一次性伤残就业补助金。**"

（1）工资福利。职工因工作遭受事故伤害或者患职业病需要暂停工作接受工伤医疗的，在停工留薪期内，除享受工伤医疗待遇外，原工资福利待遇不变，由所在用人单位按月支付。停工留薪期应当根据伤情的具体情况来确定，一般不超过12个月。停工留薪期的长短，由已签订服务协议的治疗工伤的医疗机构提出意见，经劳动能力鉴定委员会确认。伤情严重或者情况特殊需要延长治疗期限的，经设区的市级劳动能力鉴定委员会确认，可以适当延长，但延长不得超过12个月。工伤职工评定伤残等级后，停发原有的工资待遇，按照有关规定享受伤残待遇。

（2）伤残津贴。该项工伤保险待遇仅针对五级、六级伤残职工。五级、六级伤残，一般称为大部分丧失劳动能力，对于该类工伤职工，保留其与用人单位的劳动关系，由用人单位安排适当工作，难以安排的，由用人单位按月发给伤残津贴，具体标准为：五级伤残为本人工资的70%，六级为60%，并由用人单位按照规定为其缴纳各项社会保险费。伤残津贴实际金额低于当地最低工资标准的，由用人单位补足差额。

（3）一次性伤残就业补助金。职工因工致残被鉴定为五级、六级伤残的，经工伤职工本人提出，该职工可以与用人单位解除或者终止劳动关系，由用人单位支付一次性伤残就业补助金；职工因工致残被鉴定为七至十级伤残的，劳动合同期满终止，或者职工本人提出解除劳动合同的，由用人单位支付一次性伤残就业补助金。按照规定，一次性伤残就业补助金按照工伤职工本人月工资计算，不得低于所在市月最低工资标准，其中五级为28个月，六级为24个月，七级为20个月，八级为16个月，九级为12个月，十级为8个月。

5. 关于用人单位未依法缴纳工伤保险费的支付待遇的规定

《社会保险法》第四十一条规定，"**职工所在用人单位未依法缴纳工伤保险费，发生工伤事故的，由用人单位支付工伤保险待遇。用人单位不支付的，从工伤保险基金中先行支付。**

164

从工伤保险基金中先行支付的工伤保险待遇应当由用人单位偿还。用人单位不偿还的，社会保险经办机构可以依照本法第六十三条的规定追偿。"

（1）用人单位支付工伤保险待遇的责任。职工发生工伤后，若因用人单位未参保导致不能从工伤保险基金中享受工伤保险待遇，由用人单位向其支付工伤保险待遇。

（2）工伤保险先行支付制度。工伤保险先行支付制度，是指在工伤事故发生后，用人单位拒不支付或者无力支付未参保职工的工伤保险待遇时，由工伤保险基金先行支付，再由社保经办机构向用人单位追偿的制度。该制度是《社会保险法》的亮点之一，最大限度保障了工伤职工的基本权益。

（3）工伤保险待遇的追偿。社保经办机构责令用人单位限期偿还工伤保险待遇，除需补缴欠缴数额外，自欠缴之日起，按日加收万分之五的滞纳金。逾期仍未偿还的，由有关行政部门处欠缴数额一倍以上三倍以下的罚款。社保经办机构可以向银行和其他金融机构查询其存款账户；并可以申请县级以上有关行政部门作出划拨的决定，书面通知其开户银行或者其他金融机构划拨应偿还的工伤保险待遇。用人单位账户余额少于应偿数额的，社保经办机构可以要求该用人单位提供担保，签订延期偿还协议。用人单位不偿还且未提供担保的，社保经办机构可以申请人民法院扣押、查封其价值相当于应偿数额的财产，以拍卖所得抵缴工伤保险待遇。

案例 41-1

胡某在一家小五金企业上班时右手手指被机器轧伤，在医院治疗期间，胡某一共花去医药费 3 万多元，但他所在的企业负责人只在住院第一天支付过 3000 元，之后没有理会胡某的治疗和生活问题。胡某医疗问题陷入困境。

▶ 案例评析

本案企业负责人拒绝支付胡某因工伤发生的所有费用，由于之前公司为胡某缴纳了工伤保险，根据《社会保险法》第三十八条的规定，胡某住院期间治疗工伤的医疗费用和康复费用、住院伙食补助费等可从工伤保险基金中支付。

如果资本有百分之百的利润，它就敢践踏人间的一切法律。——英国经济评论家邓宁

42 保护劳动者权利 杜绝签"生死合同"

《中华人民共和国劳动法》第十八条规定，"**下列劳动合同无效：（一）违反法律、行政法规的劳动合同；（二）采取欺诈、威胁等手段订立的劳动合同。无效的劳动合同，从订立的时候起，就没有法律约束力。确认劳动合同部分无效的，如果不影响其余部分的效力，其余部分仍然有效。劳动合同的无效，由劳动争议仲裁委员会或者人民法院确认。**"

《劳动合同法》第三条规定，"**订立劳动合同，应当遵循合法、公平、平等自愿、协商一致、诚实信用的原则。**"劳动合同订立的原则首先是合法，劳动合同无效的判断首先看是否违反法律和行政法规。这里的法律法规是指中国法制体系中一切有效的法律法规。《安全生产法》是最新修改的法律，劳动合同与其相悖自然无效。其次，就是违反了公平、平等自愿、协商一致、诚实信用的原则。

一、无效劳动合同的原因

劳动合同签订实践中，存在着大量的违法劳动合同，原因如下。

（1）劳动者不懂劳动法律法规，不懂得保护自己劳动权益的相关法律法规。

（2）在资方处于强势地位的劳动力市场上，劳方有时候为了找到工作往往不顾及个人健康安危，委曲求全，实际上是违心签订了劳动合同，不是其真实的意思表示。

（3）资方在签订合同时掩盖真相，虚假宣传，夸大劳动待遇，掩饰恶劣劳动条件，有欺诈行为。

（4）在欺诈胁迫甚至暴力威胁的情形下签订的劳动合同。如黑煤矿、黑煤窑的劳工。

二、"生死合同"属于无效劳动合同

"生死合同"是载有下述无效条款的劳动合同：一是用人单位免除自己的法定责任，是指根据有关法律法规规定，用人单位有依法承担的责任，但用人单位在劳动合同中约定免除该责任。二是用人单位排除劳动者权利，是指用人单位通过劳动合同中的约定取消或者限制劳动者权利，这主要是针对实践中的一些霸王条款，如有的劳动合同中载明"劳动者生老病死都与企业无关""工伤、死亡概不负责""用人单位有权根据生产经营变化及劳动者的工作情况调整其工作岗位，劳动者必须服从单位的安排"等。

这类"生死合同"严重违反了《安全生产法》第五十二条的规定，"**生产经营单位与从业人员订立的劳动合同，应当载明有关保障从业人员劳动安全、防止职业危害的事项，以及依法为从业人员办理工伤保险的事项。生产经营单位不得以任何形式与从业人员订立协议，免除或者减轻其对从业人员因生产安全事故伤亡依法应承担的责任。**"该条对生产经营单位提出了如下要求。

（1）保证劳动者劳动安全免受伤害并防止职业病危害。要求用人单位安全投入充足，保障基本的安全生产条件。要建立健全安全生产制度和操作规程，具备完善有效的安全设施设

备，对员工进行安全培训教育，提供合格的劳动防护装备和用品。

（2）强制实施工伤保险制度。不管用人单位是否情愿都应当按法律规定为从业人员缴纳工伤保险费。当从业人员受伤、患职业病失去部分或全部劳动能力时，依法从国家和社会获得物质帮助，保证基本生活。

（3）禁止以任何形式签订"生死合同"，即使签订了"生死合同"也是无效的合同，自始无效。用人单位不能依据"生死合同"排除从业人员的权利、免除自己的法律责任。

订立"生死合同"的用人单位同时违反了《劳动合同法》第二十六条的规定，"**下列劳动合同无效或者部分无效：（一）以欺诈、胁迫的手段或者乘人之危，使对方在违背真实意思的情况下订立或者变更劳动合同的；（二）用人单位免除自己的法定责任、排除劳动者权利的；（三）违反法律、行政法规强制性规定的。对劳动合同的无效或者部分无效有争议的，由劳动争议仲裁机构或者人民法院确认。**"

三、资方订立"生死合同"的法律责任

1. 违反劳动法律法规的责任

《中华人民共和国劳动法》第十八条第二款规定，"**无效的劳动合同，从订立的时候起，就没有法律约束力。确认劳动合同部分无效的，如果不影响其余部分的效力，其余部分仍然有效。劳动合同的无效，由劳动争议仲裁委员会或者人民法院确认。**"一旦劳动合同被确认无效，资方有关"不负责任"的条款是无效的。换句话说，还是必须负责任的。

2. 违反安全生产法的责任

《安全生产法》第一百零六条规定，"**生产经营单位与从业人员订立协议，免除或者减轻其对从业人员因生产安全事故伤亡依法应承担的责任的，该协议无效；对生产经营单位的主要负责人、个人经营的投资人处二万元以上十万元以下的罚款。**"

⚖ 案例 42-1

陈某进城打工，看到一张"招工告示"，称"某个体砖厂大量招工，包吃住，月薪5000元另加奖金"，于是前往该砖厂与老板王某洽谈。王某拿出的劳动合同最后有一行不起眼的小字："受雇人员伤亡厂方概不负责"。陈某没有多想就签了合同。一个月后，陈某在挖土时忽然遇到塌方，身受重伤，丧失了劳动能力。王某以双方签订的劳动合同中已写明"受雇人员伤亡厂方概不负责"为由，不同意对陈某赔偿损失。

▶ 案例评析

这是一起典型的生产经营单位通过与从业人员签订"生死合同"，达到逃避依法应承担工伤赔偿责任目的的案件。本案砖厂老板利用打工人员不懂法律又急于找个工作挣钱的心理，在劳动合同中加入"工伤自理"内容的违法条款。砖厂企图以"合法"的形式规避产经营单位应承担的赔偿责任，违反《安全生产法》第五十二条第二款"生产经营单位不得以任何形式与从业人员订立协议，免除或者减轻其对从业人员因生产安全事故伤亡依法应承担的

责任"之规定，严重损害从业人员的合法权益。本案中，陈某虽然与砖厂签订了含有"受雇人员伤亡厂方概不负责"条款的劳动合同，但这一人身伤害免责条款是违法的，这是一种无效合同，不受法律的保护，不能以此免除或者减轻砖厂的赔偿责任。因此，陈某既可直接向砖厂请求赔偿，也可向劳动行政主管部门申请处理，还可以直接向人民法院起诉，以维护其合法权益。另外安全行政部门还要根据《安全生产法》第一百零六条对砖厂负责人王某进行处罚。

第 4 章 安全生产的监督管理

安全检查是隐患"扫雷仪",监督整改是安全"助力器"。

43 "四不两直"查真相 实事求是管安全

《安全生产法》第六十五条规定,应急管理部门和其他负有安全生产监督管理职责的部门依法开展安全生产行政执法工作,有权进入生产经营单位和到现场检查;发现安全隐患责令排除。第六十七条第一款规定,"**安全生产监督检查人员应当忠于职守,坚持原则,秉公执法。**"要做到从基层单位和现场检查获得真相和事实,就要本着第八十六条"**事故调查处理应当按照科学严谨、依法依规、实事求是、注重实效的原则**"。基于真相,深挖隐患,抓预防、重治本、抓落实、求实效,采用"四不两直"的监督检查方法,才能取得良好的效果。

"四不两直"是国家安全生产监督管理总局 2014 年 9 月建立并实施的一项安全生产暗查暗访制度,也是一种工作方法,即:"不发通知、不打招呼、不听汇报、不用陪同接待、直奔基层、直插现场"。

事实证明,安全检查大张旗鼓,给被检单位以示意,让他们有所准备,到头来轰轰烈烈执法活动,劳民伤财空忙一场。惟采用"四不两直"暗查暗访之方法,方可获取真相,取得实效,这也符合《安全生产法》第八十六条规定的实事求是、注重实效的原则。

《关于加强新〈安全生产法〉学习贯彻的通知》(国网安委办〔2021〕36 号)中重点强调,国家电网公司各级安监部门要结合安全生产巡查,实事求是"四不两直"督查工作。在《关于加大安全生产违章惩处力度的通知》中再次强调,公司通过"四不两直"工作方法进行安全督查、安全巡查等发现的违章要通报公司,其他单位要举一反三,杜绝违章。

在德国,劳动部门对建设项目建成后重点审查涉及安全的设备设施,如果发现有不符合《劳动保护法》规定的,就不予验收投运。对施工中工人的安全防护情况也严格检查,发现违章现象,如工人不戴安全帽等将对该工人和承包商处以罚款。

在美国,检察员每天在生产场所进行检查,检查的地点、频次和时间根据违章伤害数量和安全投诉情况调整,也有随机抽查。如果在检查中发现违法违章行为,给予重罚,如小型企业雇主平均罚款额为 5000 美元,若发生一起死亡事故可罚款 7 万美元。

2021年5月26日晚，某市煤业公司发生的一起安全生产事故，致4人死亡。该公司罔顾人命关天的事实和安全生产法及时上报事故的严厉规定，未上报政府相关部门，企图瞒报蒙混过关。后来事故知情人向有关负有安全生产监管职责的应急管理局举报了真相。市政府高度重视，成立专项调查组，对该事故全面核查、依法采取措施，对涉及隐瞒事故不报的该煤矿企业的19名相关责任人予以依法控制。分管副市长、煤炭管理中心分管副主任受到了免职处分，工信局分管副局长被责令作出深刻检查，15名相关干部分别受到了免职、停职、做出检查等处分。

案例评析

常言道，不入虎穴焉得虎子。本案是通过知情人举报官方才知道事故的真相，做出了一系列的处理决定。如果事故伊始应急管理局就通过"四不两直"的检查监督工作模式自己取得事故真相，不给地方政府和涉事企业瞒报作弊的时间空间，也就不会有那么多"人民公仆"遭到处分了。

> 先其未然谓之防，发而止之谓之救，行而责之谓之戒。
>
> 防为上，救次之，戒为下。——荀子

44 火眼金睛识隐患 检举控告敢担当

中国的传统医学有三种境界：上医未病，中医欲病，下医已病。就是说上等医生可治病于未发病，中等医生可以治病于即将发病，末流医生才医治已发病。对于安全生产隐患防控而言，就要医治于未发病。我们生产、生活在风险和隐患之中，除了突如其来的天灾，多数风险和隐患是可以发现的，也是可控可防的。

一、发现隐患

安全生产隐患的端倪如何发现？这就需要员工具备有丰富的知识和经验。要具备这些知识就要参加学习和培训，并在工作实践中不断积累安全生产经验。譬如，员工要了解工作休息场所的不安全因素、风险，会以怎样的方式发生，会发生什么恶果，如何防控等。抓住隐患的发生规律：孕育—发展—发生—伤害（损失）。

一旦发现了安全隐患，《安全生产法》第五十四条赋予员工如下权利："**从业人员有权对本单位安全生产工作中存在的问题提出批评、检举、控告；有权拒绝违章指挥和强令冒险作业。**"

批评，是指对本单位安全生产工作中的缺点和不足提出意见。检举，是指对生产单位存在重大安全隐患而不采取措施排除的违法行为，向应急管理部门和负有安全检查监督的其他部门进行揭发。控告，向应急管理部门和负有安全检查监督的其他部门或者司法机关告发安全生产犯罪的个人或单位组织。拒绝，是单位负责人、部门负责人、工作负责人等为了赶工期、提进度不顾质量和安全，违章指挥从业人员冒险作业时，从业人员可以拒绝作业。甚至，根据《安全生产法》第五十五条第一款规定 **"从业人员发现直接危及人身安全的紧急情况时，有权停止作业或者在采取可能的应急措施后撤离作业场所。"**

针对现实中官本位意识严重、员工忌惮权力的情况，《安全生产法》第五十四条第二款规定，**"生产经营单位不得因从业人员对本单位安全生产工作提出批评、检举、控告或者拒绝违章指挥、强令冒险作业而降低其工资、福利等待遇或者解除与其订立的劳动合同。"** 对于从业人员发现直接危及人身安全的紧急情况时，行使停止作业撤离作业场所的权利，为保护从业人员免受打击迫害，《安全生产法》第五十五条第二款规定，**"生产经营单位不得因从业人员在前款紧急情况下停止作业或者采取紧急撤离措施而降低其工资、福利等待遇或者解除与其订立的劳动合同。"**

其实，员工的这些权利早在劳动法律中有所体现，如《劳动合同法》第三十二条规定，**"劳动者拒绝用人单位管理人员违章指挥、强令冒险作业的，不视为违反劳动合同。劳动者对危害生命安全和身体健康的劳动条件，有权对用人单位提出批评、检举和控告。"**

教育从业人员敢于实事求是说真话，面对安全生产重大隐患疏于管控的违法犯罪行为，应大胆地行使批评、检举、控告、拒绝权。唯其如此，《安全生产法》第五十四条和第五十五条才有希望付诸落实。

二、责任、担当、说真话

发现了隐患，员工还要具有责任心和敢于担当的品质，才会为了自己、为了企业和工友们的安全，不怕得罪领导，不怕丢了工作和待遇，敢于揭露并报告隐患。生产单位的安全不仅仅是企业负责人和安监部门的责任，企业里每一个员工都应担当起发现隐患、报告隐患的责任，即使你一个人不可能发现企业的全部隐患，总该做到"我的地盘我做主""我的安全我负责。"人人都这样做到了，安全隐患无处可逃了。

三、用认真的态度积极发现防范隐患

俗话说，世上无难事，只怕有心人。作为员工，要始终保持认真积极的态度去工作，只要上岗，就集中思想，工作再忙，也不忘安全。对于企业，要全天候贯彻企业安全生产，即"四不伤害"（不伤害自己，不伤害他人，不被他人伤害，提醒他人不被伤害），"四不放过"（对事故原因没有查清不放过，事故责任者没有严肃处理不放过，广大职工没有受到教育不放过，防范措施没有落实不放过），"五同时"（企业领导在计划、布置、检查、总结、评比生产的同时，计划、布置、检查、总结、评比安全）。这样坚持几十年如一日，练出火眼金睛，捕捉隐患缺陷，坚持认真负责，敢于检举控告，人人关心安全，确保安全生产。

四、生产经营单位的法律责任

《安全生产法》第一百零一条规定，**"生产经营单位有下列行为之一的，责令限期改正，处十万元以下的罚款；逾期未改正的，责令停产停业整顿，并处十万元以上二十万元以下的**

罚款，对其直接负责的主管人员和其他直接责任人员处二万元以上五万元以下的罚款；构成犯罪的，依照刑法有关规定追究刑事责任：……（五）未建立事故隐患排查治理制度，或者重大事故隐患排查治理情况未按照规定报告的。"

第一百零二条规定，"生产经营单位未采取措施消除事故隐患的，责令立即消除或者限期消除，处五万元以下的罚款；生产经营单位拒不执行的，责令停产停业整顿，对其直接负责的主管人员和其他直接责任人员处五万元以上十万元以下的罚款；构成犯罪的，依照刑法有关规定追究刑事责任。"

案例 44-1

某日 11 时，某电厂副厂长负责 2 号炉前右侧水冷壁吊运施工，根据水冷壁的重量决定用龙门吊和塔吊共同完成起吊。于是副厂长让锅炉工刘某和起重工王某给水冷壁临时加固桁架。刘某跟副厂长提出："这桁架材料小了担不上（强度不够的意思）。""怎么担不上？这材质相当于 45 号钢呢！"副厂长自信地说。起吊继续进行。

刘某准备起吊 2 号炉前右侧水冷壁，先由 2 号塔吊吊起水冷壁上部，然后将吊水冷壁中上部的 1 号龙门吊摘钩后吊其下部，共同将水冷壁运到起吊位置。在龙门吊松钩后，只有塔吊受力（吊着临时加固桁架部位）、起重工王某上去倒钩，此时水冷壁临时加固桁架突然断裂，水冷壁掉下（距地面约 5 米，水平放置），致使下方的临时工马某某大腿骨折。

案例评析

本案刘某发现了起吊施工的安全隐患，也大胆地给领导提出来了。领导凭经验认为桁架的强度足够。但是刘某没有勇气反驳领导，更不敢撤出施工现场，明知存在危险却只能冒险作业。这就是安全生产组织管理违章，是深层次隐形违章。这需要摒弃官本位文化和制度才能铲除的祸根。

视安全如生命，除隐患如排雷。

45　消除隐患需停电　规范操作保安全

《安全生产法》第七十条规定，"负有安全生产监督管理职责的部门依法对存在重大事故隐患的生产经营单位作出停产停业、停止施工、停止使用相关设施或者设备的决定，生产经营单位应当依法执行，及时消除事故隐患。生产经营单位拒不执行，有发生生产安全事故的现实危险的，在保证安全的前提下，经本部门主要负责人批准，负有安全生产监督管理职责的部门可以采取通知有关单位停止供电、停止供应民用爆炸物品等措施，强制生产经营单位履行决定。通知应当采用书面形式，有关单位应当予以配合。

"负有安全生产监督管理职责的部门依照前款规定采取停止供电措施，除有危及生产安全的紧急情形外，应当提前二十四小时通知生产经营单位。生产经营单位依法履行行政决定、采取相应措施消除事故隐患的，负有安全生产监督管理职责的部门应当及时解除前款规定的措施。"

本条有三方面内涵：①为及时消除隐患，存在重大事故隐患的生产经营单位应履行停产停业、停止施工、停止使用相关设施或者设备（"三停"）的决定；②生产经营单位拒不执行"三停"决定的，但有发生生产安全事故的现实危险的，负有安全生产监督管理职责的部门采取强制措施——通知有关单位协助停止供电、停止供应民用爆炸物品等措施迫使隐患单位履行决定；③强制执行要预先通知，生产经营单位消除隐患的，应及时解除"三停"措施。

本条所指"三停"之一，停电的配合单位无疑就是供电企业。负有安全生产监督管理职责的部门采取强制措施的通知应当采用书面形式，供电公司作为协助单位一定要保存好书面通知作为证据，并依法合规实施具体操作。

一、类似"三停"的停电情形

除了本条提及的为了强制生产经营单位履行政府负有安全生产监督管理职责的部门依法对存在重大事故隐患的生产经营单位停产停业、停止施工、停止使用相关设施或者设备的决定之外，类似的停电还有《供电监管办法》第二十四条规定的情形，"**电力监管机构对供电企业执行国家有关节能减排和环境保护政策的情况实施监管。**

"供电企业应当减少电能输送和供应环节的损失和浪费。

"**供电企业应当严格执行政府有关部门依法作出的对淘汰企业、关停企业或者环境违法企业采取停限电措施的决定。未收到政府有关部门决定恢复送电的通知，供电企业不得擅自对政府有关部门责令限期整改的用户恢复送电。**"

客户对于政府安监部门的停电指令有异议的，可以向电力管理部门投诉。涉及经济损失赔偿的通过司法程序解决。

二、正确处理政府干预停送电

类似《安全生产法》第七十条规定的停送电情形，都属于政府干预停送电。站在履行供用电合同的角度，供电方在用电方没窃电、违约用电、欠费超期等情况下没有权利给用电方停电，否则就是违约。在配合停电引起的法律责任情形下，供电方往往会成为被告或者是第三人。因此，对于政府干预停送电供电方应做好如下几方面工作。

1. 配合政府相关部门停电

（1）配合政府相关部门停送电要持有政府相关部门的书面行政决定，应将书面行政决定存档备查。该类停电引起的纠纷应由政府相关部门承担责任，供电方不承担责任。

（2）政府相关部门口头或电话通知供电企业停送电的，供电方应不予配合，否则供电方会承担违约赔偿责任。

2. 配合停电必须保证的事项

（1）必须事先通知。《安全生产法》第七十条规定，"**应当提前二十四小时通知生产经营单位**"《民法典》第六百五十二条规定，"供电人因供电设施计划检修、临时检修、依法限电或者用电人违法用电等原因，需要中断供电时，应当按照国家有关规定事先通知用电人；未事先通知用电人中断供电，造成用电人损失的，应当承担赔偿责任。"《电力法》第二十九条第一款规定，"供电企业在发电、供电系统正常的情况下，应当连续向用户供电，不得中断。因供电设施检修、依法限电或者用户违法用电等原因，需要中断供电时，供电企业应当按照国家有关规定事先通知用户。"

（2）要采取防范设备重大损失、人身伤亡的安全措施。对于大客户停电实施停电，不可简单实施，要慎而又慎。尽管停电是政府行为，但是在具体操作中发生安全事故，政府部门是不会替电力企业承担责任的。因此要尽量根据生产经营单位的生产性质和生产班次安排，确定最佳停电时间，使得企业用户的损失减至最少。同时，要严格停电操作的"两票三制"，规范操作，确保安全。

（3）不影响社会公共利益，不危害社会公共安全。

（4）不影响其他客户的正常用电。

案例 45-1

某区政府为了加强环境保护，根据区政府关于"某区小地瓜淀粉清理取缔专题工作会议"精神及副区长的重要讲话，对辖区内小地瓜淀粉加工点坚决予以打击取缔。为了避免刘某某、孙某某两家小地瓜淀粉厂再度生产，镇政府责令供电所对以上两家小地瓜淀粉厂不予供应动力电，已经供应动力电的，限于当日 17 时前予以拉闸限电。

案例评析

供电所应拒绝给刘某某、孙某某两家小地瓜淀粉厂停电。原因是：①两家小地瓜淀粉厂不符合《安全生产法》依法对存在重大事故隐患的生产经营单位停产停业、停止施工、停止使用相关设施或者设备的情形，也不符合《供电监管办法》执行国家有关节能减排和环境保护政策的情况，给两家小地瓜淀粉厂停电是违法行为。②"某区小地瓜淀粉清理取缔专题工作会议"精神及副区长的重要讲话不是法律法规规章，不是停电的依据。③客户也没有违约用电应当停电的行为。

案例 45-2

2012 年 3 月 21 日，郑州市金水区政府组织成立指挥部，对恒升公司所在地小铺村进行城中村改造拆迁。期间两次指挥部分别向郑州供电公司发送《关于停断小铺村违法建设电力供应的函》和《通知》，表明因小铺村开发地块违章建筑正在进行拆迁，为避免违章拆除中引发安全事故，造成不应有的损失，要求郑州供电公司配合停止对该地块违章建筑供电。郑州供电公司遂按照要求停止供电。2015 年 4 月 22 日，恒升公司起诉郑州供电公司违反供用电合同，要求民事赔偿。郑州供电公司举证，停电系郑州市金水区政府的行为，本公司只是辅助停电。恒升公司认为金水区政府的行为也侵害了其合法权益，故对其提起了行政诉讼。

▶ 案例评析

（1）虽然政府通知供电公司停电并未在政府与供电公司之间设立、变更或者消灭权利义务，不具备行政行为的实质要件，因此政府通知停电行为不是行政行为。但是，政府通知郑州供电公司停电是其涉案拆迁工作的一部分，具体运用了行政权，是一种行政事实行为。供电公司对停电原因、停电范围等事实不具有判断能力和义务，其停止电力供应仅是辅助政府的通知停电行为。该案一直打到最高人民法院，以政府失败而告终。

（2）依法合规停电。协助政府停电一定要手持政府书面行政决定且留作证据。口头或电话通知一律不予理会。

安全来自长期警惕，事故源于瞬间麻痹。

46 广开渠道亮绿灯 安全举报蔚成风

《安全生产法》第七十三条规定，"负有安全生产监督管理职责的部门应当建立举报制度，公开举报电话、信箱或者电子邮件地址等网络举报平台，受理有关安全生产的举报；受理的举报事项经调查核实后，应当形成书面材料；需要落实整改措施的，报经有关负责人签字并督促落实。对不属于本部门职责，需要由其他有关部门进行调查处理的，转交其他有关部门处理。

"涉及人员死亡的举报事项，应当由县级以上人民政府组织核查处理。"

一、建立举报制度的意义

建立举报制度有助于把安全生产监督工作做得更细致、更广泛。举报事实、查证属实、整改落实，真正把人命关天的安全生产落到实处，保护从业人员和社会大众的生命、财产安全。广开渠道，常态亮起劳动者和广大群众举报安全事故的绿灯，充分利用现代科技，设立多种多样的举报方式，方便、快捷、安全、保密。电话、信息、信箱、安监部门网络平台、书面举报信、当面举报相结合，让举报人选择方式，畅通无阻。举报查证属实的，依法给予奖励，重要的是对安全管理责任人依法处罚，在恰当的范围内公之于众，维护劳动者权益，引导广大群众走上安全生产监督的轨道，培育广大群众的集体安全生产意识，增强全民族的安全意识，对于我国的安全生产在最广泛的范围内得以贯彻实施。

本条增加了"首接负责制"。"对不属于本部门职责，需要由其他有关部门进行调查处理的，转交其他有关部门处理。"这就明确规定不要以"不是我部门职责"为由不负责任，把举报推出门外，而是有责任转交有关的部门。

在"人民至上、生命至上"的原则指导下，对于举报人命关天的重大案件，"涉及人员死亡的举报事项，应当由县级以上人民政府组织核查处理。

二、广泛的举报主体

《安全生产法》第七十四条规定，"**任何单位或者个人对事故隐患或者安全生产违法行为，均有权向负有安全生产监督管理职责的部门报告或者举报。**"第七十五条规定，"**居民委员会、村民委员会发现其所在区域内的生产经营单位存在事故隐患或者安全生产违法行为时，应当向当地人民政府或者有关部门报告。**"任何单位或者个人对事故隐患或者安全生产违法行为均有权举报。这里安全生产违法行为包括：安全投入不足，影响安全设备设施的维修维护和劳动防护用品的配置；没有定期检查隐患；对于已经查证属实的安全隐患不及时消除或者故意拖延；单位轻视安全生产管理，以至于生产混乱无序，"三违"现象严重无人管或者对于查明的严重的安全事故，违反"四不放过"，不执行安全生产责任制，导致隐患重重；生产经营单位没有应急救援预案，或者把预案作为摆设应付检查等。《安全生产法》第七十五条特别规定了新的监督主体是居民委员会、村民委员会。这是我国最低一级的群众组织，管理者身处最底层的第一线，更有利于发现安全生产经营场所的隐患，听到最广泛的安全生产隐患情况的反应。

三、奖励措施

《安全生产法》第七十六条规定，"**县级以上各级人民政府及其有关部门对报告重大事故隐患或者举报安全生产违法行为的有功人员，给予奖励。具体奖励办法由国务院安全生产监督管理部门会同国务院财政部门制定。**"奖励是一种肯定，是一种鼓励，更是一种激励。一方面将对于查证属实的与安全举报事件相关单位和个人依法作出处理，一方面对举报单位和举报人举报重大安全隐患，避免了严重安全事故的勇敢正义负责担当的行为给予奖励，使社会公众关注关心社会安全和安定的主人公意识不断增强。《安全生产举报奖励办法》（安监总财〔2012〕63号）第十二条规定，"**经调查属实的，受理举报的安全监管部门应当按下列规定对有功的实名举报人给予现金奖励：（一）对举报安全生产重大事故隐患、安全生产非法违法行为的，奖励1000元至1万元。（二）对举报瞒报、谎报一般事故的，奖励3000元至5000元；举报瞒报、谎报较大事故的，奖励5000元至1万元；举报瞒报、谎报重大事故的，奖励1万元至2万元；举报瞒报、谎报特别重大事故的，奖励3万元。**"

依靠基层组织做好宣传工作，广泛教育群众提高安全意识，积极检举、揭发安全事故隐患和安全生产违法行为。对检举、揭发的线索一经核实，应根据情况给予不同程度的奖励，及时兑现，以激励促进广大人民群众积极参与安全生产管理。并对举报人及举报材料保密，保证举报人的人身、财产安全，不断提高和保护广大人民群众安全生产的自觉性和积极性。

四、电力企业安全举报规定

《生产安全事故报告和调查处理条例》（国务院令第493号）第十八条规定，"**安全生产监督管理部门和负有安全生产监督管理职责的有关部门应当建立值班制度，并向社会公布值班电话，受理事故报告和举报。**"

案例 46-1

某年小埠头变电站竣工验收，有人悄悄跟领导汇报：出事了，变电站里户内的十几面配电盘全部烧了，损失 30 多万元。后查明是一位工区主任误操作造成的。领导授意保密，不要向地市公司汇报。

后来有员工报告了上级地市供电公司。地市供电公司撤销了该县供电公司"安全生产文明单位"，扣罚该公司半年的安全奖。

后来举报者被揪出来了，但没有示众，而是被调到了检修公司变压器维修车间工作。再后来，该举报者因其他原因又被降低一级工资。

案例评析

保荣誉、掩事故、封消息是生产单位应对安全事故常用的套路，还美其名曰为了职工的利益——就是安全奖金不受影响，其实最重要的是为了保全领导自己。本案对举报者的处理是在不动声色中进行的，让正直、正义的举报者隐隐作痛却有苦难言。本案县供电公司主要负责人隐瞒事故不报，对举报人不奖反罚，与法律作对，应对其依照《安全生产法》第一百一十条给予处罚，"生产经营单位的主要负责人在本单位发生生产安全事故时，不立即组织抢救或者在事故调查处理期间擅离职守或者逃匿的，给予降级、撤职的处分，并由应急管理部门处上一年年收入百分之六十至百分之一百的罚款；对逃匿的处十五日以下拘留；构成犯罪的，依照刑法有关规定追究刑事责任。

"生产经营单位的主要负责人对生产安全事故隐瞒不报、谎报或者迟报的，依照前款规定处罚。"

信言不美，美言不信。——老子

47　事故报道求真实　大白天下免猜疑

真实性是新闻报道的核心原则，也是新闻的生命源泉。安全隐患和事故报道必须真实，真相必须大白于天下，才能督促生产单位排除隐患，遏制事故发生。

《安全生产法》第七十七条规定，"**新闻、出版、广播、电影、电视等单位有进行安全生产公益宣传教育的义务，有对违反安全生产法律、法规的行为进行舆论监督的权利。**"该条规定无疑是对新闻、出版、广播、电影、电视等单位真实报道的授权。社会也期待着我国新闻报道真实性原则的贯彻实施。对于安全生产事故，新闻宣传单位更应该尽到真实报道的义务。参照《安全生产法》第八十六条，"**事故调查处理应当按照科学严谨、依法依规、实事求是、注重实效的原则，及时、准确地查清事故原因，查明事故性质和责任，评估应急处置**

工作，总结事故教训，提出整改措施，并对事故责任单位和人员提出处理建议。事故调查报告应当依法及时向社会公布。"

《生产安全事故报告和调查处理条例》（国务院令第 493 号）第四条也有规定，"事故报告应当及时、准确、完整，任何单位和个人对事故不得迟报、漏报、谎报或者瞒报。事故调查处理应当坚持实事求是、尊重科学的原则，及时、准确地查清事故经过、事故原因和事故损失，查明事故性质，认定事故责任，总结事故教训，提出整改措施，并对事故责任者依法追究责任。"

《电力安全事故调查程序规定》（国家电力监管委员会令第 31 号）第三条规定，"事故调查应当按照依法依规、实事求是、科学严谨、注重实效的原则，及时、准确地查清事故原因，查明事故性质和责任，总结事故教训，提出整改措施和处理意见。"

《电力企业信息披露规定》第三条规定，"电力企业、电力调度交易机构披露信息遵循真实、及时、透明的原则。"

《供电企业信息公开实施办法（试行）》第三条规定，"供电企业信息公开应当遵循真实准确、规范及时、便民利民的原则，并对本企业发布的信息内容负责。"第五条规定，"供电企业信息公开的内容，分为主动公开的信息和依申请公开的信息。"第七条规定，"除本办法第六条规定供电企业主动公开的信息外，电力用户还可以根据自身生产、生活、科研等特殊需要，向供电企业申请获取相关信息。"第八条规定，"供电企业应当建立健全信息发布保密审查机制，明确审查的责任和程序，依照《中华人民共和国保守国家秘密法》以及有关规定对拟公开的信息进行保密审查和管理。"

案例 47-1

某年 7 月下旬，天气异常炎热，某市电视台播放了由于停电市区居民空调停机、老人和孩子热得满头大汗而无可奈何的多帧镜头。报道引申强调加强电网建设，加强安全管理，确保安全连续供电的重要性和必要性。这一报道激发了居民对供电企业极为不满的情绪，甚至有人说供电部门是拿高薪、吃闲饭的，偏偏在最热的日子出停电事故。对供电公司造成了恶劣的影响。实际上，这次停电是由于自来水公司主输水管道爆裂抢修时，挖掘机挖断了高压电缆所致。但是电视台只真实报道了断电而导致居民忍耐高温炎热的情形而忽略了断电的真实原因，客观上转移了广大群众的情绪发泄方向，供电公司蒙受了不白之冤。

案例评析

在这样的停电事件发生后，电力企业要积极主动报告事实真相和原因，引导主流媒体报道出事故原因，才会博得广大群众对电力企业的理解。事故报道要真实还要全面，不要各取所需，断章取义。

"立木取信"，无信不立。

48　违安法成本倍增　失信用寸步难行

个人诚信，立根，企业诚信，固本。鉴于此，《安全生产法》第七十八条规定，"**负有安全生产监督管理职责的部门应当建立安全生产违法行为信息库，如实记录生产经营单位及其有关从业人员的安全生产违法行为信息；对违法行为情节严重的生产经营单位及其有关从业人员，应当及时向社会公告，并通报行业主管部门、投资主管部门、自然资源主管部门、生态环境主管部门、证券监督管理机构以及有关金融机构。有关部门和机构应当对存在失信行为的生产经营单位及其有关从业人员采取加大执法检查频次、暂停项目审批、上调有关保险费率、行业或者职业禁入等联合惩戒措施，并向社会公示。**

"**负有安全生产监督管理职责的部门应当加强对生产经营单位行政处罚信息的及时归集、共享、应用和公开，对生产经营单位作出处罚决定后七个工作日内在监督管理部门公示系统予以公开曝光，强化对违法失信生产经营单位及其有关从业人员的社会监督，提高全社会安全生产诚信水平。**"

《安全生产法》关于建设安全生产诚信体系的规定，就企业层面而言，是落实安全生产主体责任的体现，主要表现在是否自觉守法、履职践诺，落实全员责任制度，遵章合规安全生产。同时约束安全生产监管部门建立安全生产违法行为信息库和安全生产"黑名单"制度，落实监管责任，建立评定评估、分级管理、公开公示、通报监督、奖励惩戒等制度。《安全生产法》第七十八条旨在逐步形成企业安全生产诚信管理的长效机制。安全生产诚信履行包括多个方面，如落实全员安全生产责任和管理制度、安全投入、安全培训、安全生产标准化信息化建设、隐患排查治理、生产单位的不良记录或"黑名单"予以通报和公示、职业病防治和应急管理等方面的情况。

保证企业安全生产诚信管理的长效机制良性运行的有以下两大措施。

一是对生产经营单位失信行为进行联合惩戒。新《安全生产法》增加"有关部门和机构应当对存在失信行为的生产经营单位及其有关从业人员采取加大执法检查频次、暂停项目审批、上调有关保险费率、行业或者职业禁入等联合惩戒措施，并向社会公示。""负有安全生产监督管理职责的部门应当加强对生产经营单位行政处罚信息的及时归集、共享、应用和公开，对生产经营单位作出处罚决定后七个工作日内在监督管理部门公示系统予以公开曝光，强化对违法失信生产经营单位及其有关从业人员的社会监督，提高全社会安全生产诚信水平。"

二是加大了对中介服务机构失信行为的惩戒力度。安全服务机构出具失实虚假报告的除了罚款停业，对主管人员和其他直接责任人员实行终身行业和职业禁入，构成犯罪的要追究刑事责任。《安全生产法》第九十二条规定，"承担安全评价、认证、检测、检验职责的机构出具失实报告的，责令停业整顿，并处三万元以上十万元以下的罚款；给他人造成损害的，依法承担赔偿责任。

"承担安全评价、认证、检测、检验职责的机构租借资质、挂靠、出具虚假报告的，没收违法所得；违法所得在十万元以上的，并处违法所得二倍以上五倍以下的罚款，没有违法所得或者违法所得不足十万元的，单处或者并处十万元以上二十万元以下的罚款；对其直接负责的主管人员和其他直接责任人员处五万元以上十万元以下的罚款；给他人造成损害的，与生产经营单位承担连带赔偿责任；构成犯罪的，依照刑法有关规定追究刑事责任。

"对有前款违法行为的机构及其直接责任人员，吊销其相应资质和资格，五年内不得从事安全评价、认证、检测、检验等工作；情节严重的，实行终身行业和职业禁入。"

案例 48-1

某供电公司在煤改电、气改电取暖营销宣传活动中展示了电能清洁安全、价格便宜的优点，比较了煤、气、电取暖的价格成本，且承诺改电取暖后，发生问题您只需打个电话，公司客服随叫随到，提供令您满意的服务。有的客户冲着这样到家贴心的服务承诺就与公司签订了改电取暖合同。不久后，客户使用出现了问题，然而外勤客服四处解决问题，忙不过来。不少客户怒气冲冲，拨打投诉电话，说供电公司失信违约。

案例评析

本案供电公司的宣传比之于后来的客服滞后行为确有言而无信之嫌。如果长此以往，相关部门给予联合惩戒并公之于众将严重损害公司信誉并影响电力营销工作的开展。《民法典》第四百七十三条，"要约邀请是希望他人向自己发出要约的表示。……商业广告和宣传、寄送的价目表等为要约邀请。商业广告和宣传的内容符合要约条件的，构成要约。"本案就电能这种特殊且垄断的商品而言，供电公司宣传的价格和服务等内容符合要约条件，因为这是一种重在后续服务的连续供货合同。客户对客服宣传信以为真并与之签订合同就是承诺，合同成立。不能提供宣传广告服务内容就是失信违约。本案不仅是诚信问题，供电公司还应当承当违约责任。

平安千日，事发一朝。

49　有备无患早打算　应急预案须完善

未雨绸缪，有备无患。针对可能发生的事故，为迅速、有序地开展应急行动而预先制定的行动方案，就是应急预案。有了应急预案并演练熟悉，即便事故来临也不会手足无措，而是依照原则和程序有条不紊地进行施救，这样才会防止事故蔓延扩大，减少损失。

一、应急预案的环节

应急预案包含以下四个环节：①应急准备，针对可能发生的事故，为迅速、有序地开展应急行动而预先进行的组织准备和应急保障。②应急响应，事故发生后，有关组织或人员采取的应急行动。③应急救援，在应急响应过程中，为消除、减少事故危害，防止事故扩大或恶化，最大限度地降低事故造成的损失或危害而采取的救援措施或行动。④恢复，事故的影响得到初步控制后，为使生产、工作、生活和生态环境尽快恢复到正常状态而采取的措施或行动。

其中，《安全生产法》第七十九条对于安全生产事故应急救援做出如下规定，"**国家加强生产安全事故应急能力建设，在重点行业、领域建立应急救援基地和应急救援队伍，并由国家安全生产应急救援机构统一协调指挥；鼓励生产经营单位和其他社会力量建立应急救援队伍，配备相应的应急救援装备和物资，提高应急救援的专业化水平。**

"**国务院应急管理部门牵头建立全国统一的生产安全事故应急救援信息系统，国务院交通运输、住房和城乡建设、水利、民航等有关部门和县级以上地方人民政府建立健全相关行业、领域、地区的生产安全事故应急救援信息系统，实现互联互通、信息共享，通过推行网上安全信息采集、安全监管和监测预警，提升监管的精准化、智能化水平。**"

本条首先要求重要行业、领域建立应急救援基地和队伍，譬如矿山和危化品行业，逐步推进交通运输、水上船舶、建筑化工、电力核能、旅游等行业建立专业的应急救援队伍。同时也鼓励生产经营单位和其他社会力量建立专业救援为主、兼职队伍为辅、职工队伍为基础的应急救援队伍，配备装备物资，提高救援水平。

其次，增加了建立全国统一的生产安全事故应急救援信息系统的规定。安全生产应急救援信息系统是应急管理信息系统的重要组成部分，对强化应急管理信息化建设，提高决策能力，有效预防和应对事故灾难具有重要意义。根据《应急管理部职能配置、内设机构和人员编制规定》，应急管理部门重要职责之一是牵头建立统一的应急管理系统，要求应用先进技术设备，运用物联网与计算等新技术，实现信息采集监管预测，互联互通共享，提升我国安全生产监管的精准化和智能化水平。

《安全生产法》第八十一条规定，"**生产经营单位应当制定本单位生产安全事故应急救援预案，与所在地县级以上地方人民政府组织制定的生产安全事故应急救援预案相衔接，并定期组织演练。**"

应急救援预案演练，可以检验预案的不足，进行修改补充，尽量使之措施得力、内容完善。一般说来，事故过程长短与事故损失成正比，提高整个队伍从救援准备、指挥、救援等各环节的熟练程度，才能抢时间、止蔓延、降损失。因此本条特别强调生产安全事故应急救援预案的定期组织演练。

案例 49-1

在5·12汶川大地震中，北川中学约1300、聚源中学约320、向峨中学约300、洛水中学约170、金华小学约250人，总计超过20000名学生失去了宝贵的生命！然而与之形成鲜明对比的是正义睿智且有远见的桑枣中学的叶志平校长。面对那些"豆腐渣教室"，叶志平校长无法坐视不管，一方面向那些良知尚存的个人和单位"化缘"修复加固危楼的费用，另一方面演练地震逃生。叶志平校长带领老师们根据学校的地理情况和教室布局，给每一个班级都制订了最佳逃生路线和逃生规则，即契合各班级实际的地震逃生应急预案。在此基础上，学校对师生定期进行应急预案演练。

功夫不亏有心人，逃命的机会给有准备的人。地震波袭来，这些经过加固的危楼坚持了1分36秒没有倒下。就在这短短的、人命关天的1分36秒，训练有素的桑枣中学各班级2200多名师生按照平日里反复演练的逃生方案，分别从8栋教学楼和1栋实验教学楼迅速且有条不紊地集中到操场上，竟然无一人伤亡！

案例评析

叶志平校长富有正义感，具有长期安全的眼光和未雨绸缪的安全理念，且将理念化为现实行动。首先加固危楼，然后按位置、分班级、分楼层、划路线制定出契合每个班级的最佳地震逃生应急预案。在此基础上多次演练，直至每个师生熟知防护知识、逃生技能，因此才会发生地震来临时，在危楼挺住的1分36秒里，全校2200多名师生迅速有序的集中到操场上、竟然无一人伤亡的罕见奇迹！

二、《电力企业应急预案管理办法》（国能安全〔2014〕508号）对电力企业应急救援管理的规定

1. 预案编制

（1）预案构成。电力企业应急预案主要由综合应急预案、专项应急预案和现场处置方案构成。

综合应急预案是应急预案体系的总纲，主要从总体上阐述处理事件的应急工作原则，包括应急预案体系、风险分析、应急组织机构及职责、预警及信息报告、应急响应、保障措施等内容。

专项应急预案是电力企业为应对某一类或某几类突发事件，或者针对重要生产设施、重大危险源、重大活动等内容而制定的应急预案。专项应急预案主要包括事件类型和危害程度分析、应急指挥机构及职责、信息报告、应急响应程序和处置措施等内容。

现场处置方案是电力企业根据不同突发事件类别，针对具体的场所、装置或设施所制定的应急处置措施，主要包括事件特征、应急组织及职责、应急处置和注意事项等内容。

（2）预案编制人员组成。电力企业应当成立以主要负责人（或分管负责人）为组长，相关部门人员参加的应急预案编制工作组，明确工作职责和任务分工，制定工作计划，组织开展应急预案编制工作。应急预案编制工作组成员中的安全管理人员应当持有国家能源局颁发的电力安全培训合格证。

（3）预案编制的基础。电力企业编制应急预案应当在开展风险评估和应急能力评估的基础上进行。

1）风险评估。电力企业应对本单位存在的危险因素、可能发生的突发事件类型及后果进行分析，评估突发事件的危害程度和影响范围，提出风险防控措施。

2）应急能力评估。电力企业应在全面调查和客观分析本单位应急队伍、装备、物资等情况以及可利用社会应急资源的基础上开展应急能力评估，并依据评估结果，完善应急保障措施。

（4）预案编制的要求。电力企业编制的应急预案应当符合下列基本要求：

1）应急组织和人员的职责分工明确，并有具体的落实措施。

2）有明确、具体的突发事件预防措施和应急程序，并与其应急能力相适应。

3）应当全面分析本单位的危险因素和事故隐患，客观评估本单位的应急能力和应急资源。分析评估结果应作为应急预案的编制依据。

4）预案基本要素齐全、完整，预案附件提供的信息准确。

5）相关应急预案之间以及与所涉及的其他单位或政府有关部门的应急预案在内容上应相互衔接。

2. 预案评审

（1）评审人员。电力企业应当组织本单位应急预案评审工作，组建评审专家组，涉及网厂协调和社会联动的应急预案的评审，可邀请政府相关部门、国家能源局及其派出机构和其他相关单位人员参加。

（2）评审责任。应急预案评审结果应当形成评审意见，评审专家应当按照"谁评审、谁签字、谁负责"的原则在评审意见上签字。电力企业应当按照专家组意见对应急预案进行修订完善。评审意见应当记录、存档。

（3）评审重点。预案评审应当注重电力企业应急预案的实用性、基本要素的完整性、预防措施的针对性、组织体系的科学性、响应程序的操作性、应急保障措施的可行性、应急预案的衔接性等内容。

3. 预案备案

（1）备案机构与类别。电力企业应当按照以下规定将应急预案报国家能源局或其派出机构备案：

1）中央电力企业（集团公司或总部）向国家能源局备案。中国南方电网有限责任公司同时向当地国家能源区域派出机构备案。其他电力企业向所在地国家能源局派出机构备案。

2）需要备案的应急预案包括综合应急预案，自然灾害类、事故灾难类相关专项应急预案。

（2）备案的督促与检查。国家能源局及其派出机构应当指导、督促检查电力企业做好应急预案备案工作，并对电力应急预案的备案情况和备案内容提出审查意见。对于符合备案要求的电力企业应急预案，应当出具《电力企业应急预案备案登记表》，并建立预案库登记管理；对于不符合备案要求的电力企业应急预案，应当要求企业完善后重新备案。

4. 预案培训

（1）培训要求和培训记录。电力企业应当组织开展应急预案培训工作，确保所有从业人员熟悉本单位应急预案、具备基本的应急技能、掌握本岗位事故防范措施和应急处置程序。应急预案教育培训情况应当记录在案。

（2）培训内容与频次。电力企业应当将应急预案的培训纳入本单位安全生产培训工作计划，每年至少组织一次预案培训，并进行考核。培训的主要内容应当包括：本单位的应急预案体系构成、应急组织机构及职责、应急资源保障情况以及针对不同类型突发事件的预防和处置措施等。

（3）培训宣贯。对需要公众广泛参与的非涉密应急预案，电力企业应当配合有关政府部门做好宣传工作。

5. 预案演练

（1）演练制度与规划。电力企业应当建立应急预案演练制度，根据实际情况采取灵活多样的演练形式，组织开展人员广泛参与、处置联动性强、节约高效的应急预案演练。电力企业应当对应急预案演练进行整体规划，并制定具体的应急预案演练计划。

（2）演练重点与方案。电力企业根据本单位的风险防控重点，每年应当至少组织一次专项应急预案演练，每半年应当至少组织一次现场处置方案演练。电力企业在开展应急演练前，应当制定演练方案，明确演练目的、演练范围、演练步骤和保障措施等，保证演练效果和演练安全。

（3）演练评估与记录。电力企业在开展应急演练后，应当对应急预案演练进行评估，并针对演练过程中发现的问题对相关应急预案提出修订意见。评估和修订意见应当有书面记录。

6. 预案修订

电力企业编制的应急预案应当每三年至少修订一次，预案修订结果应当详细记录。有下列情形之一的，电力企业应当及时对应急预案进行相应修订：

（1）企业生产规模发生较大变化或进行重大技术改造的。

（2）企业隶属关系发生变化的。

（3）周围环境发生变化、形成重大危险源的。

（4）应急指挥体系、主要负责人、相关部门人员或职责已经调整的。

（5）依据的法律、法规和标准发生变化的。

（6）应急预案演练、实施或应急预案评估报告提出整改要求的。

（7）国家能源局及其派出机构或有关部门提出要求的。

7. 监督管理

（1）表彰和奖励。对于在电力应急预案编制和管理工作中做出显著成绩的单位和人员，国家能源局及其派出机构可以给予表彰和奖励。

（2）对不合格预案的处置。电力企业未按照本办法规定实施应急预案管理有关工作的，国家能源局及其派出机构应责令其限期整改；造成后果的将依据有关规定追究其责任。国家能源局及其派出机构可不定期督查和重点抽查电力企业应急预案编制和评审情况。对评审过程存在不规范行为的，应当责令其改正；发现弄虚作假的，则撤销备案。

案例 49-2

某年 4 月 14 日，湖北襄阳一家酒店发生大火致 14 人遇难。消防部门 6 时 38 分接到火警，7 点 15 分才到场。在火灾现场中，被困人员从高处直接跳下的场景引起了群众的疑惑。不少群众质疑，为什么消防人员已经到场了，却没有云梯和气垫？

▶ 案例评析

本案消防队的应急预案和行动实在堪忧。消防部门 6 时 38 分接到火警，7 点 15 分才到场。响应时间远远超过时限，贻误最佳救援时机；已经知道是酒店失火，却遗忘携带必备的救援器材——云梯和气垫。消防队是专业救火队伍，救火是其日常工作，本该训练有素，驾轻就熟，应在赶到火场之前，就为有序地开展有效的应急救援行动预先做好物资准备和应急保障。

故兵贵胜，不贵久。——孙子

50 发现事故速报告 尽快救援损失少

生产经营单位发生事故后，负伤者或是最先发现事故的人，应立即报告项目负责人。项目负责人在接到重伤、死亡、重大死亡事故报告后，应按规定在第一时间向公司或地方应急管理部门报告，企业单位负责人接到重伤、死亡、重大死亡事故报告后，应立即报告企业主管部门和当地政府有关部门。

事故发生后，项目负责人和有关人员接到伤亡事故报告后，要迅速赶到事故现场，立即采取有效措施，指挥抢救受伤人员，同时对现场的安全状况作出快速反应，排除险情，制止事故蔓延扩大，稳定施工人员情绪，要做到有组织、有指挥。同时，要严格保护事故现场，因抢救伤员、疏导交通、排除险情等原因、需要移动现场物件时，应当做出标志，绘制现场简图，并做出书面记录，妥善保存现场重要痕迹、物件，并进行拍照或录像。必须采取一切可能的措施如安排人员看守事故现场等，防止人为或自然因素对事故现场的破坏。清理现场必须在事故调查组取证完毕，并完整记录在案后方可进行。在此之前，不得借口恢复施工，擅自清理现场。

一、《安全生产法》对安全事故报告的要求、组织救援等的规定

第八十三条规定，"生产经营单位发生生产安全事故后，事故现场有关人员应当立即报告本单位负责人。

"单位负责人接到事故报告后，应当迅速采取有效措施，组织抢救，防止事故扩大，减少人员伤亡和财产损失，并按照国家有关规定立即如实报告当地负有安全生产监督管理职责的部门，不得隐瞒不报、谎报或者迟报，不得故意破坏事故现场、毁灭有关证据。"

本条第二款"应当迅速采取有效措施，组织抢救"之规定根据新增加的第五十六条第一款在组织抢救中要本着"人民至上、生命至上"原则首先采取措施救治事故受害人员。

第八十四条　负有安全生产监督管理职责的部门接到事故报告后，应当立即按照国家有关规定上报事故情况。负有安全生产监督管理职责的部门和有关地方人民政府对事故情况不得隐瞒不报、谎报或者迟报。

第八十五条　有关地方人民政府和负有安全生产监督管理职责的部门的负责人接到生产安全事故报告后，应当按照生产安全事故应急救援预案的要求立即赶到事故现场，组织事故抢救。

参与事故抢救的部门和单位应当服从统一指挥，加强协同联动，采取有效的应急救援措施，并根据事故救援的需要采取警戒、疏散等措施，防止事故扩大和次生灾害的发生，减少人员伤亡和财产损失。

事故抢救过程中应当采取必要措施，避免或者减少对环境造成的危害。

任何单位和个人都应当支持、配合事故抢救，并提供一切便利条件。

二、《生产安全事故报告和调查处理条例》（国务院令〔2007〕第493号）对电力企业事故报告和救援的规定

第四条　事故报告应当及时、准确、完整，任何单位和个人对事故不得迟报、漏报、谎报或者瞒报。事故调查处理应当坚持实事求是、尊重科学的原则，及时、准确地查清事故经过、事故原因和事故损失，查明事故性质，认定事故责任，总结事故教训，提出整改措施，并对事故责任者依法追究责任。

第九条　事故发生后，事故现场有关人员应当立即向本单位负责人报告；单位负责人接到报告后，应当于1小时内向事故发生地县级以上人民政府安全生产监督管理部门和负有安全生产监督管理职责的有关部门报告。情况紧急时，事故现场有关人员可以直接向事故发生地县级以上人民政府安全生产监督管理部门和负有安全生产监督管理职责的有关部门报告。

第十九条　特别重大事故由国务院或者国务院授权有关部门组织事故调查组进行调查。

重大事故、较大事故、一般事故分别由事故发生地省级人民政府、设区的市级人民政府、县级人民政府负责调查。省级人民政府、设区的市级人民政府、县级人民政府可以直接组织事故调查组进行调查，也可以授权或者委托有关部门组织事故调查组进行调查。

　　未造成人员伤亡的一般事故，县级人民政府也可以委托事故发生单位组织事故调查组进行调查。

　　第二十二条　事故调查组的组成应当遵循精简、效能的原则。

　　根据事故的具体情况，事故调查组由有关人民政府、安全生产监督管理部门、负有安全生产监督管理职责的有关部门、监察机关、公安机关以及工会派人组成，并应当邀请人民检察院派人参加。

　　事故调查组可以聘请有关专家参与调查。

　　第三十五条　事故发生单位主要负责人有下列行为之一的，处上一年年收入 40% 至 80% 的罚款；属于国家工作人员的，并依法给予处分；构成犯罪的，依法追究刑事责任：

　　（一）不立即组织事故抢救的；

　　（二）迟报或者漏报事故的；

　　（三）在事故调查处理期间擅离职守的。

　　第三十六条　事故发生单位及其有关人员有下列行为之一的，对事故发生单位处 100 万元以上 500 万元以下的罚款；对主要负责人、直接负责的主管人员和其他直接责任人员处上一年年收入 60% 至 100% 的罚款；属于国家工作人员的，并依法给予处分；构成违反治安管理行为的，由公安机关依法给予治安管理处罚；构成犯罪的，依法追究刑事责任：

　　（一）谎报或者瞒报事故的；

　　（二）伪造或者故意破坏事故现场的；

　　（三）转移、隐匿资金、财产，或者销毁有关证据、资料的；

　　（四）拒绝接受调查或者拒绝提供有关情况和资料的；

　　（五）在事故调查中作伪证或者指使他人作伪证的；

　　（六）事故发生后逃匿的。

　　三、《安全生产法》关于事故调查处理的规定

　　第八十六条　事故调查处理应当按照科学严谨、依法依规、实事求是、注重实效的原则，及时、准确地查清事故原因，查明事故性质和责任，评估应急处置工作，总结事故教训，提出整改措施，并对事故责任单位和人员提出处理建议。事故调查报告应当依法及时向社会公布。事故调查和处理的具体办法由国务院制定。

　　事故发生单位应当及时全面落实整改措施，负有安全生产监督管理职责的部门应当加强监督检查。

　　负责事故调查处理的国务院有关部门和地方人民政府应当在批复事故调查报告后一年内，组织有关部门对事故整改和防范措施落实情况进行评估，并及时向社会公开评估结果；对不履行职责导致事故整改和防范措施没有落实的有关单位和人员，应当按照有关规定追究责任。

　　本条第三款是新增加的，这是针对事故调查有报告、无落实的情况规定的。重点规范政

府部门要有批复、有检查、有处置结果，要求政府在事故报告批复一年内对其中整改防范措施的落实情况、整改效果，要结合生产实际进行分析评估，并将评估结果公之于众，让全社会一起监督，从而起到增强单位和个人安全意识的功效。对于整改和防范措施落实不到位的单位和个人要追究责任。

第八十七条 生产经营单位发生生产安全事故，经调查确定为责任事故的，除了应当查明事故单位的责任并依法予以追究外，还应当查明对安全生产的有关事项负有审查批准和监督职责的行政部门的责任，对有失职、渎职行为的，依照本法第九十条的规定追究法律责任。

第八十八条 任何单位和个人不得阻挠和干涉对事故的依法调查处理。

第八十九条 县级以上地方各级人民政府应急管理部门应当定期统计分析本行政区域内发生生产安全事故的情况，并定期向社会公布。

四、电力企业信息报送和事故（事件）调查处理管理要求

1. 信息报送

建立电力安全生产和电力安全突发事件等电力安全信息管理制度，明确信息报送部门、人员和24小时联系方式。

按规定向能源监管机构和有关单位报送电力安全信息如电力安全事故、电力安全事件、隐患排查治理信息等，电力安全信息报送应做到准确、及时和完整。

按规定向能源监管机构和有关单位报送需要备案的相关规范性文件（如本单位制定的电力安全事件管理办法、电力突发事件应急预案等）。

2. 事故（事件）报告

企业发生事故（事件）后，应按规定及时向能源监管机构、政府有关部门、上级单位报告，并妥善保护事故现场及有关证据，必要时向相关单位和人员通报。

3. 事故（事件）调查处理

企业发生事故（事件）后，应按规定成立事故（事件）调查组，明确其职责与权限，进行事故（事件）调查或配合上级部门的事故（事件）调查。

事故（事件）调查应查明事故（事件）发生的时间、经过、原因、人员伤亡情况及直接经济损失等。

事故（事件）调查应根据有关证据、资料，分析事故（事件）的直接、间接原因和事故（事件）责任，提出整改措施和处理建议，编制事故（事件）调查报告。

案例 50-1

某地一煤矿发生了一起特大透水事故，致使80多名井下作业的矿工遇难，直接经济损失8000多万元。事故发生一天后，该矿矿长才将情况报告给分管矿业的副县长，并请求县里不要再往上报。副县长说："这事不要再向别人报告。"尔后，副县长和县长商量，深感责任重大，一是"弄不好大家都死定了"，二是一旦该矿被查封，县里的财政收入将受到极大影响。经和其他县领导商量，决定将事故瞒报。副县长还要求矿长一定要"把内部稳住"，

并授意对死者家属可以多给补偿,以封住他们的嘴。由于县政府不报告事故并严密封锁消息,这起事故被隐瞒达半月之久,后来由于新闻单位接到匿名电话举报,经过艰难采访,事故消息才被披露出来。

国务院事故调查组经过三个月的事故调查,确认了事故发生的时间、地点,查明了事故发生的原因、隐瞒事故的真相和有关人员的责任。经查,这是一起因非法采挖、以采代探、违章爆破引发透水的特大责任事故。

案例评析

本案是一起非常典型的地方政府对重特大生产安全事故隐瞒不报的案例。矿主接到事故报告后没有立即报告行业主管部门和政府有关部门。而县政府有关领导人接到迟报的事故报告后却心怀鬼胎,与生产经营单位恶意串通,共谋对事故情况隐瞒不报,并采取措施封锁消息,致使事故被隐瞒长达半月之久,彻底丧失了救援减损的机会。该事件社会影响极其恶劣。本案矿主、县政府有关领导严重违反了《安全生产法》第八十三条、第八十五条之规定,对该矿主和县政府有关领导人必须予以严惩,依法追究其刑事责任。

无情驱逐肇事罪魁祸首,拒绝再用生命换取教训。

51　严处罚"四不放过"　受教育"举一反三"

案例 51-1

2017 年 5 月 7 日,某省送变电建设公司承建 500 千伏罗坊——抚州输电线路,在 181 号转角塔地脚螺栓未安装紧固到位的情况下施工人员登塔进行中相紧线。此时,两边相拉线角度为 55 度,中相无拉线。到 7:26 分整塔倒地,致 2 人死亡、2 人送医后死亡、1 人重伤。

2017 年 5 月 14 日 11:55 分,恒源送变电公司承建 110 千伏输电线路,在无反向拉线的情况下作业人员登塔放线、紧线,由于塔基底角螺栓安装紧固不到位,转角塔整塔倒伏,4 人当场坠亡。

案例评析

就在 5·7 事故发生后第 8 天,全国电力企业一片惊愕、反思、深刻查找安全隐患,加强安全生产管理的紧张氛围中,该变电工程公司竟然又发生了雷同的重大人身安全事故!都是无拉线登塔作业!这是小儿科级别的违章作业,为什么连续犯?原因就是没有真正落实"四不放过"。

子曰："举一隅不以三隅反，则不复也。"意思是教给他一个方面，他不能由此而推知三个方面，便不再教他了。孔子在这里强调的是解决问题要举一反三。在电力企业反复强调"四不放过"事故处理原则的情况下，八天之内相继发生两起重大死亡事故，不仅没有做到举一反三，甚至眼看别人吃一堑自己却没有长一智。

《安全生产法》第八十六条规定，"**事故调查处理应当按照科学严谨、依法依规、实事求是、注重实效的原则，及时、准确地查清事故原因，查明事故性质和责任，评估应急处置工作，总结事故教训，提出整改措施，并对事故责任单位和人员提出处理建议。事故调查报告应当依法及时向社会公布。事故调查和处理的具体办法由国务院制定。**"该条第一款涵盖了"四不放过"的全部内容。

（1）违章原因未查清不放过——"及时、准确地查清事故原因，查明事故性质和责任"；

（2）事故人员未处理不放过——"对事故责任单位和人员提出处理建议"；

（3）事故整改措施未落实不放过——"提出整改措施"；

（4）事故有关人员未受到教育不放过——"评估应急处置工作，总结事故教训"。

国家电网公司安委办 2021 年下半年在转发央企安全事故通报和加大安全事故惩罚力度通知中指出，要坚持"四不放过"，特别是"事故有关人员未受到教育不放过"。这里的有关人员，站在全网的高度就是国家电网公司的所有单位和从业人员。严肃强调：对严重违章安全事件，按照"四不放过"顶格处理，也就是就高不就低。加强违章曝光，做到"一地有事故，全网受教育"，督促各单位引以为戒，举一反三，有针对性地加强安全管控。"四不放过"是处理安全事故的原则，既然是原则就要严格遵守，强化执行力，对事故不对人，不管犯在谁身上，一律给予公平公正公开的处罚。就像三国时蜀国的诸葛亮一样，尽管与马谡有兄弟般的情谊，但马谡违犯军令扎营山上导致街亭失守，影响了整个战局，照样要泪流满面，开刀问斩，兑现军令状。

"**事故发生单位应当及时全面落实整改措施，负有安全生产监督管理职责的部门应当加强监督检查。**"《安全生产法》第八十六条第二款重述了加强监督管理，全面落实整改措施的要求。

"**负责事故调查处理的国务院有关部门和地方人民政府应当在批复事故调查报告后一年内，组织有关部门对事故整改和防范措施落实情况进行评估，并及时向社会公开评估结果；对不履行职责导致事故整改和防范措施没有落实的有关单位和人员，应当按照有关规定追究责任。**"新增的第三款增加了对整改和预防措施跟踪监督检查，对未落实的单位和有关个人追究责任。足见对落实整改措施，使相关人员受到教育的实效性何等的重视。全员安全生产责任制就是安全生产的军令状，亦当令行禁止，坚决执行，否则就是一纸空文。国家电网公司深刻地认识到，教训也是财富，要充分利用以生命鲜血和财产损失为代价换来的财富的反面价值，惊醒那些在生产中消极散漫的"三违"肇事者。所以再三强调事故处理要获得"一地出事故，全网受教育"的实效。

案例 51-2

当年刘邓十万大军千里挺进大别山来到总路嘴镇，约法三章："枪打老百姓者枪毙，抢掠民财者枪毙，强奸妇女者枪毙"。因为队伍开过来，镇上的村民都逃到山里了，警卫团三连副连长赵桂良就在一家无人店铺拿了一块花布准备给小战士牛平原做棉衣，拿了一捆粉条准备给刘伯承司令员吃。这触犯了军纪"抢掠民财者枪毙"，尽管赵桂良是爱兵如子、爱首长如父的好干部，为了严肃军纪，十万大军站稳脚跟，刘伯承、邓小平还是忍痛决定枪毙赵桂良以正军纪。刘邓派人到山里找回老百姓参加公判大会，会后就地正法。刘伯承听到枪响顿足捶胸，仰天长啸，老泪纵横。

案例评析

《管子·立政》有言，"令则行，禁则止"。刘伯承、邓小平首长深刻地认识到，副连长赵桂良的事情虽小，军纪如山。一个没有纪律的军队是打不了胜仗的。特别在目前的情况下，如果令出不行，说了不算，言而无信，再发展下去，我们肯定在大别山站不住脚！处理电力安全事故也要也一定要坚持"四不放过"，这样企业的安全生产制度才能"立木取信"，令行禁止。

建久安之势，成长治之业。——《汉书·贾谊传》

52　重拳出击强安监　连罚联惩绝仕途

一、罚款金额更高

《安全生产法》中对涉及实施罚款处罚的违法行为，其罚款数额普遍提高，粗算有 8 处罚款倍增。现在对特别重大事故的罚款，最高可以达到 1 亿元的罚款。事故罚款由现行法律规定的 20 万元至 2000 万元提高到 30 万元至 1 亿元。《安全生产法》第一百一十四条规定，"发生生产安全事故，对负有责任的生产经营单位除要求其依法承担相应的赔偿等责任外，由应急管理部门依照下列规定处以罚款：

"（一）发生一般事故的，处三十万元以上一百万元以下的罚款；

"（二）发生较大事故的，处一百万元以上二百万元以下的罚款；

"（三）发生重大事故的，处二百万元以上一千万元以下的罚款；

"（四）发生特别重大事故的，处一千万元以上二千万元以下的罚款。

"发生生产安全事故，情节特别严重、影响特别恶劣的，应急管理部门可以按照前款罚款数额的二倍以上五倍以下对负有责任的生产经营单位处以罚款。"

从条文最后一款可以看出，最高罚款额为 0.2 亿 ×5=1 亿元。

《安全生产法》对事故单位和相关责任人的罚款金额也大幅提高。第九十五条规定，"生产经营单位的主要负责人未履行本法规定的安全生产管理职责，导致发生生产安全事故的，由应急管理部门依照下列规定处以罚款：

"（一）发生一般事故的，处上一年年收入百分之四十的罚款；

"（二）发生较大事故的，处上一年年收入百分之六十的罚款；

"（三）发生重大事故的，处上一年年收入百分之八十的罚款；

"（四）发生特别重大事故的，处上一年年收入百分之一百的罚款。"

即对单位主要负责人的事故罚款数额由上一年收入的 30%~80%，提高到 40%~100%。

二、处罚规定更严

1. 处罚条件严苛

（1）违法即罚。《安全生产法》修改以前，不少条文对违法行为规定"可以处以罚款"，即可以罚款也可以不罚款，这样模棱两可的规定缺乏法律威慑力。修改以后去掉了"可以"二字，一经发现违法行为，罚款没商量。痛快明确，没有斡旋余地。如，修改前《安全生产法》第一百零二条"生产经营单位有下列行为之一的，责令限期改正，可以处五万元以下的罚款，对其直接负责的主管人员和其他直接责任人员可以处一万元以下的罚款；逾期未改正的，责令停产停业整顿"。对应修改后的第一百零五条**"生产经营单位有下列行为之一的，责令限期改正，处五万元以下的罚款，对其直接负责的主管人员和其他直接责任人员处一万元以下的罚款；逾期未改正的，责令停产停业整顿。"**显然修改后对应条文表述没有"可以"二字，责令改正同时直接罚款。

（2）"限改"同罚，逾期翻倍罚款。另一种情况是修改前：对违法行为"责令限期改正""逾期未改正的"才罚款。修改后：责令限期改正同时罚款，不容忍"逾期未改正的"情形再现。如修改前《安全生产法》第九十一条"生产经营单位的主要负责人未履行本法规定的安全生产管理职责的，责令限期改正；逾期未改正的，处二万元以上五万元以下的罚款，责令生产经营单位停产停业整顿。"对应修改后的第九十四条**"生产经营单位的主要负责人未履行本法规定的安全生产管理职责的，责令限期改正，处二万元以上五万元以下的罚款；逾期未改正的，处五万元以上十万元以下的罚款，责令生产经营单位停产停业整顿。"**修改前，逾期未改才罚款且数额低，修改后，责令改正的同时直接罚款，逾期未改的增加罚款数额。

新《安全生产法》规定的违法行为发生以后，全部改为责令限期改正的同时直接处以罚款，而不是以逾期未改正作为罚款前提的条款达 8 处之多。

2. 处罚后果严重

《安全生产法》第九十四条规定，"生产经营单位的主要负责人未履行本法规定的安全生产管理职责的，责令限期改正，处二万元以上五万元以下的罚款；逾期未改正的，处五万元以上十万元以下的罚款，责令生产经营单位停产停业整顿。

"生产经营单位的主要负责人有前款违法行为，导致发生生产安全事故的，给予撤职处分；构成犯罪的，依照刑法有关规定追究刑事责任。"

"生产经营单位的主要负责人依照前款规定受刑事处罚或者撤职处分的，自刑罚执行完毕或者受处分之日起，五年内不得担任任何生产经营单位的主要负责人；对重大、特别重大生产安全事故负有责任的，终身不得担任本行业生产经营单位的主要负责人。"

本条第一款对生产经营单位的主要负责人违法即罚，逾期改正加倍罚款。第三款则对重大、特别重大生产安全事故负有责任的单位主要负责人限期或终身免职。

三、按日连续计罚

《安全生产法》针对生产经营单位安全领域"屡禁不止、屡罚不改"的现象，增设了按日连续计罚的措施。所谓按日连续计罚，即对于违法的生产经营单位被责令改正且受到罚款处罚的，如拒不改正，则负有安全生产监督管理职责的部门可以作出自责令改正之日的次日起，按照原处罚数额按日连续处罚，严厉打击拒不整改、欺上瞒下的违法行为，提高其违法生产经营成本。《安全生产法》第一百一十二条规定，**"生产经营单位违反本法规定，被责令改正且受到罚款处罚，拒不改正的，负有安全生产监督管理职责的部门可以自作出责令改正之日的次日起，按照原处罚数额按日连续处罚。"** 按日连续计罚的计算方法参考案例52-1。

⚖ 案例 52-1

某市工贸公司在 217 省道附近侧邻高压线路建了一个大型钢材交易市场。钢材市场内部供电线路纵横交错，堆积陈列的大多是大型机械和导电金属体，隐患重重。2021 年 10 月 26 日，在修葺房顶的施工中，一名施工人员在传递物件时触电致伤，2 天后，又有 1 名工人在房顶工作时触电坠落致残。市应急管理部门于 10 月 31 日进行现场检查，责令工贸公司限期 5 日内对相邻钢材市场一侧的高压线路装设硬质防护网之后方可继续施工并依据《安全生产法》第一百零二条"生产经营单位未采取措施消除事故隐患的，责令立即消除或者限期消除，处五万元以下的罚款；"处罚款 5 万元。

至 11 月 6 日工贸公司的大型钢材市场并无丝毫整改，施工隐患依然没消除却在继续施工。市应急管理部门根据《安全生产法》第一百一十二条"生产经营单位违反本法规定，被责令改正且受到罚款处罚，拒不改正的，负有安全生产监督管理职责的部门可以自作出责令改正之日的次日起，按照原处罚数额按日连续处罚。"对该公司实施第二次 5 日连续罚款 25 万元。

鉴于隐患严重，市应急管理部门又根据《安全生产法》第一百零二条"生产经营单位未采取措施消除事故隐患的，责令立即消除或者限期消除，处五万元以下的罚款；生产经营单位拒不执行的，责令停产停业整顿，对其直接负责的主管人员和其他直接责任人员处五万元以上十万元以下的罚款；构成犯罪的，依照刑法有关规定追究刑事责任。"责令工贸公司停业整顿，并对其直接负责人金某处 9 万元罚款。

▶ 案例评析

（1）"拒不改正"的认定。生产单位积极改正但由于技术复杂、工程量大或者出现意外事件、不可抗力等因素，未能如期改正到位的，考虑到违法单位主观上的积极努力且客观上也取得了实质性、主体性的改正，也不宜认定为"拒不改正"。本案显然是主观上抗拒执行消除隐患的指令。

（2）限期的确定要结合整改难度实事求是地的确定合理的期限，期限太短完不成整改任务，期限太长，发生安全事故概率增加。限期 5 天搭建一个硬质线路防护网架应该充足，而工贸公司没有丝毫实质性行动。

（3）罚款不是最终目的，不能无限期罚款。如果"按日连续计罚"依然不能或预期不能制止违法行为，宜及时采取停业整顿、关闭等更有力措施，果断消除违法行为的持续状态。所以本案市应急管理部门责令工贸公司停业整顿。

四、联合惩戒措施

《安全生产法》对于严重违法的生产经营单位主要负责人，除了上述处罚外，对其经营的违法行为情节严重的生产经营单位及其有关从业人员还要实施加大执法检查频次、暂停项目审批、上调有关保险费率、行业或者职业禁入等联合惩戒措施。

《安全生产法》第七十八条第一款，"**负有安全生产监督管理职责的部门应当建立安全生产违法行为信息库，如实记录生产经营单位及其有关从业人员的安全生产违法行为信息；对违法行为情节严重的生产经营单位及其有关从业人员，应当及时向社会公告，并通报行业主管部门、投资主管部门、自然资源主管部门、生态环境主管部门、证券监督管理机构以及有关金融机构。有关部门和机构应当对存在失信行为的生产经营单位及其有关从业人员采取加大执法检查频次、暂停项目审批、上调有关保险费率、行业或者职业禁入等联合惩戒措施，并向社会公示。**"

对于安全评价、认证、检测等中介机构违法行为的罚款力度增加，同时采用了联合惩戒方式，即对机构及其直接责任人员，吊销其相应资质和资格，五年内不得从事安全评价、认证、检测、检验等工作；情节严重的，实行终身行业和职业禁入。《安全生产法》第九十二条规定，"**承担安全评价、认证、检测、检验职责的机构出具失实报告的，责令停业整顿，并处三万元以上十万元以下的罚款；给他人造成损害的，依法承担赔偿责任。**

"**承担安全评价、认证、检测、检验职责的机构租借资质、挂靠、出具虚假报告的，没收违法所得；违法所得在十万元以上的，并处违法所得二倍以上五倍以下的罚款，没有违法所得或者违法所得不足十万元的，单处或者并处十万元以上二十万元以下的罚款；对其直接负责的主管人员和其他直接责任人员处五万元以上十万元以下的罚款；给他人造成损害的，与生产经营单位承担连带赔偿责任；构成犯罪的，依照刑法有关规定追究刑事责任。**

"**对有前款违法行为的机构及其直接责任人员，吊销其相应资质和资格，五年内不得从事安全评价、认证、检测、检验等工作；情节严重的，实行终身行业和职业禁入。**"

本书结语：安全事故何止减损效益，能使之归零，甚至令企业轰然倒地！

附 录 中华人民共和国安全生产法

（2002 年 6 月 29 日第九届全国人民代表大会常务委员会第二十八次会议通过 根据 2009 年 8 月 27 日第十一届全国人民代表大会常务委员会第十次会议《关于修改部分法律的决定》第一次修正 根据 2014 年 8 月 31 日第十二届全国人民代表大会常务委员会第十次会议《关于修改〈中华人民共和国安全生产法〉的决定》第二次修正 根据 2021 年 6 月 10 日第十三届全国人民代表大会常务委员会第二十九次会议《关于修改〈中华人民共和国安全生产法〉的决定》第三次修正）

第一章 总 则

第一条 为了加强安全生产工作，防止和减少生产安全事故，保障人民群众生命和财产安全，促进经济社会持续健康发展，制定本法。

第二条 在中华人民共和国领域内从事生产经营活动的单位（以下统称生产经营单位）的安全生产，适用本法；有关法律、行政法规对消防安全和道路交通安全、铁路交通安全、水上交通安全、民用航空安全以及核与辐射安全、特种设备安全另有规定的，适用其规定。

第三条 安全生产工作坚持中国共产党的领导。

安全生产工作应当以人为本，坚持人民至上、生命至上，把保护人民生命安全摆在首位，树牢安全发展理念，坚持安全第一、预防为主、综合治理的方针，从源头上防范化解重大安全风险。

安全生产工作实行管行业必须管安全、管业务必须管安全、管生产经营必须管安全，强化和落实生产经营单位主体责任与政府监管责任，建立生产经营单位负责、职工参与、政府监管、行业自律和社会监督的机制。

第四条 生产经营单位必须遵守本法和其他有关安全生产的法律、法规，加强安全生产管理，建立健全全员安全生产责任制和安全生产规章制度，加大对安全生产资金、物资、技术、人员的投入保障力度，改善安全生产条件，加强安全生产标准化、信息化建设，构建安全风险分级管控和隐患排查治理双重预防机制，健全风险防范化解机制，提高安全生产水平，确保安全生产。

平台经济等新兴行业、领域的生产经营单位应当根据本行业、领域的特点，建立健全并落实全员安全生产责任制，加强从业人员安全生产教育和培训，履行本法和其他法律、法规规定的有关安全生产义务。

第五条 生产经营单位的主要负责人是本单位安全生产第一责任人，对本单位的安全生产工作全面负责。其他负责人对职责范围内的安全生产工作负责。

第六条 生产经营单位的从业人员有依法获得安全生产保障的权利，并应当依法履行安全生产方面的义务。

第七条 工会依法对安全生产工作进行监督。

生产经营单位的工会依法组织职工参加本单位安全生产工作的民主管理和民主监督，维护职工在安全生产方面的合法权益。生产经营单位制定或者修改有关安全生产的规章制度，应当听取工会的意见。

第八条 国务院和县级以上地方各级人民政府应当根据国民经济和社会发展规划制定安全生产规划，并组织实施。安全生产规划应当与国土空间规划等相关规划相衔接。

各级人民政府应当加强安全生产基础设施建设和安全生产监管能力建设，所需经费列入本级预算。

县级以上地方各级人民政府应当组织有关部门建立完善安全风险评估与论证机制，按照安全风险管控要求，进行产业规划和空间布局，并对位置相邻、行业相近、业态相似的生产经营单位实施重大安全风险联防联控。

第九条 国务院和县级以上地方各级人民政府应当加强对安全生产工作的领导，建立健全安全生产工作协调机制，支持、督促各有关部门依法履行安全生产监督管理职责，及时协调、解决安全生产监督管理中存在的重大问题。

乡镇人民政府和街道办事处，以及开发区、工业园区、港区、风景区等应当明确负责安全生产监督管理的有关工作机构及其职责，加强安全生产监管力量建设，按照职责对本行政区域或者管理区域内生产经营单位安全生产状况进行监督检查，协助人民政府有关部门或者按照授权依法履行安全生产监督管理职责。

第十条 国务院应急管理部门依照本法，对全国安全生产工作实施综合监督管理；县级以上地方各级人民政府应急管理部门依照本法，对本行政区域内安全生产工作实施综合监督管理。

国务院交通运输、住房和城乡建设、水利、民航等有关部门依照本法和其他有关法律、行政法规的规定，在各自的职责范围内对有关行业、领域的安全生产工作实施监督管理；县级以上地方各级人民政府有关部门依照本法和其他有关法律、法规的规定，在各自的职责范围内对有关行业、领域的安全生产工作实施监督管理。对新兴行业、领域的安全生产监督管理职责不明确的，由县级以上地方各级人民政府按照业务相近的原则确定监督管理部门。

应急管理部门和对有关行业、领域的安全生产工作实施监督管理的部门，统称负有安全生产监督管理职责的部门。负有安全生产监督管理职责的部门应当相互配合、齐抓共管、信息共享、资源共用，依法加强安全生产监督管理工作。

第十一条　国务院有关部门应当按照保障安全生产的要求，依法及时制定有关的国家标准或者行业标准，并根据科技进步和经济发展适时修订。

生产经营单位必须执行依法制定的保障安全生产的国家标准或者行业标准。

第十二条　国务院有关部门按照职责分工负责安全生产强制性国家标准的项目提出、组织起草、征求意见、技术审查。国务院应急管理部门统筹提出安全生产强制性国家标准的立项计划。国务院标准化行政主管部门负责安全生产强制性国家标准的立项、编号、对外通报和授权批准发布工作。国务院标准化行政主管部门、有关部门依据法定职责对安全生产强制性国家标准的实施进行监督检查。

第十三条　各级人民政府及其有关部门应当采取多种形式，加强对有关安全生产的法律、法规和安全生产知识的宣传，增强全社会的安全生产意识。

第十四条　有关协会组织依照法律、行政法规和章程，为生产经营单位提供安全生产方面的信息、培训等服务，发挥自律作用，促进生产经营单位加强安全生产管理。

第十五条　依法设立的为安全生产提供技术、管理服务的机构，依照法律、行政法规和执业准则，接受生产经营单位的委托为其安全生产工作提供技术、管理服务。

生产经营单位委托前款规定的机构提供安全生产技术、管理服务的，保证安全生产的责任仍由本单位负责。

第十六条　国家实行生产安全事故责任追究制度，依照本法和有关法律、法规的规定，追究生产安全事故责任单位和责任人员的法律责任。

第十七条　县级以上各级人民政府应当组织负有安全生产监督管理职责的部门依法编制安全生产权力和责任清单，公开并接受社会监督。

第十八条　国家鼓励和支持安全生产科学技术研究和安全生产先进技术的推广应用，提高安全生产水平。

第十九条　国家对在改善安全生产条件、防止生产安全事故、参加抢险救护等方面取得显著成绩的单位和个人，给予奖励。

第二章　生产经营单位的安全生产保障

第二十条　生产经营单位应当具备本法和有关法律、行政法规和国家标准或者行业标准规定的安全生产条件；不具备安全生产条件的，不得从事生产经营活动。

第二十一条　生产经营单位的主要负责人对本单位安全生产工作负有下列职责：

（一）建立健全并落实本单位全员安全生产责任制，加强安全生产标准化建设；

（二）组织制定并实施本单位安全生产规章制度和操作规程；

（三）组织制定并实施本单位安全生产教育和培训计划；

（四）保证本单位安全生产投入的有效实施；

（五）组织建立并落实安全风险分级管控和隐患排查治理双重预防工作机制，督促、检查本单位的安全生产工作，及时消除生产安全事故隐患；

（六）组织制定并实施本单位的生产安全事故应急救援预案；

（七）及时、如实报告生产安全事故。

第二十二条　生产经营单位的全员安全生产责任制应当明确各岗位的责任人员、责任范围和考核标准等内容。

生产经营单位应当建立相应的机制，加强对全员安全生产责任制落实情况的监督考核，保证全员安全生产责任制的落实。

第二十三条　生产经营单位应当具备的安全生产条件所必需的资金投入，由生产经营单位的决策机构、主要负责人或者个人经营的投资人予以保证，并对由于安全生产所必需的资金投入不足导致的后果承担责任。

有关生产经营单位应当按照规定提取和使用安全生产费用，专门用于改善安全生产条件。安全生产费用在成本中据实列支。安全生产费用提取、使用和监督管理的具体办法由国务院财政部门会同国务院应急管理部门征求国务院有关部门意见后制定。

第二十四条　矿山、金属冶炼、建筑施工、运输单位和危险物品的生产、经营、储存、装卸单位，应当设置安全生产管理机构或者配备专职安全生产管理人员。

前款规定以外的其他生产经营单位，从业人员超过一百人的，应当设置安全生产管理机构或者配备专职安全生产管理人员；从业人员在一百人以下的，应当配备专职或者兼职的安全生产管理人员。

第二十五条　生产经营单位的安全生产管理机构以及安全生产管理人员履行下列职责：

（一）组织或者参与拟订本单位安全生产规章制度、操作规程和生产安全事故应急救援预案；

（二）组织或者参与本单位安全生产教育和培训，如实记录安全生产教育和培训情况；

（三）组织开展危险源辨识和评估，督促落实本单位重大危险源的安全管理措施；

（四）组织或者参与本单位应急救援演练；

（五）检查本单位的安全生产状况，及时排查生产安全事故隐患，提出改进安全生产管理的建议；

（六）制止和纠正违章指挥、强令冒险作业、违反操作规程的行为；

（七）督促落实本单位安全生产整改措施。

生产经营单位可以设置专职安全生产分管负责人，协助本单位主要负责人履行安全生产管理职责。

第二十六条　生产经营单位的安全生产管理机构以及安全生产管理人员应当恪尽职守，依法履行职责。

生产经营单位作出涉及安全生产的经营决策，应当听取安全生产管理机构以及安全生产管理人员的意见。

生产经营单位不得因安全生产管理人员依法履行职责而降低其工资、福利等待遇或者解除与其订立的劳动合同。

危险物品的生产、储存单位以及矿山、金属冶炼单位的安全生产管理人员的任免，应当告知主管的负有安全生产监督管理职责的部门。

第二十七条　生产经营单位的主要负责人和安全生产管理人员必须具备与本单位所从事的生产经营活动相应的安全生产知识和管理能力。

危险物品的生产、经营、储存、装卸单位以及矿山、金属冶炼、建筑施工、运输单位的主要负责人和安全生产管理人员，应当由主管的负有安全生产监督管理职责的部门对其安全生产知识和管理能力考核合格。考核不得收费。

危险物品的生产、储存、装卸单位以及矿山、金属冶炼单位应当有注册安全工程师从事安全生产管理工作。鼓励其他生产经营单位聘用注册安全工程师从事安全生产管理工作。注册安全工程师按专业分类管理，具体办法由国务院人力资源和社会保障部门、国务院应急管理部门会同国务院有关部门制定。

第二十八条　生产经营单位应当对从业人员进行安全生产教育和培训，保证从业人员具备必要的安全生产知识，熟悉有关的安全生产规章制度和安全操作规程，掌握本岗位的安全操作技能，了解事故应急处理措施，知悉自身在安全生产方面的权利和义务。未经安全生产教育和培训合格的从业人员，不得上岗作业。

生产经营单位使用被派遣劳动者的，应当将被派遣劳动者纳入本单位从业人员统一管理，对被派遣劳动者进行岗位安全操作规程和安全操作技能的教育和培训。劳务派遣单位应当对被派遣劳动者进行必要的安全生产教育和培训。

生产经营单位接收中等职业学校、高等学校学生实习的，应当对实习学生进行相应的安全生产教育和培训，提供必要的劳动防护用品。学校应当协助生产经营单位对实习学生进行安全生产教育和培训。

生产经营单位应当建立安全生产教育和培训档案，如实记录安全生产教育和培训的时间、内容、参加人员以及考核结果等情况。

第二十九条　生产经营单位采用新工艺、新技术、新材料或者使用新设备，必须了解、掌握其安全技术特性，采取有效的安全防护措施，并对从业人员进行专门的安全生产教育和培训。

第三十条　生产经营单位的特种作业人员必须按照国家有关规定经专门的安全作业培训，取得相应资格，方可上岗作业。

特种作业人员的范围由国务院应急管理部门会同国务院有关部门确定。

第三十一条　生产经营单位新建、改建、扩建工程项目（以下统称建设项目）的安全设施，必须与主体工程同时设计、同时施工、同时投入生产和使用。安全设施投资应当纳入建设项目概算。

第三十二条 矿山、金属冶炼建设项目和用于生产、储存、装卸危险物品的建设项目，应当按照国家有关规定进行安全评价。

第三十三条 建设项目安全设施的设计人、设计单位应当对安全设施设计负责。

矿山、金属冶炼建设项目和用于生产、储存、装卸危险物品的建设项目的安全设施设计应当按照国家有关规定报经有关部门审查，审查部门及其负责审查的人员对审查结果负责。

第三十四条 矿山、金属冶炼建设项目和用于生产、储存、装卸危险物品的建设项目的施工单位必须按照批准的安全设施设计施工，并对安全设施的工程质量负责。

矿山、金属冶炼建设项目和用于生产、储存、装卸危险物品的建设项目竣工投入生产或者使用前，应当由建设单位负责组织对安全设施进行验收；验收合格后，方可投入生产和使用。负有安全生产监督管理职责的部门应当加强对建设单位验收活动和验收结果的监督核查。

第三十五条 生产经营单位应当在有较大危险因素的生产经营场所和有关设施、设备上，设置明显的安全警示标志。

第三十六条 安全设备的设计、制造、安装、使用、检测、维修、改造和报废，应当符合国家标准或者行业标准。

生产经营单位必须对安全设备进行经常性维护、保养，并定期检测，保证正常运转。维护、保养、检测应当作好记录，并由有关人员签字。

生产经营单位不得关闭、破坏直接关系生产安全的监控、报警、防护、救生设备、设施，或者篡改、隐瞒、销毁其相关数据、信息。

餐饮等行业的生产经营单位使用燃气的，应当安装可燃气体报警装置，并保障其正常使用。

第三十七条 生产经营单位使用的危险物品的容器、运输工具，以及涉及人身安全、危险性较大的海洋石油开采特种设备和矿山井下特种设备，必须按照国家有关规定，由专业生产单位生产，并经具有专业资质的检测、检验机构检测、检验合格，取得安全使用证或者安全标志，方可投入使用。检测、检验机构对检测、检验结果负责。

第三十八条 国家对严重危及生产安全的工艺、设备实行淘汰制度，具体目录由国务院应急管理部门会同国务院有关部门制定并公布。法律、行政法规对目录的制定另有规定的，适用其规定。

省、自治区、直辖市人民政府可以根据本地区实际情况制定并公布具体目录，对前款规定以外的危及生产安全的工艺、设备予以淘汰。

生产经营单位不得使用应当淘汰的危及生产安全的工艺、设备。

第三十九条 生产、经营、运输、储存、使用危险物品或者处置废弃危险物品的，由有关主管部门依照有关法律、法规的规定和国家标准或者行业标准审批并实施监督管理。

生产经营单位生产、经营、运输、储存、使用危险物品或者处置废弃危险物品，必须执行有关法律、法规和国家标准或者行业标准，建立专门的安全管理制度，采取可靠的安全措施，接受有关主管部门依法实施的监督管理。

第四十条　生产经营单位对重大危险源应当登记建档，进行定期检测、评估、监控，并制定应急预案，告知从业人员和相关人员在紧急情况下应当采取的应急措施。

生产经营单位应当按照国家有关规定将本单位重大危险源及有关安全措施、应急措施报有关地方人民政府应急管理部门和有关部门备案。有关地方人民政府应急管理部门和有关部门应当通过相关信息系统实现信息共享。

第四十一条　生产经营单位应当建立安全风险分级管控制度，按照安全风险分级采取相应的管控措施。

生产经营单位应当建立健全并落实生产安全事故隐患排查治理制度，采取技术、管理措施，及时发现并消除事故隐患。事故隐患排查治理情况应当如实记录，并通过职工大会或者职工代表大会、信息公示栏等方式向从业人员通报。其中，重大事故隐患排查治理情况应当及时向负有安全生产监督管理职责的部门和职工大会或者职工代表大会报告。

县级以上地方各级人民政府负有安全生产监督管理职责的部门应当将重大事故隐患纳入相关信息系统，建立健全重大事故隐患治理督办制度，督促生产经营单位消除重大事故隐患。

第四十二条　生产、经营、储存、使用危险物品的车间、商店、仓库不得与员工宿舍在同一座建筑物内，并应当与员工宿舍保持安全距离。

生产经营场所和员工宿舍应当设有符合紧急疏散要求、标志明显、保持畅通的出口、疏散通道。禁止占用、锁闭、封堵生产经营场所或者员工宿舍的出口、疏散通道。

第四十三条　生产经营单位进行爆破、吊装、动火、临时用电以及国务院应急管理部门会同国务院有关部门规定的其他危险作业，应当安排专门人员进行现场安全管理，确保操作规程的遵守和安全措施的落实。

第四十四条　生产经营单位应当教育和督促从业人员严格执行本单位的安全生产规章制度和安全操作规程；并向从业人员如实告知作业场所和工作岗位存在的危险因素、防范措施以及事故应急措施。

生产经营单位应当关注从业人员的身体、心理状况和行为习惯，加强对从业人员的心理疏导、精神慰藉，严格落实岗位安全生产责任，防范从业人员行为异常导致事故发生。

第四十五条　生产经营单位必须为从业人员提供符合国家标准或者行业标准的劳动防护用品，并监督、教育从业人员按照使用规则佩戴、使用。

第四十六条　生产经营单位的安全生产管理人员应当根据本单位的生产经营特点，对安全生产状况进行经常性检查；对检查中发现的安全问题，应当立即处理；不能处理的，应当及时报告本单位有关负责人，有关负责人应当及时处理。检查及处理情况应当如实记录在案。

生产经营单位的安全生产管理人员在检查中发现重大事故隐患，依照前款规定向本单位有关负责人报告，有关负责人不及时处理的，安全生产管理人员可以向主管的负有安全生产监督管理职责的部门报告，接到报告的部门应当依法及时处理。

第四十七条　生产经营单位应当安排用于配备劳动防护用品、进行安全生产培训的经费。

第四十八条 两个以上生产经营单位在同一作业区域内进行生产经营活动，可能危及对方生产安全的，应当签订安全生产管理协议，明确各自的安全生产管理职责和应当采取的安全措施，并指定专职安全生产管理人员进行安全检查与协调。

第四十九条 生产经营单位不得将生产经营项目、场所、设备发包或者出租给不具备安全生产条件或者相应资质的单位或者个人。

生产经营项目、场所发包或者出租给其他单位的，生产经营单位应当与承包单位、承租单位签订专门的安全生产管理协议，或者在承包合同、租赁合同中约定各自的安全生产管理职责；生产经营单位对承包单位、承租单位的安全生产工作统一协调、管理，定期进行安全检查，发现安全问题的，应当及时督促整改。

矿山、金属冶炼建设项目和用于生产、储存、装卸危险物品的建设项目的施工单位应当加强对施工项目的安全管理，不得倒卖、出租、出借、挂靠或者以其他形式非法转让施工资质，不得将其承包的全部建设工程转包给第三人或者将其承包的全部建设工程支解以后以分包的名义分别转包给第三人，不得将工程分包给不具备相应资质条件的单位。

第五十条 生产经营单位发生生产安全事故时，单位的主要负责人应当立即组织抢救，并不得在事故调查处理期间擅离职守。

第五十一条 生产经营单位必须依法参加工伤保险，为从业人员缴纳保险费。

国家鼓励生产经营单位投保安全生产责任保险；属于国家规定的高危行业、领域的生产经营单位，应当投保安全生产责任保险。具体范围和实施办法由国务院应急管理部门会同国务院财政部门、国务院保险监督管理机构和相关行业主管部门制定。

第三章 从业人员的安全生产权利义务

第五十二条 生产经营单位与从业人员订立的劳动合同，应当载明有关保障从业人员劳动安全、防止职业危害的事项，以及依法为从业人员办理工伤保险的事项。

生产经营单位不得以任何形式与从业人员订立协议，免除或者减轻其对从业人员因生产安全事故伤亡依法应承担的责任。

第五十三条 生产经营单位的从业人员有权了解其作业场所和工作岗位存在的危险因素、防范措施及事故应急措施，有权对本单位的安全生产工作提出建议。

第五十四条 从业人员有权对本单位安全生产工作中存在的问题提出批评、检举、控告；有权拒绝违章指挥和强令冒险作业。

生产经营单位不得因从业人员对本单位安全生产工作提出批评、检举、控告或者拒绝违章指挥、强令冒险作业而降低其工资、福利等待遇或者解除与其订立的劳动合同。

第五十五条 从业人员发现直接危及人身安全的紧急情况时，有权停止作业或者在采取可能的应急措施后撤离作业场所。

生产经营单位不得因从业人员在前款紧急情况下停止作业或者采取紧急撤离措施而降低

其工资、福利等待遇或者解除与其订立的劳动合同。

第五十六条　生产经营单位发生生产安全事故后，应当及时采取措施救治有关人员。

因生产安全事故受到损害的从业人员，除依法享有工伤保险外，依照有关民事法律尚有获得赔偿的权利的，有权提出赔偿要求。

第五十七条　从业人员在作业过程中，应当严格落实岗位安全责任，遵守本单位的安全生产规章制度和操作规程，服从管理，正确佩戴和使用劳动防护用品。

第五十八条　从业人员应当接受安全生产教育和培训，掌握本职工作所需的安全生产知识，提高安全生产技能，增强事故预防和应急处理能力。

第五十九条　从业人员发现事故隐患或者其他不安全因素，应当立即向现场安全生产管理人员或者本单位负责人报告；接到报告的人员应当及时予以处理。

第六十条　工会有权对建设项目的安全设施与主体工程同时设计、同时施工、同时投入生产和使用进行监督，提出意见。

工会对生产经营单位违反安全生产法律、法规，侵犯从业人员合法权益的行为，有权要求纠正；发现生产经营单位违章指挥、强令冒险作业或者发现事故隐患时，有权提出解决的建议，生产经营单位应当及时研究答复；发现危及从业人员生命安全的情况时，有权向生产经营单位建议组织从业人员撤离危险场所，生产经营单位必须立即作出处理。

工会有权依法参加事故调查，向有关部门提出处理意见，并要求追究有关人员的责任。

第六十一条　生产经营单位使用被派遣劳动者的，被派遣劳动者享有本法规定的从业人员的权利，并应当履行本法规定的从业人员的义务。

第四章　安全生产的监督管理

第六十二条　县级以上地方各级人民政府应当根据本行政区域内的安全生产状况，组织有关部门按照职责分工，对本行政区域内容易发生重大生产安全事故的生产经营单位进行严格检查。

应急管理部门应当按照分类分级监督管理的要求，制定安全生产年度监督检查计划，并按照年度监督检查计划进行监督检查，发现事故隐患，应当及时处理。

第六十三条　负有安全生产监督管理职责的部门依照有关法律、法规的规定，对涉及安全生产的事项需要审查批准（包括批准、核准、许可、注册、认证、颁发证照等，下同）或者验收的，必须严格依照有关法律、法规和国家标准或者行业标准规定的安全生产条件和程序进行审查；不符合有关法律、法规和国家标准或者行业标准规定的安全生产条件的，不得批准或者验收通过。对未依法取得批准或者验收合格的单位擅自从事有关活动的，负责行政审批的部门发现或者接到举报后应当立即予以取缔，并依法予以处理。对已经依法取得批准的单位，负责行政审批的部门发现其不再具备安全生产条件的，应当撤销原批准。

第六十四条　负有安全生产监督管理职责的部门对涉及安全生产的事项进行审查、验收，不得收取费用；不得要求接受审查、验收的单位购买其指定品牌或者指定生产、销售单位的安全设备、器材或者其他产品。

第六十五条 应急管理部门和其他负有安全生产监督管理职责的部门依法开展安全生产行政执法工作，对生产经营单位执行有关安全生产的法律、法规和国家标准或者行业标准的情况进行监督检查，行使以下职权：

（一）进入生产经营单位进行检查，调阅有关资料，向有关单位和人员了解情况；

（二）对检查中发现的安全生产违法行为，当场予以纠正或者要求限期改正；对依法应当给予行政处罚的行为，依照本法和其他有关法律、行政法规的规定做出行政处罚决定；

（三）对检查中发现的事故隐患，应当责令立即排除；重大事故隐患排除前或者排除过程中无法保证安全的，应当责令从危险区域内撤出作业人员，责令暂时停产停业或者停止使用相关设施、设备；重大事故隐患排除后，经审查同意，方可恢复生产经营和使用；

（四）对有根据认为不符合保障安全生产的国家标准或者行业标准的设施、设备、器材以及违法生产、储存、使用、经营、运输的危险物品予以查封或者扣押，对违法生产、储存、使用、经营危险物品的作业场所予以查封，并依法作出处理决定。

监督检查不得影响被检查单位的正常生产经营活动。

第六十六条 生产经营单位对负有安全生产监督管理职责的部门的监督检查人员（以下统称安全生产监督检查人员）依法履行监督检查职责，应当予以配合，不得拒绝、阻挠。

第六十七条 安全生产监督检查人员应当忠于职守，坚持原则，秉公执法。

安全生产监督检查人员执行监督检查任务时，必须出示有效的行政执法证件；对涉及被检查单位的技术秘密和业务秘密，应当为其保密。

第六十八条 安全生产监督检查人员应当将检查的时间、地点、内容、发现的问题及其处理情况，作出书面记录，并由检查人员和被检查单位的负责人签字；被检查单位的负责人拒绝签字的，检查人员应当将情况记录在案，并向负有安全生产监督管理职责的部门报告。

第六十九条 负有安全生产监督管理职责的部门在监督检查中，应当互相配合，实行联合检查；确需分别进行检查的，应当互通情况，发现存在的安全问题应当由其他有关部门进行处理的，应当及时移送其他有关部门并形成记录备查，接受移送的部门应当及时进行处理。

第七十条 负有安全生产监督管理职责的部门依法对存在重大事故隐患的生产经营单位作出停产停业、停止施工、停止使用相关设施或者设备的决定，生产经营单位应当依法执行，及时消除事故隐患。生产经营单位拒不执行，有发生生产安全事故的现实危险的，在保证安全的前提下，经本部门主要负责人批准，负有安全生产监督管理职责的部门可以采取通知有关单位停止供电、停止供应民用爆炸物品等措施，强制生产经营单位履行决定。通知应当采用书面形式，有关单位应当予以配合。

负有安全生产监督管理职责的部门依照前款规定采取停止供电措施，除有危及生产安全的紧急情形外，应当提前二十四小时通知生产经营单位。生产经营单位依法履行行政决定、采取相应措施消除事故隐患的，负有安全生产监督管理职责的部门应当及时解除前款规定的措施。

第七十一条　监察机关依照监察法的规定，对负有安全生产监督管理职责的部门及其工作人员履行安全生产监督管理职责实施监察。

第七十二条　承担安全评价、认证、检测、检验职责的机构应当具备国家规定的资质条件，并对其作出的安全评价、认证、检测、检验结果的合法性、真实性负责。资质条件由国务院应急管理部门会同国务院有关部门制定。

承担安全评价、认证、检测、检验职责的机构应当建立并实施服务公开和报告公开制度，不得租借资质、挂靠、出具虚假报告。

第七十三条　负有安全生产监督管理职责的部门应当建立举报制度，公开举报电话、信箱或者电子邮件地址等网络举报平台，受理有关安全生产的举报；受理的举报事项经调查核实后，应当形成书面材料；需要落实整改措施的，报经有关负责人签字并督促落实。对不属于本部门职责，需要由其他有关部门进行调查处理的，转交其他有关部门处理。

涉及人员死亡的举报事项，应当由县级以上人民政府组织核查处理。

第七十四条　任何单位或者个人对事故隐患或者安全生产违法行为，均有权向负有安全生产监督管理职责的部门报告或者举报。

因安全生产违法行为造成重大事故隐患或者导致重大事故，致使国家利益或者社会公共利益受到侵害的，人民检察院可以根据民事诉讼法、行政诉讼法的相关规定提起公益诉讼。

第七十五条　居民委员会、村民委员会发现其所在区域内的生产经营单位存在事故隐患或者安全生产违法行为时，应当向当地人民政府或者有关部门报告。

第七十六条　县级以上各级人民政府及其有关部门对报告重大事故隐患或者举报安全生产违法行为的有功人员，给予奖励。具体奖励办法由国务院应急管理部门会同国务院财政部门制定。

第七十七条　新闻、出版、广播、电影、电视等单位有进行安全生产公益宣传教育的义务，有对违反安全生产法律、法规的行为进行舆论监督的权利。

第七十八条　负有安全生产监督管理职责的部门应当建立安全生产违法行为信息库，如实记录生产经营单位及其有关从业人员的安全生产违法行为信息；对违法行为情节严重的生产经营单位及其有关从业人员，应当及时向社会公告，并通报行业主管部门、投资主管部门、自然资源主管部门、生态环境主管部门、证券监督管理机构以及有关金融机构。有关部门和机构应当对存在失信行为的生产经营单位及其有关从业人员采取加大执法检查频次、暂停项目审批、上调有关保险费率、行业或者职业禁入等联合惩戒措施，并向社会公示。

负有安全生产监督管理职责的部门应当加强对生产经营单位行政处罚信息的及时归集、共享、应用和公开，对生产经营单位作出处罚决定后七个工作日内在监督管理部门公示系统予以公开曝光，强化对违法失信生产经营单位及其有关从业人员的社会监督，提高全社会安全生产诚信水平。

第五章　生产安全事故的应急救援与调查处理

第七十九条　国家加强生产安全事故应急能力建设，在重点行业、领域建立应急救援基地和应急救援队伍，并由国家安全生产应急救援机构统一协调指挥；鼓励生产经营单位和其他社会力量建立应急救援队伍，配备相应的应急救援装备和物资，提高应急救援的专业化水平。

国务院应急管理部门牵头建立全国统一的生产安全事故应急救援信息系统，国务院交通运输、住房和城乡建设、水利、民航等有关部门和县级以上地方人民政府建立健全相关行业、领域、地区的生产安全事故应急救援信息系统，实现互联互通、信息共享，通过推行网上安全信息采集、安全监管和监测预警，提升监管的精准化、智能化水平。

第八十条　县级以上地方各级人民政府应当组织有关部门制定本行政区域内生产安全事故应急救援预案，建立应急救援体系。

乡镇人民政府和街道办事处，以及开发区、工业园区、港区、风景区等应当制定相应的生产安全事故应急救援预案，协助人民政府有关部门或者按照授权依法履行生产安全事故应急救援工作职责。

第八十一条　生产经营单位应当制定本单位生产安全事故应急救援预案，与所在地县级以上地方人民政府组织制定的生产安全事故应急救援预案相衔接，并定期组织演练。

第八十二条　危险物品的生产、经营、储存单位以及矿山、金属冶炼、城市轨道交通运营、建筑施工单位应当建立应急救援组织；生产经营规模较小的，可以不建立应急救援组织，但应当指定兼职的应急救援人员。

危险物品的生产、经营、储存、运输单位以及矿山、金属冶炼、城市轨道交通运营、建筑施工单位应当配备必要的应急救援器材、设备和物资，并进行经常性维护、保养，保证正常运转。

第八十三条　生产经营单位发生生产安全事故后，事故现场有关人员应当立即报告本单位负责人。

单位负责人接到事故报告后，应当迅速采取有效措施，组织抢救，防止事故扩大，减少人员伤亡和财产损失，并按照国家有关规定立即如实报告当地负有安全生产监督管理职责的部门，不得隐瞒不报、谎报或者迟报，不得故意破坏事故现场、毁灭有关证据。

第八十四条　负有安全生产监督管理职责的部门接到事故报告后，应当立即按照国家有关规定上报事故情况。负有安全生产监督管理职责的部门和有关地方人民政府对事故情况不得隐瞒不报、谎报或者迟报。

第八十五条　有关地方人民政府和负有安全生产监督管理职责的部门的负责人接到生产安全事故报告后，应当按照生产安全事故应急救援预案的要求立即赶到事故现场，组织事故抢救。

参与事故抢救的部门和单位应当服从统一指挥，加强协同联动，采取有效的应急救援措施，并根据事故救援的需要采取警戒、疏散等措施，防止事故扩大和次生灾害的发生，减少人员伤亡和财产损失。

事故抢救过程中应当采取必要措施，避免或者减少对环境造成的危害。

任何单位和个人都应当支持、配合事故抢救，并提供一切便利条件。

第八十六条　事故调查处理应当按照科学严谨、依法依规、实事求是、注重实效的原则，及时、准确地查清事故原因，查明事故性质和责任，评估应急处置工作，总结事故教训，提出整改措施，并对事故责任单位和人员提出处理建议。事故调查报告应当依法及时向社会公布。事故调查和处理的具体办法由国务院制定。

事故发生单位应当及时全面落实整改措施，负有安全生产监督管理职责的部门应当加强监督检查。

负责事故调查处理的国务院有关部门和地方人民政府应当在批复事故调查报告后一年内，组织有关部门对事故整改和防范措施落实情况进行评估，并及时向社会公开评估结果；对不履行职责导致事故整改和防范措施没有落实的有关单位和人员，应当按照有关规定追究责任。

第八十七条　生产经营单位发生生产安全事故，经调查确定为责任事故的，除了应当查明事故单位的责任并依法予以追究外，还应当查明对安全生产的有关事项负有审查批准和监督职责的行政部门的责任，对有失职、渎职行为的，依照本法第九十条的规定追究法律责任。

第八十八条　任何单位和个人不得阻挠和干涉对事故的依法调查处理。

第八十九条　县级以上地方各级人民政府应急管理部门应当定期统计分析本行政区域内发生生产安全事故的情况，并定期向社会公布。

第六章　法　律　责　任

第九十条　负有安全生产监督管理职责的部门的工作人员，有下列行为之一的，给予降级或者撤职的处分；构成犯罪的，依照刑法有关规定追究刑事责任：

（一）对不符合法定安全生产条件的涉及安全生产的事项予以批准或者验收通过的；

（二）发现未依法取得批准、验收的单位擅自从事有关活动或者接到举报后不予取缔或者不依法予以处理的；

（三）对已经依法取得批准的单位不履行监督管理职责，发现其不再具备安全生产条件而不撤销原批准或者发现安全生产违法行为不予查处的；

（四）在监督检查中发现重大事故隐患，不依法及时处理的。

负有安全生产监督管理职责的部门的工作人员有前款规定以外的滥用职权、玩忽职守、徇私舞弊行为的，依法给予处分；构成犯罪的，依照刑法有关规定追究刑事责任。

第九十一条　负有安全生产监督管理职责的部门，要求被审查、验收的单位购买其指定的安全设备、器材或者其他产品的，在对安全生产事项的审查、验收中收取费用的，由其上级机关或者监察机关责令改正，责令退还收取的费用；情节严重的，对直接负责的主管人员和其他直接责任人员依法给予处分。

第九十二条 承担安全评价、认证、检测、检验职责的机构出具失实报告的，责令停业整顿，并处三万元以上十万元以下的罚款；给他人造成损害的，依法承担赔偿责任。

承担安全评价、认证、检测、检验职责的机构租借资质、挂靠、出具虚假报告的，没收违法所得；违法所得在十万元以上的，并处违法所得二倍以上五倍以下的罚款，没有违法所得或者违法所得不足十万元的，单处或者并处十万元以上二十万元以下的罚款；对其直接负责的主管人员和其他直接责任人员处五万元以上十万元以下的罚款；给他人造成损害的，与生产经营单位承担连带赔偿责任；构成犯罪的，依照刑法有关规定追究刑事责任。

对有前款违法行为的机构及其直接责任人员，吊销其相应资质和资格，五年内不得从事安全评价、认证、检测、检验等工作；情节严重的，实行终身行业和职业禁入。

第九十三条 生产经营单位的决策机构、主要负责人或者个人经营的投资人不依照本法规定保证安全生产所必需的资金投入，致使生产经营单位不具备安全生产条件的，责令限期改正，提供必需的资金；逾期未改正的，责令生产经营单位停产停业整顿。

有前款违法行为，导致发生生产安全事故的，对生产经营单位的主要负责人给予撤职处分，对个人经营的投资人处二万元以上二十万元以下的罚款；构成犯罪的，依照刑法有关规定追究刑事责任。

第九十四条 生产经营单位的主要负责人未履行本法规定的安全生产管理职责的，责令限期改正，处二万元以上五万元以下的罚款；逾期未改正的，处五万元以上十万元以下的罚款，责令生产经营单位停产停业整顿。

生产经营单位的主要负责人有前款违法行为，导致发生生产安全事故的，给予撤职处分；构成犯罪的，依照刑法有关规定追究刑事责任。

生产经营单位的主要负责人依照前款规定受刑事处罚或者撤职处分的，自刑罚执行完毕或者受处分之日起，五年内不得担任任何生产经营单位的主要负责人；对重大、特别重大生产安全事故负有责任的，终身不得担任本行业生产经营单位的主要负责人。

第九十五条 生产经营单位的主要负责人未履行本法规定的安全生产管理职责，导致发生生产安全事故的，由应急管理部门依照下列规定处以罚款：

（一）发生一般事故的，处上一年年收入百分之四十的罚款；

（二）发生较大事故的，处上一年年收入百分之六十的罚款；

（三）发生重大事故的，处上一年年收入百分之八十的罚款；

（四）发生特别重大事故的，处上一年年收入百分之一百的罚款。

第九十六条 生产经营单位的其他负责人和安全生产管理人员未履行本法规定的安全生产管理职责的，责令限期改正，处一万元以上三万元以下的罚款；导致发生生产安全事故的，暂停或者吊销其与安全生产有关的资格，并处上一年年收入百分之二十以上百分之五十以下的罚款；构成犯罪的，依照刑法有关规定追究刑事责任。

第九十七条 生产经营单位有下列行为之一的，责令限期改正，处十万元以下的罚款；逾期未改正的，责令停产停业整顿，并处十万元以上二十万元以下的罚款，对其直接负责的主管人员和其他直接责任人员处二万元以上五万元以下的罚款：

（一）未按照规定设置安全生产管理机构或者配备安全生产管理人员、注册安全工程师的；

（二）危险物品的生产、经营、储存、装卸单位以及矿山、金属冶炼、建筑施工、运输单位的主要负责人和安全生产管理人员未按照规定经考核合格的；

（三）未按照规定对从业人员、被派遣劳动者、实习学生进行安全生产教育和培训，或者未按照规定如实告知有关的安全生产事项的；

（四）未如实记录安全生产教育和培训情况的；

（五）未将事故隐患排查治理情况如实记录或者未向从业人员通报的；

（六）未按照规定制定生产安全事故应急救援预案或者未定期组织演练的；

（七）特种作业人员未按照规定经专门的安全作业培训并取得相应资格，上岗作业的。

第九十八条　生产经营单位有下列行为之一的，责令停止建设或者停产停业整顿，限期改正，并处十万元以上五十万元以下的罚款，对其直接负责的主管人员和其他直接责任人员处二万元以上五万元以下的罚款；逾期未改正的，处五十万元以上一百万元以下的罚款，对其直接负责的主管人员和其他直接责任人员处五万元以上十万元以下的罚款；构成犯罪的，依照刑法有关规定追究刑事责任：

（一）未按照规定对矿山、金属冶炼建设项目或者用于生产、储存、装卸危险物品的建设项目进行安全评价的；

（二）矿山、金属冶炼建设项目或者用于生产、储存、装卸危险物品的建设项目没有安全设施设计或者安全设施设计未按照规定报经有关部门审查同意的；

（三）矿山、金属冶炼建设项目或者用于生产、储存、装卸危险物品的建设项目的施工单位未按照批准的安全设施设计施工的；

（四）矿山、金属冶炼建设项目或者用于生产、储存、装卸危险物品的建设项目竣工投入生产或者使用前，安全设施未经验收合格的。

第九十九条　生产经营单位有下列行为之一的，责令限期改正，处五万元以下的罚款；逾期未改正的，处五万元以上二十万元以下的罚款，对其直接负责的主管人员和其他直接责任人员处一万元以上二万元以下的罚款；情节严重的，责令停产停业整顿；构成犯罪的，依照刑法有关规定追究刑事责任：

（一）未在有较大危险因素的生产经营场所和有关设施、设备上设置明显的安全警示标志的；

（二）安全设备的安装、使用、检测、改造和报废不符合国家标准或者行业标准的；

（三）未对安全设备进行经常性维护、保养和定期检测的；

（四）关闭、破坏直接关系生产安全的监控、报警、防护、救生设备、设施，或者篡改、隐瞒、销毁其相关数据、信息的；

（五）未为从业人员提供符合国家标准或者行业标准的劳动防护用品的；

（六）危险物品的容器、运输工具，以及涉及人身安全、危险性较大的海洋石油开采特种设备和矿山井下特种设备未经具有专业资质的机构检测、检验合格，取得安全使用证或者安全标志，投入使用的；

（七）使用应当淘汰的危及生产安全的工艺、设备的；

（八）餐饮等行业的生产经营单位使用燃气未安装可燃气体报警装置的。

第一百条　未经依法批准，擅自生产、经营、运输、储存、使用危险物品或者处置废弃危险物品的，依照有关危险物品安全管理的法律、行政法规的规定予以处罚；构成犯罪的，依照刑法有关规定追究刑事责任。

第一百零一条　生产经营单位有下列行为之一的，责令限期改正，处十万元以下的罚款；逾期未改正的，责令停产停业整顿，并处十万元以上二十万元以下的罚款，对其直接负责的主管人员和其他直接责任人员处二万元以上五万元以下的罚款；构成犯罪的，依照刑法有关规定追究刑事责任：

（一）生产、经营、运输、储存、使用危险物品或者处置废弃危险物品，未建立专门安全管理制度、未采取可靠的安全措施的；

（二）对重大危险源未登记建档，未进行定期检测、评估、监控，未制定应急预案，或者未告知应急措施的；

（三）进行爆破、吊装、动火、临时用电以及国务院应急管理部门会同国务院有关部门规定的其他危险作业，未安排专门人员进行现场安全管理的；

（四）未建立安全风险分级管控制度或者未按照安全风险分级采取相应管控措施的；

（五）未建立事故隐患排查治理制度，或者重大事故隐患排查治理情况未按照规定报告的。

第一百零二条　生产经营单位未采取措施消除事故隐患的，责令立即消除或者限期消除，处五万元以下的罚款；生产经营单位拒不执行的，责令停产停业整顿，对其直接负责的主管人员和其他直接责任人员处五万元以上十万元以下的罚款；构成犯罪的，依照刑法有关规定追究刑事责任。

第一百零三条　生产经营单位将生产经营项目、场所、设备发包或者出租给不具备安全生产条件或者相应资质的单位或者个人的，责令限期改正，没收违法所得；违法所得十万元以上的，并处违法所得二倍以上五倍以下的罚款；没有违法所得或者违法所得不足十万元的，单处或者并处十万元以上二十万元以下的罚款；对其直接负责的主管人员和其他直接责任人员处一万元以上二万元以下的罚款；导致发生生产安全事故给他人造成损害的，与承包方、承租方承担连带赔偿责任。

生产经营单位未与承包单位、承租单位签订专门的安全生产管理协议或者未在承包合同、租赁合同中明确各自的安全生产管理职责，或者未对承包单位、承租单位的安全生产统一协调、管理的，责令限期改正，处五万元以下的罚款，对其直接负责的主管人员和其他直接责任人员处一万元以下的罚款；逾期未改正的，责令停产停业整顿。

矿山、金属冶炼建设项目和用于生产、储存、装卸危险物品的建设项目的施工单位未按照规定对施工项目进行安全管理的，责令限期改正，处十万元以下的罚款，对其直接负责的主管人员和其他直接责任人员处二万元以下的罚款；逾期未改正的，责令停产停业整顿。以上施工单位倒卖、出租、出借、挂靠或者以其他形式非法转让施工资质的，责令停产停业整顿，吊销资质证书，没收违法所得；违法所得十万元以上的，并处违法所得二倍以上五倍以下的罚款，没有违法所得或者违法所得不足十万元的，单处或者并处十万元以上二十万元以下的罚款；对其直接负责的主管人员和其他直接责任人员处五万元以上十万元以下的罚款；构成犯罪的，依照刑法有关规定追究刑事责任。

第一百零四条 两个以上生产经营单位在同一作业区域内进行可能危及对方安全生产的生产经营活动，未签订安全生产管理协议或者未指定专职安全生产管理人员进行安全检查与协调的，责令限期改正，处五万元以下的罚款，对其直接负责的主管人员和其他直接责任人员处一万元以下的罚款；逾期未改正的，责令停产停业。

第一百零五条 生产经营单位有下列行为之一的，责令限期改正，处五万元以下的罚款，对其直接负责的主管人员和其他直接责任人员处一万元以下的罚款；逾期未改正的，责令停产停业整顿；构成犯罪的，依照刑法有关规定追究刑事责任：

（一）生产、经营、储存、使用危险物品的车间、商店、仓库与员工宿舍在同一座建筑内，或者与员工宿舍的距离不符合安全要求的；

（二）生产经营场所和员工宿舍未设有符合紧急疏散需要、标志明显、保持畅通的出口、疏散通道，或者占用、锁闭、封堵生产经营场所或者员工宿舍出口、疏散通道的。

第一百零六条 生产经营单位与从业人员订立协议，免除或者减轻其对从业人员因生产安全事故伤亡依法应承担的责任的，该协议无效；对生产经营单位的主要负责人、个人经营的投资人处二万元以上十万元以下的罚款。

第一百零七条 生产经营单位的从业人员不落实岗位安全责任，不服从管理，违反安全生产规章制度或者操作规程的，由生产经营单位给予批评教育，依照有关规章制度给予处分；构成犯罪的，依照刑法有关规定追究刑事责任。

第一百零八条 违反本法规定，生产经营单位拒绝、阻碍负有安全生产监督管理职责的部门依法实施监督检查的，责令改正；拒不改正的，处二万元以上二十万元以下的罚款；对其直接负责的主管人员和其他直接责任人员处一万元以上二万元以下的罚款；构成犯罪的，依照刑法有关规定追究刑事责任。

第一百零九条 高危行业、领域的生产经营单位未按照国家规定投保安全生产责任保险的，责令限期改正，处五万元以上十万元以下的罚款；逾期未改正的，处十万元以上二十万元以下的罚款。

第一百一十条 生产经营单位的主要负责人在本单位发生生产安全事故时，不立即组织抢救或者在事故调查处理期间擅离职守或者逃匿的，给予降级、撤职的处分，并由应急管理部门处上一年年收入百分之六十至百分之一百的罚款；对逃匿的处十五日以下拘留；构成犯罪的，依照刑法有关规定追究刑事责任。

生产经营单位的主要负责人对生产安全事故隐瞒不报、谎报或者迟报的，依照前款规定处罚。

第一百一十一条　有关地方人民政府、负有安全生产监督管理职责的部门，对生产安全事故隐瞒不报、谎报或者迟报的，对直接负责的主管人员和其他直接责任人员依法给予处分；构成犯罪的，依照刑法有关规定追究刑事责任。

第一百一十二条　生产经营单位违反本法规定，被责令改正且受到罚款处罚，拒不改正的，负有安全生产监督管理职责的部门可以自作出责令改正之日的次日起，按照原处罚数额按日连续处罚。

第一百一十三条　生产经营单位存在下列情形之一的，负有安全生产监督管理职责的部门应当提请地方人民政府予以关闭，有关部门应当依法吊销其有关证照。生产经营单位主要负责人五年内不得担任任何生产经营单位的主要负责人；情节严重的，终身不得担任本行业生产经营单位的主要负责人：

（一）存在重大事故隐患，一百八十日内三次或者一年内四次受到本法规定的行政处罚的；

（二）经停产停业整顿，仍不具备法律、行政法规和国家标准或者行业标准规定的安全生产条件的；

（三）不具备法律、行政法规和国家标准或者行业标准规定的安全生产条件，导致发生重大、特别重大生产安全事故的；

（四）拒不执行负有安全生产监督管理职责的部门作出的停产停业整顿决定的。

第一百一十四条　发生生产安全事故，对负有责任的生产经营单位除要求其依法承担相应的赔偿等责任外，由应急管理部门依照下列规定处以罚款：

（一）发生一般事故的，处三十万元以上一百万元以下的罚款；

（二）发生较大事故的，处一百万元以上二百万元以下的罚款；

（三）发生重大事故的，处二百万元以上一千万元以下的罚款；

（四）发生特别重大事故的，处一千万元以上二千万元以下的罚款。

发生生产安全事故，情节特别严重、影响特别恶劣的，应急管理部门可以按照前款罚款数额的二倍以上五倍以下对负有责任的生产经营单位处以罚款。

第一百一十五条　本法规定的行政处罚，由应急管理部门和其他负有安全生产监督管理职责的部门按照职责分工决定；其中，根据本法第九十五条、第一百一十条、第一百一十四条的规定应当给予民航、铁路、电力行业的生产经营单位及其主要负责人行政处罚的，也可以由主管的负有安全生产监督管理职责的部门进行处罚。予以关闭的行政处罚，由负有安全生产监督管理职责的部门报请县级以上人民政府按照国务院规定的权限决定；给予拘留的行政处罚，由公安机关依照治安管理处罚的规定决定。

第一百一十六条　生产经营单位发生生产安全事故造成人员伤亡、他人财产损失的，应当依法承担赔偿责任；拒不承担或者其负责人逃匿的，由人民法院依法强制执行。

生产安全事故的责任人未依法承担赔偿责任，经人民法院依法采取执行措施后，仍不能对受害人给予足额赔偿的，应当继续履行赔偿义务；受害人发现责任人有其他财产的，可以随时请求人民法院执行。

第七章　附　　则

第一百一十七条　本法下列用语的含义：

危险物品，是指易燃易爆物品、危险化学品、放射性物品等能够危及人身安全和财产安全的物品。

重大危险源，是指长期地或者临时地生产、搬运、使用或者储存危险物品，且危险物品的数量等于或者超过临界量的单元（包括场所和设施）。

第一百一十八条　本法规定的生产安全一般事故、较大事故、重大事故、特别重大事故的划分标准由国务院规定。

国务院应急管理部门和其他负有安全生产监督管理职责的部门应当根据各自的职责分工，制定相关行业、领域重大危险源的辨识标准和重大事故隐患的判定标准。

第一百一十九条　本法自 2002 年 11 月 1 日起施行。

参考文献

[1] 姜力维. 电力企业《安全生产法》学习指导·精度扩展·案例评析. 北京：中国电力出版社，2015.

[2] 尚勇，张勇. 中华人民共和国安全生产法释义. 北京：中国法制出版社，2021.

[3] 滕炜. 中华人民共和国安全生产法解读. 北京：中国法制出版社，2014.

[4] 安全生产规范化管理丛书编委会. 安全生产责任制管理制度规范. 北京：中国劳动社会保障出版社，2006.

[5] 中国南方电网有限公司. 安全生产风险管理体系. 北京：中国标准出版社，2012.

[6] 祁有红. 生命第一员工安全意识手册. 北京：新华出版社，2010.

[7] 江必新. 指导性案例裁判规则理解与适用劳动争议卷. 北京：法律出版社，2013.

[8] 姜力维. 人身触电事故防范与处理. 北京：中国电力出版社，2012.

[9] 姜力维. 电力设施保护与纠纷处理. 北京：中国电力出版社，2011.